Peces de mar

Fritz Terofal
Peces de mar
Ilustrado por Fritz Wendler

Claus Militz

El mar

La pesca en el mar
con 60 dibujos de
Dominique Rebourgeon

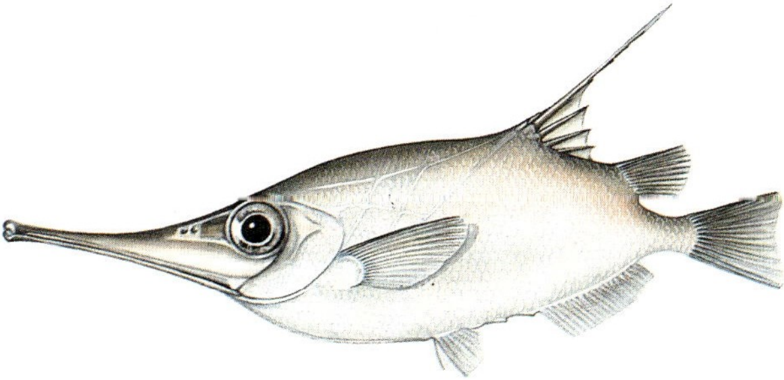

EDITORIAL BLUME
Milanesat, 21-23. 08017 Barcelona

Autores de las fotos
Dr. G. Ewald:
P. 6, 208, 219, 221 ar, 221 ab, 223, 281;
Irish Tourist Office: P. 273
C. Militz:
P. 218, 229 abi, 229 abd, 232, 234, 235, 238, 239, 258, 269
C.W. Schmidt-Luchs:
P. 226, 230, 233, 240, 241, 244, 248, 253, 261, 265, 267, 283
Título del original: Meeresfische
Traducción: Susana Andrés
Revisión: José Tola

Primera edición 1989

Impreso por Grafos S. A.
Depósito legal: B. 17865-89
ISBN: 84-7031-627-3
Printed in Spain

Sumario

Rascacio

Acerca de este libro

Fritz Wendler realizó las 200 ilustraciones en color, lo más detalladamente posible, con el asesoramiento científico del autor y de la Zoologische Staatsammlung de Munich.

La cuestión sobre la selección de las especies ha resultado en este volumen difícil de resolver. La abundancia de peces marinos es enorme y la delimitación estricta del ámbito de las especies casi imposible. Para decidir cuáles eran las que se iban a incluir en la obra, el autor se guió principalmente por dos criterios:

1. el *grado de conocimiento*: quien no esté vinculado con la ictiofauna marina profesionalmente o por afición al deporte de la pesca, sólo tiene oportunidad de verlos en los mercados, en restaurantes, en acuarios, en la televisión, en libros y ocasionalmente, durante una travesía por mar.

2. la *multiplicidad de las formas:* para poder mostrar una gama lo más amplia posible de ejemplares distintos, se tuvieron en cuenta 3 órdenes de peces cartilaginosos y 75 familias de peces óseos, algunas sólo con una especie, muchas únicamente con dos y, en cierto modo, se pasó por alto la diversidad de especies de muchas familias. De todas formas, en las descripciones del libro se consigue un equilibrio, al menos parcial, con la mención de otras 151 especies y subespecies relacionadas con el género o la familia en cuestión. Gracias a esto el índice presenta 351 denominaciones. Pese a estas líneas directrices, la selección sigue siendo forzosamente subjetiva. En el caso de los peces marinos, no se pueden suministrar de forma conveniente los mapas de distribución de pequeño formato similares a los que se encuentran en los demás volúmenes de nuestra serie. Los caracteres constituyen el punto principal de los textos descriptivos. Su representación concisa y correcta, y al mismo tiempo de comprensión general permite una delimitación precisa frente a las numerosas especies no mencionadas por razones de espacio.

Resulta casi imposible evaluar en toda su importancia el significado ecológico de los mares para la «nave espacial Tierra». Por esta razón Claus Militz aborda con bastante detenimiento las particularidades y relaciones oceanográficas en la sección general. Ante estas perspectivas quizá puedan aclarar las someras observaciones, aunque de importancia por su contenido, a qué nos arriesgamos si las naciones industriales no consiguen reducir drásticamente la carga que se impone a los mares con los «productos metabólicos». Las aves marítimas que han muerto víctimas de la peste del petróleo, el creciente número de animales marinos con deformaciones o enfermos y los residuos tóxicos altamente peligrosos en la pesca no dejan de advertirnos sobre esos riesgos.

Finalmente los aficionados a la pesca, cada vez más numerosos, obtendrán conocimientos básicos y de utilidad respecto a esta práctica, en los textos e ilustraciones de la segunda parte de las explicaciones generales.

G.S.

Cañabota
Hexanchus griseus

Características: cuerpo alargado y delgado con cabeza ancha y hocico corto y romo. Ojos grandes y ovales, sin membrana nictitante. 6 hendiduras branquiales situadas lateralmente por delante de las aletas pectorales, reduciéndose su longitud de delante hacia atrás. Espiráculo redondo. Boca ancha y situada en posición inferior. Dentadura: en el mandíbula superior dientes triangulares, en la inferior pectiniformes como pequeños dientes de sierra. 1 aleta dorsal situada muy atrás; se inicia sobre el espacio intersticial entre las aletas ventrales y la aleta anal. Radios posteriores de las aletas ventrales de los machos transformados en órganos prensores y órganos copuladores estiliformes, protegidos por un esqueleto cartilaginoso, presentan un canal a través del cual el esperma es conducido a la cloaca de la hembra durante la copulación (fecundación interna en todos los tiburones y rayas). Eje de la cola corto. Lóbulos superiores de la aleta caudal muy abultados, con una incisión en el borde posterior. No hay vejiga natatoria, como en todos los tiburones y rayas. *Color*: muy diferente, en la mayoría de marrón café a marrón chocolate, raramente gris oscuro, en la zona ventral más claro; la línea lateral se distingue claramente en forma de banda clara. *Longitud*: máx 5 m, tamaño de las hembras superior al de los machos.
Distribución: en todos los mares tropicales y templados. Atlántico Oriental y Occidental, canal de la Mancha, en verano a veces también en el mar del Norte; Mediterráneo. Normalmente a 200-1.000 m (máx 2.000 m) de profundidad; en la zona de distribución septentrional también aparecen en ocasiones junto a la superficie o en aguas poco profundas (hasta 70 m).
Modo de vida: cañabotas solitarias; durante el día permanecen en el fondo y por la noche se dedican a la captura. La madurez sexual se alcanza con una longitud de unos 2,10 m. Vivíparas (ovovivíparas); las crías suelen nacer con una longitud de 40-60 cm (se contaron 108 embriones en el oviducto de una hembra de 4,80 m de longitud). *Alimentación*: especialmente peces, eventualmente también crustáceos.

Boquidulce
Heptranchias perlo

Características: cuerpo alargado y delgado, con cabeza pequeña y hocico puntiagudo. Ojos grandes y ovales sin membrana nictitante. 7 hendiduras branquiales muy grandes; situadas todas lateralmente por delante de la aleta pectoral reduciéndose su longitud de delante hacia atrás. Espiráculo redondo. Boca ancha y situada en posición inferior. Dentadura: en la mandíbula superior dientes con una larga punta central, en la inferior 5 hileras de dientes pectiniformes. 1 aleta dorsal situada muy detrás, en el espacio interaticial entre la aleta ventral y la anal. Eje de la cola largo; lóbulos superiores de la aleta caudal muy abultados, con una incisión en el borde posterior. *Color*: dorso marrón grisáceo, en ocasiones con manchas oscuras difuminadas; cara ventral algo más clara. Bordes anteriores de las aletas pectorales y extremo del borde posterior de la aleta caudal con ribete blanco; en los individuos jóvenes sobre todo la punta de la aleta dorsal y el borde superior de la aleta caudal es de color negro. *Longitud*: máx 1,40 m.
Distribución: muy extendido en los mares tropicales y subtropicales, menos frecuente en los templados. En el Atlántico, en la zona comprendida entre Portugal y Cuba. Mediterráneo. Cerca del fondo, normalmente a grandes profundidades (250-500 m).
Modo de vida: tiburón de fondo cuya biología todavía es poco conocida. Los machos llegan a su madurez sexual con una longitud de unos 70 cm, las hembras con 85-90 cm. Vivíparos (ovovivíparos, es decir, las crías salen de la envoltura del huevo y permanecen durante algún tiempo en el oviducto antes de ser expulsadas al agua); una hembra puede parir entre 8 y 20 crías que a la hora de nacer ya miden 28 cm de longitud. *Alimentación*: especialmente peces (p ej merluza), también sepias; los afilados dientes de la mandíbula superior sostienen las presas demasiado grandes para ser tragadas de una vez y los dientes pectiniformes las seccionan.

cañabota

bocuidulce

Odontaspis taurus

Características: cuerpo alargado y robusto, con cabeza pequeña y algo aplanada; hocico puntiagudo coniforme; la distancia entre la punta del hocico y la boca es más corta que la hendidura branquial de mayor longitud. Ojos pequeños y redondos, sin membrana nictitante. 5 hendiduras branquiales, todas ellas claramente colocadas por delante de la aleta pectoral; espiráculo pequeño. Dentadura: en las dos mandíbulas dientes muy largos, delgados y lanceolados, de bordes lisos, cada uno con 1 pequeño saliente a ambos lados de las bases. 2 aletas dorsales casi del mismo tamaño, la primera situada por delante de la aleta ventral y la otra por delante de la aleta anal. Aletas pectorales largas y poderosas. Lóbulo superior de la aleta caudal prolongado en forma de hoz, con una profunda incisión en el borde inferior; eje de la cola sin carena longitudinal, con depresión inmediatamente antes del punto de inserción de la aleta caudal. *Color*: dorso marrón oscuro, marrón grisáceo o amarronado, con manchas oscuras y de distribución irregular, también sobre los flancos, especialmente en los individuos jóvenes. Cara ventral gris claro, a menudo en fuerte contraste con el tono más oscuro del dorso. *Longitud*: máx 3,50 m (peso máximo alrededor de los 180 kg).

Distribución: en todos los mares cálidos, pero predominantemente en las aguas subtropicales. En el Atlántico Oriental desde Marruecos hasta Sudáfrica, la mayoría por encima de los 70 m de profundidad.

Modo de vida: tiburón de fondo que suele aproximarse bastante a las costas pero que caza en zonas más alejadas. Suele tragar aire y llenar con él el estómago; de este modo disminuye su peso corporal y evita, incluso sin nadar, hundirse. La madurez sexual se alcanza con una longitud de unos 2,20 m; las hembras fecundadas se dirigen a las próximas zonas cálidas para dar a luz sólo 2 crías que, en invierno, después de 8-9 meses de permanecer en el cuerpo de la hembra, nacen con 95-120 cm de longitud. *Alimentación*: especialmente peces y calamares, también crustáceos.

Marrajo
Isurus oxyrinchus

Características: cuerpo muy alargado, en forma de huso (más delgado que el del marrajo de Cornualles) con cabeza larga y puntiaguda y morro también puntiagudo y coniforme. 5 hendiduras branquiales todas por delante de la aleta pectoral. Dentadura: los dientes de las dos mandíbulas son similares, muy finos, puntiagudos y de borde liso, sin salientes laterales en sus bases. 2 aletas dorsales, la primera claramente situada por detrás del apéndice de la aleta pectoral y la segunda, mucho más pequeña, justo delante de la aleta anal, que es casi del mismo tamaño. El borde posterior de la aleta pectoral situado claramente por delante de la primera aleta dorsal: las aletas pectorales son más cortas que la cabeza. (Hasta 1966 no se descubrió el *I. paucus*, cuyas aletas pectorales son algo más largas que la cabeza; esta especie se encontró en el Pacífico y alrededor de Cuba, pero probablemente se halle en la mayoría de los mares tropicales.) El eje de la cola con 1 larga carena en ambos lados; aleta caudal con forma de media luna, lóbulos superiores un poco más grandes y con una incisión en el borde posterior. *Color*: lomo y flancos azul metálico (una vez muerto el animal gris oscuro), la cara ventral blanquecina. Parte inferior de la cabeza blanco puro (en el *I. paucus* de color gris oscuro aunque sea parcialmente). *Longitud*: máx 4 m (unos 500 kg).

Distribución: especialmente en las zonas cálidas de todos los océanos, localmente también se encuentran en aguas tropicales. En el Atlántico Oriental hacia el norte hasta Inglaterra; Mediterráneo Occidental. En aguas libres, en el talud continental, en ocasiones también en aguas litorales.

Modo de vida: tiburón pelágico que evita las aguas someras y se suele mantener cerca de la superficie del agua, por donde este vigoroso nadador persigue a sus presas, operación durante la cual realiza altos saltos en el aire. Madurez sexual en los machos con unos 2 m de longitud, en las hembras con un tamaño algo superior. Vivíparo (ovovivíparo); los 6-10 individuos alevines nacen con una longitud de 60-70 m. *Alimentación*: preferentemente peces gregarios, también grandes peces de aguas libres y calamares.

Odontaspis taurus

marrajo

Marrajo de Cornualles
Lamna nasus

Características: cuerpo relativamente alto, fuerte y en forma de huso con el hocico cónico, algo redondeado. 5 hendiduras branquiales largas (pero que no llegan hasta la parte inferior del cuerpo), situadas todas por delante de la aleta pectoral. Dentadura: los dientes son iguales en las dos mandíbulas, delgados, de bordes lisos, con un saliente en los lados de la base. 2 aletas dorsales, la primera encima o justo detrás de la inserción de la aleta pectoral, la segunda, mucho más pequeña, encima de la aleta anal, que es casi igual de grande. El borde posterior de las aletas pectorales se halla debajo de la primera aleta dorsal. Eje de la cola largo y delgado con una fuerte carena en ambos lados y otra en el borde inferior de la aleta caudal; antes de la aleta caudal, arriba y abajo, una clara hendidura; aleta caudal con forma de media luna, lóbulo superior algo más grande y dentado. *Color*: el dorso suele ser gris oscuro o azulado, a veces también con tonos marrones; la parte del vientre oscila entre un gris claro y el blanco puro. (En su pariente próximo, el *L. ditropis* o marrajo del Pacífico, la cara ventral es de un tono blanquecino con manchas oscuras.) Aleta dorsal oscura, la primera con el borde algo más claro normalmente; la aleta anal oscila entre el blanco y el gris claro. *Longitud*: máx 3,50 m (150-200 kg de peso).

Distribución: sur del Pacífico, norte y sur del Atlántico. En el Atlántico nororiental desde Marruecos y el sur de Islandia hasta el norte del mar de Barents; canal de la Mancha, mar del Norte y oeste del mar Báltico, Mediterráneo. Habitante de alta mar que se suele mantener en las capas superiores; sólo raramente se le captura en profundidades por debajo de los 150 m y parece retirarse durante los meses de invierno a las zonas meridionales.

Modo de vida: nadador rápido y tenaz, en la mayoría de las ocasiones formando pequeños grupos que, a la captura de peces de banco, suelen aproximarse a las costas. Las hembras alcanzan su madurez sexual con 1,50 m aproximadamente; durante todo el año hay hembras fecundadas. Vivíparos (ovovivíparos); en cada oviducto se desarrollan 1-2 (raramente 3) crías que a comienzos de verano nacen con unos 75 cm de longitud. *Alimentación*: peces y calamares.

Jaquetón o tiburón blanco
Carcharodon carcharias

Características: cuerpo fuerte, en forma de huso y recio, con hocico relativamente corto, en forma de cono truncado. Ojos pequeños. 5 hendiduras branquiales largas, todas situadas por delante de la aleta pectoral. Espiráculo muy pequeño. Dentadura: dientes iguales en las dos mandíbulas, triangulares con borde aserrado, 2 aletas dorsales, la primera, grande y triangular, detrás de la inserción de la aleta pectoral, la segunda, mucho más pequeña, inmediatamente delante de la aleta anal, casi de igual tamaño. Aletas pectorales grandes y largas, falciformes, con el borde posterior debajo de la primera aleta dorsal. Eje de la cola con una carena longitudinal a ambos lados; aleta caudal grande, con forma de media luna, los lóbulos superior e inferior son casi del mismo tamaño. *Color*: el dorso suele ser gris oscuro o azulado, a veces también con tonos marrones; la parte ventral entre gris claro y blanco, a menudo blanco puro. Las aletas tienen puntas oscuras que en la parte inferior de las aletas pectorales son negras; la axila de las aletas pectorales suele presentar una mancha negra. *Longitud*: máx 8 m.

Distribución: muy extendidos en todos los mares cálidos, en donde se encuentran preferentemente, aunque también en las zonas marítimas más frías (golfo de Maine/EUA, aguas costeras de California, Sudáfrica, sur de Australia y Nueva Zelanda). Normalmente en aguas someras con vegetación, los individuos de más edad también en las regiones pelágicas tropicales. En el Atlántico Oriental hacia el norte hasta Vizcaya; Mediterráneo.

Modo de vida: este "tiburón devorador de hombres" se encuentra solo o en grupos pequeños tanto en aguas abiertas como en las proximidades de la costa, en donde puede ser peligroso para nadadores y submarinistas a causa de su agresividad. En las aguas del sudeste africano los machos alcanzan la madurez sexual con 2,75-3 m y las hembras con unos 4 m de longitud. Vivíparo (ovovivíparo); en cada parto nacen hasta 30 crías de unos 36 cm de longitud y 800 g de peso. *Alimentación*: peces (en especial otras especies de tiburón, atunes), quelonios, delfines, focas y también los residuos lanzados al mar por los barcos y las cloacas.

marrajo de Cornualles

jaquetón

Peregrino
Cetorhinus maximus

Características: su constitución física es semejante a la de los tiburones, pero con 5 hendiduras branquiales muy altas que se extienden desde la parte superior de la cabeza hasta casi la mitad del pecho. En los ejemplares adultos el hocico es muy corto y romo, en los individuos jóvenes muy alargado y móvil. Ojos pequeños. Boca muy ancha; los dientes (hasta 3.000), distribuidos en 4-9 hileras, son diminutos y cónicos; los arcos branquiales se acompañan de un apéndice córneo que sirve para filtrar el plancton; espiráculo diminuto. 2 aletas dorsales, la primera, grande y triangular, se encuentra situada en el punto medio entre las aletas pectoral y ventral; la segunda aleta dorsal, mucho más pequeña, se halla delante de la aleta anal, que es casi igual de grande. Eje de la cola grande con una carena longitudinal a ambos lados; aleta caudal grande, en forma de media luna, lóbulo superior alargado, con incisiones en el borde posterior (tercio superior). *Color*: dorso desde gris amarronado hasta casi negro, parte ventral de tonos más claros, con manchas blanquecinas que pueden agruparse hasta formar bandas longitudinales borrosas. *Longitud*: la mayoría 3-12 m, máx 15 m.
Distribución: en el Atlántico nororiental, desde Islandia y Noruega hasta el noroeste de África; Mediterráneo Occidental. El territorio donde se extiende principalmente (en el ámbito europeo) se encuentra al sur de Islandia, en verano en las islas Hébridas y las Orcadas, desde donde se dirige a la zona septentrional del mar del Norte y al oeste de Noruega; en otoño regresa y busca en noviembre aguas más profundas.
Modo de vida: tiburón muy gregario, normalmente en grupos de 12-15 (en ocasiones incluso hasta 100) individuos; suelen exponerse al sol cerca de la superficie del agua (inglés "Basking Shark"). Para alimentarse nada con la boca abierta por el agua mientras que una especie de cestilla branquial actúa como filtro (capacidad de filtración 1.000-1.500 toneladas de agua por hora). Madurez sexual con 4-7 m (3-4 años de edad). Vivíparos. La gestación dura 2 años tras los cuales nace 1 (como máximo 2) individuo de 1,5 m de longitud aproximadamente. *Alimentación*: organismos planctónicos (crustáceos y sus larvas, medusas, huevos).

Pez zorro
Alopias vulpinus

Características: cuerpo delgado y alargado, con el hocico corto y romo y lóbulo en la parte superior de la aleta caudal fuertemente pronunciado (tan largo como la cabeza y el tronco juntos). Ojos grandes. 5 hendiduras branquiales muy pequeñas. Sin espiráculo o con uno muy pequeño. Dentadura: dientes iguales en las dos mandíbulas, triangulares, pequeños y con el borde liso, con 1-2 puntas en la base adicionales). 2 aletas dorsales, la primera alta, situada sobre el espacio intermedio entre la aleta pectoral y la ventral; la segunda, como la aleta anal, considerablemente pequeña. Aletas pectorales muy largas. Eje de la cola aplanado lateralmente, sin carena, con una depresión en la parte superior (directamente antes de la aleta caudal). *Color*: variable, desde el gris apizarrado, azulado y pardo hasta los tonos negros, a menudo con reflejos metálicos; cara ventral blanca, en ocasiones con matices grises. La parte inferior del hocico y de las aletas pectorales oscuras (como el dorso). *Longitud*: máx 6 m (unos 500 kg de peso).
Distribución: aguas tropicales y subtropicales de todo el mundo; en el Atlántico Oriental se dirige al norte durante los meses de verano, hasta Trondheim y Lofoten, eventualmente en el mar del Norte y en Kattegat, aunque sólo en número reducido. Los peces zorros adultos son típicos habitantes de las regiones pelágicas, los alevines se encuentran también cerca de las costas.
Modo de vida: el pez zorro suele emprender viajes muy extensos, normalmente solo y ocasionalmente en pareja, nadando cerca de la superficie del agua. Suele cazar casi exclusivamente peces gregarios de aguas libres, sobre todo caballas y arenques. Describe círculos alrededor de los bancos de peces cada vez más cerrados y golpeando el agua con la cola. De este modo consigue cercar a sus aterrorizadas víctimas y capturarlas fácilmente. Una parte del banco (y ocasionalmente también aves marinas hambrientas que están al acecho) se aturde simplemente a causa de los coletazos. Madurez sexual a los 4 m aproximadamente; vivíparo (ovovivíparo), los alevines (normalmente 2-4) nacen en verano con una longitud de 1,2-1,5 m. *Alimentación*: peces, calamares y crustáceos.

peregrino

pez zorro

Pintarroja
Scyliorhinus canicula

Características: cuerpo alargado y muy delgado, con hocico corto y redondeado. Ojos ovalados con un grueso pliegue en el borde inferior, sin membrana nictitante. Los orificios nasales (situados en la parte inferior de la cabeza) están unidos mediante ranuras al borde de los labios; las ventanas nasales se rozan en la línea central de la cabeza, por delante de la boca. Dientes pequeños y muy numerosos. 5 hendiduras branquiales pequeñas, las dos últimas encima de la aleta pectoral. 2 aletas dorsales situadas muy detrás, la primera encima o detrás de la base de la aleta ventral, la segunda normalmente detrás de la base de la aleta anal. El extremo posterior de la aleta ventral alargado y puntiagudo. Lóbulo superior de la aleta caudal algo arqueado hacia arriba, lóbulo inferior más grande. *Color*: dorso marrón o pardo, gris o gris amarillento salpicado de muchas manchas pequeñas y algunas más grandes marrones o negras, a veces también blancas. Cara ventral gris claro o de tono amarillento, sin manchas. Individuos jóvenes con 6-7 tiras oscuras de contornos borrosos. *Longitud*: normalmente 60-70, máx 85 cm.

Distribución: Atlántico nororiental, desde el oeste de Noruega y las islas Shetland hasta Senegal; mar del Norte, Kattegat, Skagerrak, la zona del Sund (pero no en el mar Báltico); canal de la Mancha, Mediterráneo. Preferentemente en bancos de arena ricos en algas a 10-85 m de profundidad (alrededor de las Islas Británicas a 3-110 m, en el Mediterráneo a 20-15 m), máx 400 m de profundidad.

Modo de vida: tiburón de fondo inofensivo, normalmente formando grandes grupos que se suelen encontrar durante el día "durmiendo" en los suelos costeros; sólo al anochecer recobra la actividad y se dirige al fondo para cazar. Alcanza la madurez sexual con una longitud de unos 60 cm; hacia finales de verano los individuos adultos emigran a aguas profundas para aparearse y vuelven en el momento del desove a las aguas someras. Ovíparos, las cápsulas córneas de unos 6 cm de largo se fijan por pares en las algas o piedras mediante sus largos y flexibles filamentos. Número de huevos de 18 a 20, período de incubación de 5 a 11 meses. *Alimentación*: pequeños animales del fondo de todo tipo.

Gato marino
Scyliorhinus stellaris

Características: cuerpo alargado y delgado, algo más robusto que el de la pintarroja, con cabeza maciza y hocico fuerte y redondeado. Ojos ovalados, con un grueso pliegue en el borde inferior y sin membrana nictitante. Los surcos nasales terminan antes del borde de la boca; las válvulas nasales permanecen en la línea central de la cabeza claramente separadas entre sí. 5 pequeñas hendiduras branquiales, las dos últimas sobre la aleta pectoral. 2 aletas dorsales situadas muy detrás, la primera comienza inmediatamente después de la inserción de la aleta pectoral, la segunda sobre el punto medio de la aleta anal. Extremo inferior de la aleta ventral redondeado. Lóbulo superior de la aleta caudal ligeramente arqueado hacia arriba, lóbulo inferior más grande. *Color*: varía según la edad y el hábitat. Dorso gris oscuro, marrón con tonos entre grises y rojizos, con manchas redondas marrones, alrededor de un centro claro se distribuye un buen número de pintas negras en forma de estrella o de círculo; las manchas suelen ser menos densas que en la pintarroja. Individuos jóvenes con 5-6 tiras oscuras difuminadas. Cara ventral blanquecina, sin manchas. *Longitud*: máx 1,50 m (muy raramente).

Distribución: Atlántico nororiental, desde Escocia y el sur de Noruega hasta el noroeste de África; sudoeste del mar del Norte, canal de la Mancha; al norte de Vizcaya el número disminuye considerablemente. Mediterráneo. En los lugares tranquilos sobre suelo rocoso, normalmente a 20-60 cm de profundidad. No aparece con tanta frecuencia como la *S. canicula*.

Modo de vida: tiburón de fondo activo al atardecer y durante la noche que prefiere las profundidades pequeñas, como la pintarroja. Ovíparo; las cápsulas córneas marrones de 10-13 × 3,5 cm se fijan por pares a los corales, la vegetación o los bancos con sus largos filamentos de forma espiral. El desove se realiza en el Mediterráneo todo el año, en las regiones septentrionales sólo durante los meses de verano. Los alevines, de 10-16 cm de longitud, equipados con un saco vitelino, salen de la cápsula tras 9 meses. *Alimentación*: preferentemente animales del fondo invertebrados y pequeños y peces de fondo.

pintarroja

gato marino

Olayo
Galeus melastomus

Características: cuerpo alargado y muy delgado (10-14 veces más largo que alto) con cabeza pequeña y aplanada (longitud de la cabeza = 1/5-1/6 de la longitud total) y hocico relativamente largo y redondeado. Ojos grandes y ovalados, sin membrana nictitante; espiráculo pequeño, justo detrás de los ojos. 5 hendiduras branquiales pequeñas, la última sobre la aleta pectoral, 2 aletas dorsales pequeñas casi de igual tamaño, la primera posterior a la aleta ventral y la segunda sobre el último tercio de la aleta anal. Aleta anal con una base muy larga. Aletas pectorales grandes y anchas; aletas ventrales largas y trapezoidales. Aleta caudal larga (1/4 de la longitud total), su eje se encuentra ligeramente inclinado hacia abajo, lóbulo inferior más grande; borde superior de la aleta caudal con una hilera de espinas planas parecidas a los dientes de una sierra. *Color*: según el hábitat el dorso puede ser gris amarronado o gris amarillento, los costados más claros, la cara ventral blanquecina; el dorso y los flancos con manchas oscuras grandes bordeadas de un tono más claro. Cavidad bucal (y peritoneo) negra (nombre latino). *Longitud*: 60-80 cm, máx 1,20 m.
Distribución: Atlántico nororiental, desde Noruega hasta el noroeste de África y Madeira; no se encuentra en el sur del mar del Norte, Mediterráneo occidental, muy raramente en el Adriático. Cerca del fondo sobre suelos fangosos, a profundidades normalmente entre 150 y 400 m, máx a 900 m; en ocasiones el olayo se encuentra también sólo a 55 m de profundidad.
Modo de vida: la biología de este tiburón de fondo, que vive en mayores profundidades que sus parientes, todavía es poco conocida. Las hembras alcanzan su madurez sexual con una longitud de unos 70 cm. En el Mediterráneo el desove se realiza durante todo el año (aunque principalmente en los meses de verano), en las regiones septentrionales se limita a la primavera y el verano. Una hembra pone de 2 a 4 huevos (8 máx). Las amarillentas cápsulas córneas, de 6 × 3 cm, cuentan, en lugar de los largos filamentos, con sólo dos apéndices cortos en cada extremo. *Alimentación*: animales de fondo invertebrados (crustáceos, moluscos) y peces del fondo; también peces pequeños de aguas libres.

Musola
Mustelus mustelus

Características: cuerpo alargado y delgado con hocico largo y puntiagudo y piel brillante (los dentículos cutáneos lanceolados son muy pequeños y sólo tienen una carena corta). Ojos ovales con un pliegue longitudinal en el borde inferior del ojo, sin membrana nictitante. 5 pequeñas hendiduras branquiales, la última sobre la aleta pectoral; espiráculo claramente desarrollado. Dientes pequeños y redondeados distribuidos por las mandíbulas en varias hileras; al igual que las rayas forman unas placas dentales. 2 aletas dorsales casi del mismo tamaño, la primera situada sobre el punto intermedio entre la aleta pectoral y la ventral. Aleta caudal en forma de hoz y ligeramente arqueada hacia arriba con una incisión profunda; lóbulo inferior más grande. *Color*: el dorso suele ser liso, gris, gris amarronado o rojizo, eventualmente con manchas oscuras, los flancos más claros, cara ventral blancuzca.
Distribución: en el Atlántico Oriental, de Portugal a Sudáfrica. Mediterráneo. Aguas costeras sobre un fondo de arena o fango a 5-100 m de profundidad (máx 300 m).
Modo de vida: tiburón de fondo que suele cazar durante la noche. Los machos alcanzan la madurez sexual con 70-74 cm de longitud, las hembras con unos 80 cm. Se encuentran hembras gestantes en todas las épocas del año. Vivíparos; entre la hembra fecundada y los embriones se forma una especie de "placenta"; período de gestación (en el Mediterráneo) unos 10 meses. Nacen de 4 a 29 alevines de unos 35 cm de longitud en cada puesta. *Alimentación*: crustáceos, moluscos y pequeños peces de fondo.
Parientes: musola dentada, *M. asterias*, máx 1,50 m, con pequeñas manchas blancas en el dorso y los flancos, se encuentra en el nordeste del Atlántico (desde las islas Shetland hasta Mauritania, en el sur y el oeste del mar del Norte, canal de la Mancha) y en el Mediterráneo. En el *M. punctulatus*, que vive en el Mediterráneo y en la costa del noroeste de África, el dorso está salpicado de manchas marrón oscuro; el borde posterior de las dos aletas dorsales con un reborde de franjas oscuras.

olayo

musola

Tintorera
Prionace glauca

Características: cuerpo alargado y delgado, hocico largo y puntiagudo y piel lisa provista sólo de pequeños dentículos. Ojos ovales con membrana nictitante. 5 hendiduras branquiales pequeñas, la última situada encima de la aleta pectoral; sin espiráculo. Dientes grandes y triangulares con el borde aserrado, 2 aletas dorsales, la primera mucho más grande que la segunda; inserción de la primera aleta dorsal sobre la zona entre la aleta pectoral y la aleta ventral. Las aletas pectorales son largas y falciformes. Eje de la cola largo, aplanado lateralmente (contrariamente al marrajo de Cornualles) sin carena longitudinal, con una incisión transversal antes de la aleta caudal. Lóbulo superior de la aleta caudal mucho más grande que el lóbulo inferior, en el borde inferior con una incisión e inclinado hacia arriba. *Color*: el dorso de un brillante azul oscuro (una vez muerto se vuelve gris mate); flancos más claros, cara ventral blanca. Puntas de las aletas pectorales de color negro. *Longitud*: hasta los 4 m.
Distribución: en todos los mares tropicales y tibios del mundo. En el Atlántico nororiental desde las costas meridionales de Gran Bretaña e Irlanda hasta Senegal; Azores, Madeira, Islas Canarias y Cabo Verde; en verano ocasionalmente en el mar del Norte, en Skagerrak y en las aguas del centro de Noruega. Mediterráneo.
Modo de vida: principalmente activos durante la noche, estos tiburones pelágicos emprenden a menudo extensas migraciones; se los considera muy agresivos y en ocasiones atacan a nadadores y submarinistas. Las hembras alcanzan la madurez sexual con 2,5 m, no se conoce nada respecto al período de reproducción. Vivíparos; los alevines se nutren en el cuerpo de la madre con jugos del organismo materno por medio de una "placenta". Según el tamaño y edad de la hembra en verano nacen de 5 a 63 alevines que ya miden 50-60 cm de longitud. *Alimentación*: peces gregarios (sobre todo caballa y arenque), además de gádidos, galludos y calamares.

Cazón
Galeorhinus galeus

Características: cuerpo alargado y delgado con un hocico muy puntiagudo. Ojos ovales con una membrana nictitante en el ángulo anterior. 5 hendiduras branquiales pequeñas, la última sobre la aleta pectoral; espiráculo claramente desarrollado. Dentadura: dientes triangulares, inclinados hacia delante con un borde interior liso y un borde exterior aserrado. 2 aletas dorsales, la primera es 2-3 veces más grande que la segunda y se sitúa sobre el espacio intermedio entre la aleta pectoral y la ventral (normalmente más cerca de las aletas pectorales), la segunda aleta dorsal comienza inmediatamente antes de la aleta anal. Aletas pectorales grandes y puntiagudas. Aleta caudal falciforme, lóbulo superior más grande, inclinado hacia arriba, con una profunda incisión en el borde inferior. *Color*: el dorso es liso, gris azulado o gris amarronado; los flancos más claros, la cara frontal entre gris claro y blanco, con un brillo de marfil. *Longitud*: machos máx 1,80 m (35 kg de peso), hembras máx 2,30 m (unos 70 kg de peso).
Distribución: Atlántico Oriental, desde el sur de Noruega y Escocia hasta Sudáfrica (incluido Natal); mar del Norte, canal de la Mancha. (Frecuente localmente en el mar del Norte, p ej, alrededor de Helgoland, Skarragak y en Kattegat; sólo entrado el verano desde Islandia hasta el norte de Noruega aparecen algunos ejemplares). Mediterráneo. La mayoría sobre un fondo de guijarros y de arena a 40-400 m de profundidad.
Modo de vida: tiburón de fondo que sólo se encuentra ocasionalmente en aguas libres y cerca de la superficie del agua. Durante los meses de verano migra solo o en pequeños grupos a las aguas litorales. Vivíparos (ovovivíparos); los individuos jóvenes (20-40) nacen con unos 40 cm de longitud en las aguas septentrionales, normalmente durante los meses de verano. *Alimentación*: preferentemente pequeños peces de fondo, también invertebrados que viven en el fondo (gusanos, crustáceos, animales blandos, equinodermos); además, el cazón suele dirigirse a las aguas libres para cazar.

cazón
tintorera

Pez martillo
Sphyrna zygaena

Características: cuerpo alargado y en forma de huso (muy parecido al de la tintorera) con la cabeza ensanchada lateralmente en forma de martillo o de caperuza. El borde anterior del hocico sin inflexión en el medio, redondeado. Ojos (con membrana nictitante) y orificios nasales en los lados del "martillo", sin espiráculo. 5 hendiduras branquiales pequeñas, las dos últimas sobre la aleta pectoral. Dientes anchos, triangulares, con puntas afiladas, 30-31 en la mandíbula superior, 24-29 en la inferior; en los individuos jóvenes de borde liso, en los adultos (sobre todo los superiores) normalmente algo aserrados, 2 aletas dorsales, la primera grande y triangular se encuentra justo por detrás de las aletas pectorales, la segunda, pequeña, con un borde inferior puntiagudo. Aleta anal un poco más grande que la segunda aleta dorsal y situada inmediatamente por delante de su inserción. Aletas pectorales largas (1/3 de la longitud de la cabeza) y triangulares. Raíz de la cola sólo con una fosa superior (foseta precaudal); aleta caudal con lóbulo superior largo y una incisión en el borde inferior. *Color*: dorso gris azulado, marrón verdoso o verde aceituna, flancos más claros, cara ventral entre el color blanco y el blanco grisáceo. Las puntas de las aletas y el borde posterior suelen ser negros. *Longitud*: máx 4 m.

Distribución: se extiende por todos los mares cálidos y tibios (muy raramente en grupos). En el Atlántico nororiental desde Portugal hasta Senegal; ocasionalmente hasta el canal de la Mancha, las costas de Gales e incluso en Escocia. Tanto en aguas libres como en las cercanías de las costas, principalmente en zonas profundas, desde la superficie hasta los 400 m de profundidad.

Modo de vida: potente nadador que en el Atlántico migra durante los meses de verano hacia el Norte. En las aguas costeras someras se los considera agresivos y peligrosos para los nadadores y submarinistas. La madurez sexual se alcanza con los 2,1-2,4 m de longitud. Vivíparos; nacen 10-40 alevines de 50-60 cm de longitud. *Alimentación*: preferentemente peces (tiburones, chuchos, teleósteos), también crustáceos (entre otros bellotas de mar) y calamares.

Tiburón boreal
Somniosus microcephalus

Características: cuerpo fuerte en forma de huso, con hocico ancho y redondeado. Ojos pequeños y redondos, sin membrana nictitante; espiráculo muy pequeño y alargado. Las 5 hendiduras branquiales se encuentran por delante de la aleta pectoral. Dientes en las dos mandíbulas puntiagudos; los de la mandíbula superior finos y coniformes, los de la inferior anchos y con la punta afilada orientada hacia afuera; todos con el borde liso. 2 aletas dorsales relativamente pequeñas, sin aguijones en la inserción; la primera, más grande, se encuentra en el espacio intermedio entre las aletas pectorales y las ventrales; la segunda empieza por encima del extremo posterior de la base de la aleta ventral. Los pares de aletas relativamente pequeños; sin aleta anal. Eje de la cola sin foseta precaudal, con carenas longitudinales cortas a ambos lados; aleta caudal con los lóbulos superior e inferior claramente desarrollados. El hígado de esta especie es extremadamente grande (15-20 % del peso del cuerpo) y sirve para almacenar energía. *Color*: cuerpo y aletas gris oscuro liso, de marrón oscuro a verde oliva con brillo metálico rojizo. *Longitud*: 3-4 m, máx 7 m (hasta 2.500 kg).

Distribución: en el Atlántico Norte, en el este del mar Blanco, Spitzberg, islas de los Osos y este de Groenlandia hacia el sur hasta el mar del Norte y Kattegat, esporádicamente hasta el sur del mar del Norte. Tiburón de fondo ártico, normalmente en las regiones de 200-600 m de profundidad (máx hasta 1.200), sobre todo en fondos fangosos con temperaturas de 0-7°. En el Mediterráneo (y en la zona colindante del nordeste del Atlántico) se encuentra su pariente próximo, el *S. rostratus*, tiburón de fondo que presenta en la edad adulta órganos luminosos a lo largo de la línea lateral y en la parte anterior del dorso.

Modo de vida: tiburón de fondo que se desplaza formando bancos y se dirige al sur en busca de alimento (ocasionalmente hasta la costa atlántica francesa). Su sentido del olfato, lo conduce inmediatamente a sus presas, por el contrario su vista es débil. Vivíparo; los individuos jóvenes miden al nacer (probablemente en invierno) 40-70 cm de largo. *Alimentación*: animales marinos de todo tipo.

pez martillo

tiburón boreal

Mielgo
Squalus acanthias

Características: cuerpo alargado y delgado con hocico corto y puntiagudo. Grandes ojos ovalados sin membrana nictitante; con espiráculo. Boca ancha; dientes del mismo tipo en las dos mandíbulas, con una punta muy inclinada hacia delante y borde liso; en la mandíbula superior 24-28 dientes y en la inferior 22-24. 5 pequeñas hendiduras branquiales colocadas por delante de la aleta pectoral. 2 aletas dorsales, la primera más grande que la segunda; en el borde anterior de cada una se encuentra 1 fuerte aguijón más bajo que la misma aleta. Aletas pectorales grandes y anchas; inserción de la aleta ventral más próxima a la segunda que a la primera aleta dorsal; sin aleta anal. El eje de la cola cuenta con una carena longitudinal; foseta precaudal arriba; aleta caudal con lóbulo superior grande. *Color*: del gris claro al oscuro o amarronado, flancos más claros, cara ventral blanquecina. En el dorso y los flancos presenta manchas blancas repartidas irregularmente que desaparecen con la edad. *Longitud*: máx 1,2 m; los machos son más pequeños.

Distribución: en el Atlántico Norte desde el sur de Groenlandia, Islandia y la costa Murman hasta Marruecos, Madeira y las islas Canarias; mar del Norte, canal de la Mancha y en el mar Báltico muy esporádicamente como visitante errático. Mediterráneo y mar Negro. Preferentemente en fondos fangosos, en zonas de 6-15°C, tanto en aguas someras como en profundidades de 950 m como máx.

Modo de vida: tiburón de fondo que suele encontrarse en el Atlántico norte y que se acerca también al litoral en sus extensas migraciones; un banco grande puede llegar a los 1.000 animales. Vivíparo (ovovivíparo); los machos alcanzan la madurez sexual con 60-80 cm de longitud, las hembras con 75-90 cm; las hembras gestantes (períodos de gestación 18-22 meses) dan a luz en los meses de primavera y verano cerca de aguas costeras, expulsando 4-8 alevines de entre 20 y 33 cm de longitud. Longevidad de 20 a 24 años. *Alimentación:* peces (arenques, gádidos, agujas) e invertebrados.

Parientes: galludo, *S. blainvillei*, sin manchas blancas, aguijón a lo largo de la segunda aleta dorsal.

Negrito
Etmopterus spinax

Características: cuerpo alargado y delgado con hocico largo, un rasgo característico es el aspecto aterciopelado de la piel. Grandes ojos sin membrana nictitante; espiráculo grande reniforme por encima de los ojos. 5 hendiduras branquiales por delante de la aleta pectoral. Dentadura: dientes de la mandíbula superior (27-31) con 5 puntas (excepcionalmente 1 punta, entonces vertical y en forma de aguja), grandes y 2 pequeñas a cada lado de la base; dientes de la mandíbula inferior (36-40) con una punta triangular muy inclinada, borde liso. 2 aletas dorsales, la primera más pequeña que la segunda, comienza detrás de la inserción de la aleta pectoral; antes de cada aleta dorsal se encuentra un fuerte aguijón, el primero pequeño (1/2 de la altura de la aleta), el segundo llega hasta el borde superior de la aleta; inserción de la segunda aleta dorsal inmediatamente detrás de la inserción de la aleta ventral. Aletas ventrales cortas, cuadrangulares. No posee aleta anal. Aleta caudal grande y fuerte. Líneas laterales claramente visibles. *Color*: de marrón chocolate a negro, con manchas más o menos definidas que resaltan en la parte inferior de los flancos por contraste con el negro intenso de la cara ventral. Cavidad bucal negra. En la cara ventral se encuentran órganos fosforescentes diminutos que emiten una luz brillante verde o azulada. Aleta caudal con bordes oscuros, sobre todo en los individuos jóvenes. *Longitud*: hasta 50 cm en el Mediterráneo y hasta 90 en el Atlántico. Es el tiburón más pequeño del Atlántico norte.

Distribución: Atlántico norte, desde Tromsö/Noruega e Islandia hasta Senegal. Mediterráneo (en el Adriático raramente). Normalmente a 200-500 (máx 2.000 m).

Modo de vida: tiburón de fondo que vive en aguas profundas y que por la noche sube ocasionalmente a las capas cercanas a la superficie. Vivíparo (ovovivíparo); los alevines, de unos 10 cm de longitud, suelen nacer (15-29 cada vez) durante los meses de verano. *Alimentación*: peces, calamares y gambas y camarones.

Parientes: *Centroscyllium fabricii* (Atlántico Norte, en el este de Islandia hasta las islas Faroé a 250-1.300 m); dientes iguales en las mandíbulas superior e inferior, con 3 o más puntas.

mielgo

negrito

Cerdito marino
Oxynotus centrina

Características: cuerpo muy corto, grueso y redondeado (su sección transversal es triangular), con dorso pronunciadamente prominente y piel rugosa. Una carena a lo largo de la línea dorsal, 2 carenas longitudinales a lo largo de los flancos, desde las aletas pectorales hasta las ventrales. Cabeza pequeña, aplanada, ojos grandes, ovales o en forma de media luna, muy cerca de ellos se encuentran 5 hendiduras branquiales por delante de la aleta pectoral. Boca pequeña y sólo ligeramente arqueada. Dientes de la mandíbula superior (10) pequeños y puntiagudos, dientes de la inferior (9) más grandes, anchos y muy finos, aserrados, 2 aletas dorsales con aguijones muy fuertes casi envueltos por la piel de las aletas; el primer aguijón se sitúa justo detrás del centro de la inserción de la primera aleta y está inclinado hacia delante, el segundo aguijón, aqueado hacia atrás, surge antes de la mitad de la inserción de la segunda aleta. Las aletas ventrales están enfrente de las dorsales. Aletas pectorales puntiagudas (unos 3/4 de la longitud de la cabeza). Eje de la cola corto y aleta caudal relativamente pequeña. No presenta aleta anal. La línea lateral claramente visible. *Color*: según el lugar donde habita amarronado, gris oscuro o pardo con manchas oscuras; cara ventral más clara. Ojos verdosos. *Longitud*: máx 1,50 m (en el Mediterráneo de 60 a 80 cm).
Distribución: Atlántico Oriental, desde la costa meridional inglesa hasta Angola. Mediterráneo. En fondos de arena o fango a profundidades desde 50 hasta 500 m.
Modo de vida: se considera que este tiburón de fondo, realmente escaso en todo el territorio donde habita, yace la mayoría del tiempo sobre su vientre; sólo al comienzo del crepúsculo se dirige a buscar alimento. Vivíparo (ovovivíparo); la fecundación se realiza en enero y los alevines nacen 3 meses después. *Alimentación*: animales de fondo de todo tipo.
Parientes: ***O. paradoxus***, aparece en la zona desde el noroeste de Escocia hasta Marruecos a profundidades de 350-600 m; es de color gris oscuro; las puntas de las aletas dorsales se alargan en forma de pendón y el aguijón de la primer aleta dorsal se inclina hacia la cola.

Pez ángel
Squatina squatina

Características: parte anterior del cuerpo aplanada y rayiforme, con cabeza ancha y lisa y morro corto y redondeado. Ojos pequeños sin membrana nictitante; espiráculos grandes en forma de media luna. Boca situada en el extremo, ancha, muy extensible; dientes pequeños, iguales en las dos mandíbulas, con las bases anchas y puntas largas, triangulares, bordes lisos. Las 5 hendiduras branquiales se encuentran por delante de las aletas pectorales y a los lados de la cabeza. Aletas pectorales extendidas en forma de alas, con los bordes redondeados, no se unen por crecimiento a los lados de la cabeza. Aletas ventrales similares, aunque más pequeñas; su borde posterior debajo de la inserción de la primera aleta dorsal. Sin aleta anal. Eje de la cola horizontal, con una pequeña aleta caudal cuyo lóbulo inferior está más desarrollado que el superior; en el eje de la cola 2 aletas dorsales situadas muy cerca la una de la otra. *Color*: dorso gris, amarronado o verdoso, en la mayoría de los casos con manchas oscuras o jaspeado; los alevines muestran frecuentemente hileras de manchas claras. *Longitud*: normalmente 90-120 cm, máx 2,40 m y 80 kg de peso (en el Atlántico se encuentran los peces ángel de mayor tamaño).
Distribución: Atlántico nororiental, desde las islas Canarias hasta el norte de Inglaterra, sur de Noruega, Skagerrak, Kattegat; sudoeste del mar del Norte, canal de la Mancha, Mediterráneo. En fondos de arena y fango en las regiones costeras a 5-100 m de profundidad.
Modo de vida: tiburón de fondo indigente, similar a las rayas, que suele encontrarse enterrado en el fondo. Asustado nada mediante coletazos potentes y laterales. Vivíparo (ovovivíparo); las hembras salen de sus escondrijos profundos hacia las aguas costeras someras en donde paren alevines (7-25 en cada parto) de unos 20 cm de longitud, en el Mediterráneo durante la primavera y en el Atlántico nororiental durante los meses de verano. *Alimentación*: peces de fondo pequeños, crustáceos y moluscos.
Parientes: ***S. aculeata,*** máx 1,5 m con una serie de aguijones a lo largo de la línea dorsal. *S. oculata*, máx 1,5 m, con aletas dorsales muy prolongadas hacia atrás y manchas negras en las aletas pectorales y eje de la cola.

cerdito marino

pez ángel

Pez sierra
Pristis pristis

Características: cuerpo alargado similar al de los tiburones con la cabeza algo aplanada, hocico terminado en una espada (rostro) que lateralmente está provista de 16-20 dientes fuertes y puntiagudos (su pariente próximo, el *P. pecntinatus*, lleva a ambos lados 25-32 dientes rostrales). Los ojos y espiráculos, situados inmediatamente detrás de los ojos, en la parte superior de la cabeza; la boca y las 5 hendiduras branquiales se encuentran en la cara ventral. Los dientes de las mandíbulas son pequeños, formando en varias hileras una placa como adoquinada. 2 aletas dorsales casi igual de grandes, la primera se sitúa sobre la aleta ventral. Aletas pectorales anchas, unidas por crecimiento en su parte anterior a los lados de la cabeza. No presenta aleta anal. Pliegues cutáneos a ambos lados del eje de la cola. Aleta caudal fuerte, sin lóbulo inferior. En los machos (de todas las rayas), los radios posteriores de la aleta ventral están transformados en órganos prensores en forma de vara y sirven para aguantar a las hembras y para la fecundación. Como todas las rayas, sin vejiga natatoria. *Color*: dorso marrón grisáceo, cara ventral gris amarillento o tirando a blanco. *Longitud*: máx 4,5 m.
Distribución: Atlántico Oriental, desde Portugal hasta Angola. Mediterráneo Occidental (en donde se consideran especies muy raras que, probablemente, son visitantes erráticos procedentes del Atlántico; se ha comprobado su presencia en Sicilia, a lo largo de las costas francesa y española y en las Baleares).
Modo de vida: la forma en que nadan estos peces sierra es similar a la de los tiburones: al contrario que las demás rayas (salvo el *Rhinobatos rhinobatos*) se desplazan con ayuda de fuertes golpes laterales del eje de la cola y de la aleta caudal. Con la "sierra" matan a sus víctimas y se defienden, al mismo tiempo, de los ataques de sus enemigos. Vivíparo (ovovivíparo); en una hembra de 4,5 m de longitud se contaron 23 embriones. *Alimentación*: principalmente peces.

Guitarra
Rhinobatos rhinobatos

Características: parte anterior del cuerpo rayiforme y aplanada, parte posterior cilíndrica similar a la de los tiburones; hocico largo y triangular con una punta redondeada. Los ojos y los grandes espiráculos se encuentran en la parte superior de la cabeza, la boca y las 5 hendiduras branquiales en la cara ventral. Los dientes de las mandíbulas son pequeños, redondeados y unidos formando como un adoquinado de varias hileras. Una fila de pequeños aguijones (menos puntiagudos en los alevines) recorre la línea dorsal y la línea situada entre las dos aletas dorsales, ambas de igual tamaño. Aletas pectorales unidas por crecimiento en toda su longitud con los lados de la cabeza y una parte de los flancos. Las aletas ventrales están claramente separadas de las aletas pectorales; su borde exterior (al igual que en las aletas pectorales) está redondeado. No existe aleta anal. Pliegue cutáneo a ambos lados del eje de la cola; aleta caudal bien desarrollada, sin lóbulos. *Color*: el dorso entre marrón grisáceo y oliváceo, cara ventral blanquecina. Aletas dorsales y aleta caudal con bordes claros. *Longitud*: máx 1 m.
Distribución: Atlántico Oriental, desde Vizcaya hasta Angola, Mediterráneo (principalmente en las regiones meridionales más cálidas a lo largo de la costa africana; raramente junto a Nápoles y con mayor frecuencia alrededor de Sicilia; también en el Adriático, sobre todo en el sur). En aguas someras de fondos fangosos y arenosos.
Modo de vida: habitante típico de las costas que se suele encontrar pegado al fondo o semienterrado en fondos blandos. Vivíparo (ovovivíparo). *Alimentación:* animales de fondo pequeños, principalmente crustáceos, caracoles y mejillones además de pequeños peces de fondo; puesto que suelen permanecer en bancos de mejillones, pueden convertirse en una plaga para los ostricultores.
Especies emparentadas: guitarras, *Rh. cemicula*, máx 2 m, aparece en el sur del Mediterráneo y desde Portugal hasta Angola, a 10-80 m de profundidad, también en agua salobre. Características: hocico largo (5-6,5 veces el diámetro de los ojos); dorso de color arena, mancha negra en la parte inferior de la punta del hocico.

guitarra

pez sierra

Torpedo marmorata

Características: el disco es casi circular, aplanado y carnoso, con el eje de la cola claramente diferenciado, corto y fuerte. Piel lisa (sin aguijones). Ojos pequeños; espiráculos con 6-8 pequeños lóbulos cutáneos en el borde interno. La boca, pequeña y arqueada, las 5 hendiduras branquiales se encuentran en la cara ventral. Dientes pequeños y puntiagudos, 15-30 en la mandíbula superior y 13-28 en la inferior. 2 aletas dorsales sobre el eje de la cola, la primera algo más grande. Aletas pectorales anchas y carnosas, forman el borde exterior del disco. Las aletas ventrales están separadas entre sí y son anchas y redondeadas. Eje de la cola con un pliegue cutáneo a ambos lados; aleta caudal bien desarrollada y triangular, el lóbulo superior algo más largo. No presenta aleta anal. A cada lado del disco se halla un órgano electrógeno grande, que se vislumbra a través de la piel, y se sitúa entre la cabeza y las aletas pectorales. Línea lateral rudimentaria. *Color*: muy variable según el lugar que habite, desde marrón claro hasta marrón oscuro con un jaspeado más oscuro. La cara ventral blanquecina con un reborde oscuro. *Longitud*: máx 60 cm.

Distribución: Atlántico Oriental, desde Vizcaya hasta Sudáfrica; al norte de Vizcaya, al sur de Inglaterra y al norte de Bretaña, en cantidades reducidas; ocasionalmente en el canal de la Mancha; en el mar del Norte sólo aparece raramente en verano. En fondos de arena o cenagosos, suele encontrarse en las regiones de aguas someras anteriores a las costas, a 2-20 m de profundidad y sólo raramente a 100 m.

Modo de vida: solitarias activas durante la noche, se encuentran durante el día semienterradas en el fondo, por lo que sólo se reconoce el contorno del cuerpo (no obstante, los ojos y espiráculos siempre sobresalen). Captura a sus víctimas inclinándose sobre ellas y despidiendo una descarga eléctrica (con tensiones de 45-220 voltios que las paraliza). Vivíparas (ovovivíparas); tiempo de gestación 7-10 meses; una hembra puede dar a luz, según sus tamaños, alevines de 5-32,9 cm de longitud y 6,5 cm de anchura; expulsa los huevos desde septiembre hasta octubre en la zona mediterránea.

Tembladera
Torpedo torpedo

Características: disco aplanado, casi redondo, con eje de la cola corto, fuerte y claramente diferenciado; el borde delantero es algo cóncavo o casi recto. Piel brillante. Ojos pequeños, grandes espiráculos, casi con el borde plano en los individuos adultos (a partir de 30 cm de longitud), en los alevines con unas franjas en el borde interior. La boca pequeña y arqueada, las 5 hendiduras branquiales se encuentran en la cara ventral. 18-33 dientes en la mandíbula superior y 15-28 en la inferior. 2 aletas dorsales en el eje de la cola, la primera más grande (la altura corresponde a 1,5 veces la longitud de su base). Las aletas pectorales, anchas y carnosas forman el borde externo del disco. Las aletas ventrales están separadas entre sí y son anchas y redondeadas. Eje de la cola aproximadamente tan largo como el disco; aleta caudal bien desarrollada. No existe aleta anal. A cada lado del disco se encuentra un gran órgano eléctrico. *Color*: la cara dorsal oscila entre el marrón claro y el marrón oscuro, con 1-7 (normalmente 5) manchas azules ribeteadas de negro o de amarillo. Cara ventral blanquecina con un ribete oscuro. *Longitud*: máx 60 cm.

Distribución: Atlántico Oriental, desde Vizcaya hasta Angola. Mediterráneo. En fondos arenosos y fangosos así como en algares, desde la zona de aguas someras del área hasta los 50 m de profundidad (ocasionalmente hasta 200 m).

Modo de vida: solitarias, activas durante la noche, las tembladeras se mantienen por el día semienterradas en el fondo hasta los ojos y los espiráculos. Vivíparas (ovovivíparas), el período de desarrollo de los embriones (3-21 según el tamaño de la hembra) dura 5-6 meses (desde marzo hasta septiembre), depende de la temperatura del agua; los alevines miden 8 cm de largo al nacer. *Alimentación*: pequeños peces y crustáceos.

Parientes: *T. nobiliana*, máx 1,80 m, 70 kg de peso, vive en el Atlántico (desde el este de Inglaterra hasta Sudáfrica) y en el Mediterráneo, a profundidades de 10-350 m. Características: dorso marrón oscuro, oscilando desde el verde oscuro y el azul oscuro. Espiráculos de bordes planos, reniformes, más grandes que los ojos. La primera aleta dorsal el doble de grande que la segunda.

tembladera

Torpedo marmorata

Raya de espejos
Raja miraletus

Características: discho ancho y romboidal, con piel rugosa a lo largo del borde anterior prominente y en la zona de la cabeza. Hocico corto y (sobre todo en los machos) puntiagudo. Borde de la aleta pectoral ("alas") casi rectangular. Ojos más grandes que los espiráculos. La boca, casi recta, y las 5 hendiduras branquiales se encuentran en la cara ventral, 40-42 dientes puntiagudos en los machos y redondeados en las hembras. 2 aletas dorsales casi igual de grandes y cercanas sobre el extremo del eje de la cola. Aleta caudal muy pequeña; aleta anal pequeña. Eje de la cola delgado y plano (más largo que la 1/2 de la longitud del cuerpo), con una serie longitudinal de 14-18 aguijones, en los machos una hilera más y en las hembras dos en cada lado; entre las aletas dorsales 2-3 aguijones. Algunos aguijones cerca de los ojos, los machos, además, están provistos de aguijones con gancho en el borde anterior del disco y en las aletas pectorales. *Color*: cara dorsal marrón claro, amarillenta o gris, con bordes oscuros y pequeños puntos de color marrón oscuro (puntos amarillos también en los machos), la zona del hocico más clara. En medio del disco 2 manchas azul claro con un ribete negro y amarillo o naranja (de ahí su nombre). Cara ventral blanquecina. *Longitud*: máx 60 cm.

Distribución: Atlántico Oriental, desde Vizcaya hasta Sudáfrica. Mediterráneo (muy frecuentes). Aguas litorales, en fondos arenosos o fangosos, normalmente a 90-300 m de profundidad.

Modo de vida: durante los meses de verano migran a las zonas de aguas someras donde se encuentran semienterradas hasta los ojos y los espiráculos a 30 m de profundidad. Asustadas, nadan con un movimiento ondular que va desde la parte delantera hasta la posterior de las aletas pectorales. Ovíparas; las cápsulas córneas y rectangulares de los huevos (4,2-5,2 cm largo, 3-3,5 cm ancho) con apéndices de 2-3 cm de largo en las esquinas se expulsan en el Mediterráneo durante la primavera y en el Atlántico durante los meses de invierno. *Alimentación*: animales invertebrados y pequeños peces del fondo.

Raya estrellada
Raja asterias

Características: disco ancho y romboidal con el borde anterior algo prominente. Hocico ligeramente alargado, aunque en ángulo obtuso. Piel de la cara dorsal rugosa, con 60-70 aguijones en una hilera longitudinal desde los ojos hasta la primera aleta dorsal; a lo largo del eje de la cola dos hileras adicionales de aguijones; los machos adultos van provistos además de aguijones con gancho, pequeños y móviles, en las aletas pectorales y delante de los ojos. La boca, casi recta, y las 5 hendiduras branquiales se encuentran en la cara ventral, 34-44 dientes puntiagudos en los machos y romos en las hembras. 2 aletas dorsales casi igual de grandes y colocadas muy cerca la una de la otra (su zona de inserción es mucho más larga que el espacio intermedio) al extremo del eje de la cola delgada, medianamente larga. Aleta caudal rudimentaria; no presenta aleta anal. *Color*: cara dorsal, según el lugar que habite, marrón claro o pardo, verde oliva o amarillo, con numerosos puntos pequeños de color marrón oscuro y un número de manchas grandes, redondas y amarillas, ribeteadas de puntos de un tono negro amarronado. Hocico de color uniforme marrón claro. Es frecuente una mancha más oscura con ribete claro en cada "ala". Cara ventral blanca con manchas y bordes oscuros. *Longitud*: 70 cm.

Distribución: Sólo en el Mediterráneo (lugar de hallazgo de la especie en Ibiza/Baleares), muy numerosas (p ej delante de la península de Istria/Adriático es la especie de raya más frecuente). Aguas litorales, en fondos arenosos y fangosos, principalmente a 7-40 m, ocasionalmente hasta los 100 m de profundidad.

Modo de vida: durante el día suelen enterrarse hasta los ojos y los espiráculos en un fondo blando; normalmente capturan a sus presas cubriéndolas con el cuerpo. La madurez sexual se alcanza con una longitud de unos 45 cm. Ovíparas; las cápsulas de los huevos, transparentes y de tonos verdosos y amarronados (4,5 × 3) son rectangulares y se expulsan durante todo el año. *Alimentación*: animales del fondo de todo tipo, sobre todo pequeños peces del fondo y crustáceos.

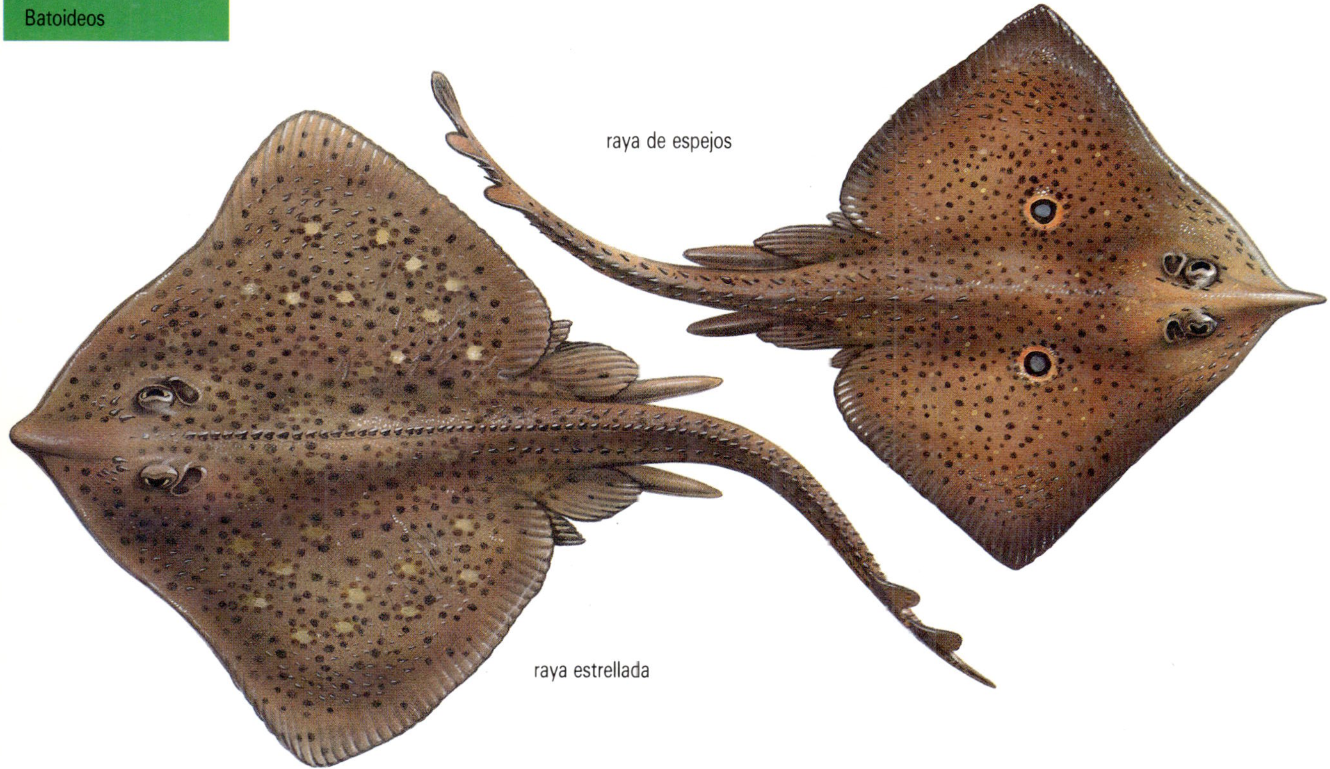

raya de espejos

raya estrellada

Raja brachyura

Características: disco ancho y romboidal con "alas" angulosas. Hocico algo alargado y en ángulo obtuso. En los individuos adultos la piel es rugosa en toda la cara superior y se encuentra una hilera longitudinal de pequeños aguijones en la parte superior del eje de la cola; los alevines con una hilera completa de aguijones en la línea central del dorso y en el eje de la cola, así como otra hilera al lado del eje de la cola, que también puede existir, incompleta, en las hembras adultas; los machos adultos poseen pequeños aguijones de gancho en las aletas pectorales y a los lados de la cabeza. Los ojos son más pequeños que los espiráculos. La boca, casi recta, y las 5 hendiduras branquiales se encuentran en la cara ventral. 60-90 dientes puntiagudos en los machos y las hembras. 2 aletas dorsales casi igual de grandes situadas muy cerca la una de la otra al extremo del eje de la cola, que es corto y delgado. Aleta caudal rudimentaria; sin aleta anal. *Color*: cara dorsal marrón claro con numerosas pintas pequeñas y negras repartidas por toda la superficie y unas pocas manchas, más grandes y claras, repartidas irregularmente. La cara ventral blanquecina o amarillenta. Los alevines con la punta del hocico negra. *Longitud*: máx 1,15 m (unos 12 kg de peso).

Distribución: Atlántico nororiental, desde las islas Shetland hasta Madeira y a lo largo de la costa noroccidental de África. Mediterráneo Occidental (raramente). En fondos arenosos y fangosos, normalmente a unos 40-100 m de profundidad; los alevines se dirigen más a las aguas someras; los adultos, por el contrario, se retiran a las zonas más profundas y en los meses de verano se aproximan a las costas.

Modo de vida: ovíparas; las grandes cápsulas córneas (11,5-15,3 cm de largo y 7,2-9 cm de ancho) poseen en cada esquina un largo apéndice adherente. Según las hembras, se expulsan hasta 30 huevos en primavera y principios de verano; en la costa argelina se observó que los huevos se ponen en invierno y los alevines viven después por encima de los 15 m de profundidad. El período de desarrollo del embrión es de unos 7 meses. *Alimentación*: pequeños animales del fondo, preferentemente peces pequeños, crustáceos y moluscos.

Raya común
Raja clavata

Características: disco ancho en forma de rombo (prominente en el borde anterior) con "alas" puntiagudas. Hocico corto y en ángulo obtuso. Parte superior e inferior armadas de púas; en los individuos adultos la cara superior está provista también de numerosos aguijones grandes que se asientan en la piel mediante unas placas basales anchas y lisas similares a la cabeza de un clavo (de ahí su nombre latino); en las hembras también se encuentran estos aguijones en la parte inferior. En los ejemplares jóvenes y en las hembras se halla una hilera longitudinal de aguijones a lo largo de la línea dorsal y del eje de la cola, que en los machos sólo está presente en el eje de la cola. Los machos están provistos de aguijones de gancho pequeños y móviles en las aletas pectorales y delante de los ojos, 36-46 dientes puntiagudos en los machos y aplanados en las hembras. 2 aletas dorsales pequeñas al extremo del eje de la cola largo y delgado. Aleta caudal pequeña, no existe aleta anal. Machos con grandes órganos copuladores estiloides. *Color*: cara dorsal gris claro o marrón claro, sobre todo en los individuos jóvenes salpicada por manchas más claras con un ribete marrón y puntos pequeños y negros que pueden juntarse formando líneas. Cara ventral blanca, con el borde oscuro. *Longitud*: machos máx 70 cm, hembras máx 125 cm.

Distribución: Atlántico Oriental, desde Noruega y sur de Islandia hasta Sudáfrica; mar del Norte, oeste del mar Báltico, canal de la Mancha, Mediterráneo y mar Negro. Preferentemente en fondos arenosos y fangosos, en aguas someras (20-60 m) o en profundidades de hasta 500 m.

Modo de vida: raya activa al atardecer y durante la noche; los ejemplares grandes deben tratarse con precaución pues pueden lanzar potentes descargas eléctricas. Las hembras alcanzan la madurez sexual con 9 años y los machos con 7. La copulación se realiza cerca de la superficie de aguas someras. Ovíparas; las cápsulas de los huevos (hasta 20 por hembra, 6-9 × 5-7 cm de tamaño) se expulsan en aguas litorales someras desde donde son arrojadas con frecuencia a la playa. *Alimentación:* principalmente crustáceos, pero también gusanos, moluscos, peces del fondo y equinodermos.

raya común

Raja brachyura

Raya bastarda
Raja microocellata

Características: disco ancho y romboidal, con borde anterior sinuoso y bordes de las aletas pectorales ("alas") angulosos y puntiagudos. Piel lisa, sólo la parte anterior del disco está provista de dentículos cutáneos; a lo largo de la línea dorsal se encuentra una hilera longitudinal de pequeños aguijones y otra hilera similar a ambos lados del eje de la cola. Ojos y espiráculos pequeños. La boca, casi recta, y las 5 hendiduras branquiales se encuentran en la cara ventral. 2 aletas dorsales casi del mismo tamaño muy cerca la una de la otra junto al extremo del eje de la cola delgado y moderadamente largo. Aleta caudal rudimentaria; no presenta aleta anal. Los radios posteriores de la aleta ventral transformados en órganos prensores y copuladores estiloides en los machos. *Color*: cara dorsal, según el lugar donde habite, gris o amarronada con pequeños puntos blancos y líneas ondulantes. Cara ventral blanca. *Longitud*: máx 82 cm.
Distribución: Atlántico nororiental, desde el sur de Irlanda, Cornualles y el canal de la Mancha hacia el sur hasta la costa noroccidental africana (Marruecos). No se encuentra en el mar del Norte ni en el Mediterráneo. Aguas litorales, hasta 100 m de profundidad como máx; prefiere los fondos arenosos poco profundos pero, aunque esta especie suele ser muy frecuente en determinadas zonas, no se encuentra en absoluto en biotopos similares.
Modo de vida: activa durante el atardecer y la noche, por el día permanece semienterrada en la arena hasta los ojos y los espiráculos, de modo que sólo se puede distinguir su contorno. La biología reproductora de esta frecuente especie todavía es muy poco conocida. Ovíparas; los huevos parecen almohadillas y las cápsulas córneas son de un marrón verdoso (8,7-9,5 cm de largo, 5,4-6,3 cm de ancho) con apéndices córneos en cada esquina (en un extremo 2 largos y delgados y en el otro 2 cortos y retorcidos). *Alimentación:* pequeños animales del fondo, sobre todo crustáceos (langosta y quisquillas), pero también otros pequeños animales invertebrados y peces del fondo (pequeños peces planos, saltones).

Raya pintada
Raja montagui

Características: disco ancho y romboidal (más ancho que largo, prominente en el borde anterior) con el borde de las aletas pectorales ("alas") angular y algo puntiagudo. Hocico ligeramente alargado aunque en ángulo obtuso. La piel de los individuos jóvenes es espinosa en la región del hocico solamente y en los adultos hasta detrás de los ojos; 1 hilera de aguijones por el dorso, desde los ojos hasta la primera aleta dorsal en el eje de la cola (en los animales jóvenes con 30 aguijones y en los adultos con 40-50); los machos están provistos además de aguijones de gancho móviles en el hocico y en el borde anterior de las aletas pectorales. La boca casi recta y las 5 hendiduras branquiales se encuentran en la cara ventral, 50-60 dientes, en los machos puntiagudos y en las hembras redondeados, 2 pequeñas aletas dorsales (entre las cuales se encuentran 1-3 aguijones) situadas muy cerca la una de la otra, al final del eje de la cola plana, medianamente larga. Aleta caudal rudimentaria; sin aleta anal. *Color*: cara dorsal, según el hábitat, gris, marrón amarillento o amarilla, con muchas manchas pequeñas y negras que se extienden hasta el borde del disco; en cada "ala" es frecuente ver una mancha amarilla (con o sin centro oscuro) que está ribeteada por un anillo interrumpido de puntos negros. Cara ventral de tonos que van del blanco hasta el rosa. *Longitud*: máx 1 m.
Distribución: Atlántico nororiental, desde las islas Shetland hasta el noroeste de la costa africana (Marruecos) y las islas Canarias; canal de la Mancha, zona meridional del mar del Norte, Mediterráneo. Aguas litorales tanto en fondo de arena o fangoso como en costas rocosas, a 25-100 m de profundidad.
Modo de vida: este tipo de raya, pariente próximo de la *R. asterias* y la *R. polystigma*, es poco conocida. Los huevos (6,4-7,7 × 3,7-4,6 cm) se arrojan al canal de la Mancha en primavera y verano y poseen en cada esquina un pequeño apéndice; una parte de la cápsula es lisa y la otra está cubierta por un entramado de pequeñas varillas córneas. Período de incubación de 5 meses. *Alimentación*: animales del fondo.

raya pintada

raya bastarda

Raya radiada
Raja radiata

Características: disco ancho y romboidal (ligera inflexión en el borde anterior) con el borde de las aletas pectorales redondeado ("alas"). Hocico ligeramente alargado formando ángulo obtuso. Cara dorsal en los animales adultos con 12-19 aguijones grandes que se asientan en la piel, con unas placas basales anchas y estriadas radialmente, formando una hilera longitudinal a lo largo de la línea dorsal y del eje de la cola; con frecuencia poseen más aguijones grandes a ambos lados de esta hilera central; cara ventral plana hasta la región del hocico. Ojos y espiráculos pequeños. La boca, casi recta, y las 5 hendiduras branquiales se encuentran en la cara ventral, 2 aletas dorsales pequeñas y situadas muy cerca la una de la otra en el extremo del eje de la cola largo y plano. Aleta caudal rudimentaria; no presenta aleta anal. *Color*: cara dorsal marrón claro con numerosos puntos pequeños y oscuros (que pueden agruparse en círculos) y algunas manchas difusas blanquecinas. Cara ventral blanca. *Longitud*: alrededor de los 60 cm, máx 1 m.
Distribución: Atlántico Septentrional, en el este desde el mar Blanco y Spitzberg hasta Irlanda y el canal de la Mancha; mar del Norte (No existen en el sur) y oeste del mar Báltico. En fondos fangosos, de arena y de roca a 20-1000 m (normalmente 50-100 m) de profundidad, con temperaturas normalmente de 1-10°C.
Modo de vida: raya que se encuentra normalmente en el Atlántico Norte, donde es muy numerosa en algunas zonas. Ovíparas; las cápsulas ovígeras de un negro verdoso y provistas de un sedoso vello (4,4-3,8 cm de largo, 3,5-5,1 cm de ancho) son más pequeñas que la de la raya común; no se conoce ni el número de huevos ni el tiempo que tarda en desarrollarse el embrión. Las cápsulas vacías se encuentran con frecuencia en la playa. Los individuos jóvenes miden al nacer 9-10 cm de largo y suelen alcanzar la madurez sexual con 30 cm de largo; la madurez sexual de los machos se reconoce en sus órganos copuladores y en los aguijones de gancho móviles que posee en las aletas pectorales. *Alimentación*: pequeños animales del fondo, como gusanos, crustáceos (cangrejos y quisquillas), equinodermos y peces pequeños (p ej, saltones).

Noriega
Raja batis

Características: disco ancho y romboidal (borde anterior ligeramente convexo) con "alas" puntiagudas. Hocico (en los adultos) largo (2,5-3,5 veces más largo que el espacio interocular), formando un ángulo agudo. Cara dorsal en los machos espinosa, en las hembras sólo la parte anterior del cuerpo y en los alevines lisa. Los adultos están provistos de una hilera de aguijones laterales (sin hilera central) en el eje de la cola. Animales jóvenes con grandes aguijones en la región ocular y una hilera de aguijones sobre el eje de la cola (se han llegado a encontrar ejemplares con 3 hileras de aguijones sobre la cola). Dentadura: 40-50 dientes por mandíbula, en los machos más largos y puntiagudos, en las hembras anchos y romos. 2 aletas dorsales que casi se tocan en el extremo de la larga y fuerte cola. *Color*: cara dorsal gris amarronado o amarillento; con o sin pequeños puntos blancos o amarillos; los alevines suelen presentar una mancha oscura con un reborde claro sobre cada una de las aletas pectorales ("raya de espejos"). Cara ventral, según la edad, blanca, gris claro o azulada, con puntos o tiras negras que con el comienzo de la madurez sexual se aclaran; en ocasiones también con un jaspeado negro. *Longitud*: machos hasta 2,05 m (150 kg).
Distribución: Atlántico nororiental, desde Islandia y el norte de Noruega hasta Madeira; mar del Norte, oeste del mar Báltico, canal de la Mancha, Mediterráneo occidental. En fondos de arena o fangosos, los adultos normalmente a 100-200 m (máx 600 m) de profundidad y los individuos jóvenes también a 18-30 m.
Modo de vida: la noriega es el tipo de raya más grande que se encuentra en las aguas del noroeste de Europa y de mayor importancia en la economía pesquera (en Alemania se vende con el nombre de "trucha de mar"). Los machos alcanzan la madurez sexual cuando miden 1,50 m de longitud y las hembras con un tamaño todavía mayor. Ovíparas, las cápsulas ovígenas (24 × 13 cm) de color verdoso se expulsan en primavera y verano (Mediterráneo) e incluso entrado el otoño y en invierno (Atlántico). El período de incubación varía según la temperatura del agua (9-10 meses en el Atlántico). *Alimentación*: peces, crustáceos, gusanos.

noriega

raya radiada

Raya picuda
Raja oxyrinchus

Características: disco ancho y romboidal (borde anterior muy escotado) con "alas" puntiagudas. Hocico (en los adultos) muy largo (5-6 veces más largo que el espacio interocular, más de 1/3 del ancho del disco), formando un ángulo agudo. Cara dorsal espinosa sólo sobre el hocico y el borde anterior del disco, cara ventral casi completamente espinosa. Los machos tienen 3 hileras de aguijones sobre la cola y las hembras 2. Dentadura: 38-50 dientes en cada mandíbula, en los adultos los dientes centrales son puntiagudos, los dientes laterales están redondeados. 2 aletas dorsales pequeñas situadas cerca la una de la otra, al extremo de la cola; entre ellas puede encontrarse en los ejemplares jóvenes un aguijón. *Color*: cara dorsal gris pizarroso, oscilando entre el marrón grisáceo y el marrón negruzco; en los jóvenes se encuentran pequeños puntos blancos y negros. Cara ventral blanquecina, gris o amarronada con manchas y tiras negras. *Longitud*: máx 1,60 m.
Distribución: en el Atlántico nororiental, desde Noruega hasta Marruecos. Mediterráneo (sobre todo en primavera alrededor de Sicilia, de abril a octubre en Venecia; junto a Nápoles raramente). En fondos arenosos y fangosos a 50-915 m de profundidad, los alevines suelen encontrarse por encima de los 100 m y los adultos por debajo de los 200 m de profundidad. En aguas profundas de los fiordos del sur y centro de Noruega, así como en el sur de Islandia y el suroeste de Irlanda suele observarse a profundidades de 200-923 m (normalmente 400-500 m) una especie próximamente emparentada, la *R. nidarosiensis*, que se reconoce por su hocico más corto.
Modo de vida: emparentada con la noriega, esta especie es, sin embargo, más pequeña y vive en zonas más profundas. Alcanza la madurez sexual con una longitud de 1,20 m aproximadamente. Ovípara; las cápsulas de un marrón oscuro, cubiertas por tiras córneas (tamaño de los huevos: en el Mediterráneo 14 × 11,5 cm, en el Atlántico 12,8-13,3 × 7,4-10,1 cm) con unas puntas muy cortas en cada esquina, se expulsan en primavera (en Nápoles, de febrero a abril) y en verano. *Alimentación*: pequeños animales del fondo.

Raya cardadora
Raja fullonica

Características: disco ancho y romboidal (borde anterior muy escotado en los machos adultos y sólo con una ligera inflexión en los demás), con "alas" rectangulares. Hocico (en los adultos) alargado (su longitud equivale a 3 veces el espacio interocular), formando ángulo agudo. Ojos grandes (diámetro de los ojos = espacio interocular). Cara dorsal muy espinosa; sobre la cola 2 hileras laterales de aguijones (sin hilera central), que se prolongan hasta la mitad posterior del dorso. Grupos de aguijones en las aletas pectorales, los lados de la cabeza y las zonas cercanas a los ojos; una hilera corta de aguijones en la línea central del cuello y sobre cada ojo. Cara ventral lisa, a excepción del borde anterior y de la cola. *Dentadura*: 58-68 dientes en cada mandíbula puntiagudos tanto en machos como en hembras. Ningún aguijón entre las 2 pequeñas aletas dorsales, que están situadas muy cerca la una de la otra en el extremo de la cola larga y aplanada. Aleta caudal rudimentaria (lóbulo superior diminuto); no presenta aleta anal. *Color*: cara dorsal, según el lugar que habite, de un gris amarillento, verdoso o amarronado (a veces también marrón liso), con pequeñas manchas negras. Cara ventral de un color blanco lechoso, sin manchas. Borde posterior de las aletas pectorales, al igual que las aletas dorsales y la punta de la cola negruzco. *Longitud*: máx 1,20 m.
Distribución: Atlántico nororiental, desde el norte de Noruega, Islandia y las islas Feroe hasta Madeira; Skagerrak (aisladas), Kattegat (muy escasas) y no se encuentra en el sur del mar del Norte. Mediterráneo (raras en el Adriático), canal de Suez. En fondos de arena, ocasionalmente también en fondos de guijarros, a 20-500 m (normalmente 100-400 m) de profundidad. En la región noroccidental del Mediterráneo vive un pariente próximo, una especie escasa, la *R. rondeleti*, que a menudo se confunde con la raya cardadora y que no se describió como una especie nueva hasta el año 1959.
Modo de vida: migraciones anuales al Atlántico, en verano en la costa. Ovíparas; las cápsulas ovígenas de color ámbar (8,8-8,9 × 4,6-4,7 cm en las Feroe, 7,5 × 4,5 en Vizcaya) se expulsan en las capas profundas. *Alimentación*: animales del fondo, crustáceos y peces.

raya picuda

raya cardadora

Raya falsa vela
Raja circularis

Características: disco ancho y romboidal (borde anterior ligeramente escotado) con el borde de las aletas pectorales ancho y pronunciadamente redondeado ("alas" redondeadas, significativamente su nombre italiano es "Razza rotonda"). Hocico algo alargado, formando un ángulo obtuso. Piel de la cara dorsal espinosa, lisa en la cara ventral (a excepción del borde anterior del disco); sólo los ejemplares jóvenes están provistos de una hilera central de aguijones sobre el dorso y la cola, los adultos poseen 2 hileras de aguijones laterales a lo largo de la cola. Ojos y espiráculos pequeños. La boca, casi recta, y las 5 hendiduras branquiales se encuentran en la cara ventral. Dentadura: 60-84 dientes en cada mandíbula, puntiagudos en los individuos de ambos sexos. 2 aletas dorsales situadas muy cerca la una de la otra, en el extremo de la cola larga y plana. Aleta caudal rudimentaria; sin aleta anal. *Color*: cara dorsal marrón claro, anaranjada o parda lisa o con 4-6 manchas entre el blanco y el amarillo distribuidas simétricamente en cada lado de las "alas" y sobre las aletas ventrales. Cara ventral blanca. *Longitud*: máx 1,20 m.
Distribución: en el Atlántico nororiental, desde las islas Feroe y Shetland y la costa del mar del Norte danesa, el canal de la Mancha, el sur de Irlanda y el sur de Inglaterra hasta Gibraltar y la costa noroccidental de África. Mediterráneo (menos frecuente). Aguas litorales, preferentemente en fondos de arena a 70-100 m de profundidad, a veces hasta los 275 m.
Modo de vida: un tipo de raya raro que prefiere las aguas profundas; sobre la biología de su reproducción todavía se conoce muy poco. Ovíparas; las cápsulas transparentes y ambarinas (8,4-9,2 × 4,6-5,3 cm) se expulsan en primavera según los pocos informes que se poseen; están provistas en cada esquina de apéndices puntiagudos, dos largos y dos más cortos con los que se fijan en el fondo. El período de incubación dura probablemente unos meses. *Alimentación*: pequeños animales del fondo, preferentemente gusanos, crustáceos y pequeños peces del fondo; también mejillones pequeños y caracoles.

Raya santiaguesa
Raja naevus

Características: disco ancho y romboidal (borde anterior ligeramente escotado) con "alas" redondeadas. Hocico formando un ángulo obtuso con puntas diminutas. Piel de la cara dorsal, menos algunas zonas de las "alas" que son lisas, espinosa; los animales adultos cuentan con 4 hileras de aguijones sobre la cola, de los cuales dos tienden hacia delante; los ejemplares jóvenes están provistos sólo de una hilera de aguijones sobre la cola; también se encuentran zonas aisladas de aguijones sobre las "alas", los lados de la cabeza y junto a los ojos; cara ventral, salvo el borde anterior del disco, liso. Dentadura: 50-60 dientes en cada mandíbula, puntiagudos tanto en los machos como en las hembras, 2 aletas dorsales pequeñas situadas muy cerca la una de la otra, en el extremo de la fuerte cola medianamente larga. Aleta caudal rudimentaria; no posee aleta anal. *Color*: la cara dorsal oscila entre el marrón claro y el grisáceo, con manchas más claras; en el centro del disco se encuentran 2 manchas negras con un jaspeado amarillo. Cara ventral blanquecina. *Longitud*: máx 70 cm.
Distribución: en el Atlántico nororiental, desde las islas Feroe, las Shetland, Skagerrak, Kattegat, alrededor de Inglaterra e Irlanda hasta la costa del noroeste de África (Marruecos). Mediterráneo. En fondos de arena, normalmente a más de 200 m, animales de mayor edad hasta 100 m de profundidad como máximo.
Modo de vida: todavía se conoce poco sobre esta especie de rayas (que se confunde frecuentemente con la muy parecida *R. circularis* y con la *R. miraletus*); se suele encontrar yaciendo sobre la arena o semienterrada hasta los ojos; con los espiráculos toma el agua necesaria para respirar. Cubre a sus víctimas con el cuerpo. Ovípara; las cápsulas transparentes y amarronadas (5,9-6,7 × 3,4-4,1 cm), con dos pares de apéndices, uno largo y otro más corto, se fijan a la arena. El período de incubación dura unos 8 meses; los alevines miden al nacer 12 cm aproximadamente. *Alimentación*: animales del fondo, preferentemente gusanos, crustáceos y peces pequeños; también caracoles y mejillones.
Parientes: La *R. malitensis* vive a 60-250 m de profundidad junto a Malta, delante de las costas de Túnez y Argelia.

raya falsa vela

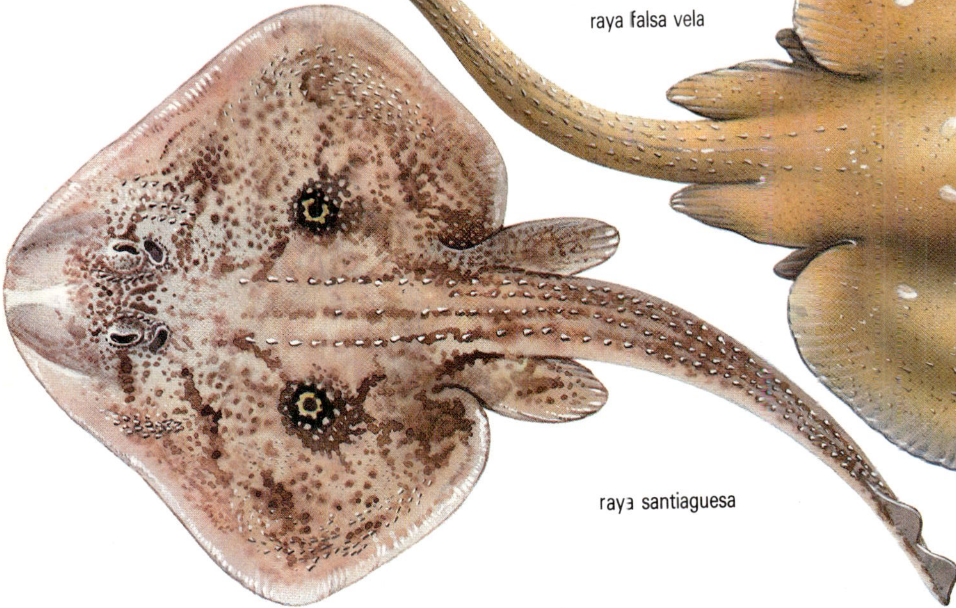

raya santiaguesa

Raya fillás
Raja fyllae

Características: disco ancho y romboidal (borde anterior en los individuos jóvenes casi recto, algo escotado en las hembras y mucho en los machos adultos) con el borde de las aletas pectorales ancho y redondeado. Hocico corto, formando ángulo obtuso, con la punta pequeña. Ojos y espiráculos grandes. Fuertes aguijones entre los ojos y sobre el cuello; 1 hilera de aguijones longitudinal e irregular a lo largo de la línea central del dorso y sobre el eje de la cola (los aguijones del dorso con una placa basal estriada), a ambos lados del eje de la cola se encuentran más hileras de aguijones irregulares; los animales jóvenes con una hilera regular de aguijones sobre el dorso y el eje de la cola. Dentadura: 30-38 hileras de dientes en cada mandíbula, los dientes en las hembras son más pequeños, cónicos y romos, en los machos más altos y con puntas afiladas, 2 aletas dorsales pequeñas unidas entre sí en el extremo del eje de la cola, considerablemente largo y plano (sobre todo en los animales jóvenes). Aleta caudal rudimentaria; sin aleta anal. *Color*: la cara dorsal oscila entre el gris ceniza y el marrón rojizo, con manchas esparcidas irregularmente, redondas y en marrón oscuro (sobre todo en los ejemplares jóvenes). Cara ventral blanquecina, de gris claro a gris amarronado. Aletas pectorales y ventrales ribeteadas frecuentemente por un borde oscuro y ancho. *Longitud*: hasta unos 55 cm.
Distribución: Atlántico Norte, en el oeste, en dirección sur, hasta Nueva Escocia, en el este desde Islandia, Spitzberg, Noruega, zona septentrional del mar del Norte, Skagerrak, Kattegat, Irlanda del Norte y del Sur hasta el oeste de Gibraltar (raramente). A profundidades de 170-2.055 m (normalmente 300-800 m) a temperaturas de 1-7°C.
Modo de vida: especie frecuente aunque poco conocida. Los machos (y posiblemente también las hembras) alcanzan su madurez sexual con una longitud de 45-46 cm. Ovíparas; las cápsulas ovígenas expulsadas a grandes profundidades miden sin apéndices 4 × 2,5 cm; longitud de los alevines al nacer, unos 7 cm. *Alimentación*: los alevines pequeños crustáceos, cuando crecen también pequeños peces de fondo.

Raya bramante
Raja alba

Características: disco ancho y romboidal (borde anterior notablemente escotado) con "alas" puntiagudas. Hocico largo (inferior al 1/3 del ancho del disco), formando ángulo agudo. Piel de la cara dorsal espinosa en los animales adultos (salvo en el centro del disco) y en los jóvenes lisa (salvo en la parte inferior del eje de la cola). Dentadura: 40-50 dientes en cada mandíbula, iguales en los individuos de los dos sexos, los centrales con puntas largas y cónicas, los laterales con el borde redondeado, 2 pequeñas aletas dorsales situadas cerca la una de la otra, con 1 gran aguijón entre las dos, en el extremo de la cola larga y delgada. No están provistas de aleta caudal ni anal. *Color*: cara dorsal en los animales adultos gris amarillento o azulado, en los ejemplares jóvenes marrón rojizo con o sin manchas claras distribuidas irregularmente y difusas. Cara ventral blanca (sin puntos negros), con un tenue brillo rosado y un ribete ancho de color violeta en los bordes de las aletas pectorales y ventrales; la parte inferior del eje de la cola es negruzco con bandas blancas. *Longitud*: máx 2,02 m (1,51 m de ancho).
Distribución: Atlántico Oriental, desde Irlanda, Cornualles y el canal de la Mancha hasta la costa occidental y oriental de Sudáfrica. Mediterráneo (en el norte del Adriático son frecuentes en verano y numerosas alrededor de Sicilia en invierno y primavera). Aguas litorales, en fondos de arena o fangosos, normalmente a 40-200 m (máx 366 m) de profundidad, los animales jóvenes se encuentran también ocasionalmente en aguas someras.
Modo de vida: ovíparas; las grandes cápsulas ovígenas (16-19 × 13-15 cm) se expulsan en la primavera; en cada esquina poseen apéndices, los más cortos tienen forma de gancho y los largos están claramente aplanados. Períodos de incubación 4-5 meses; los alevines miden al nacer 30 cm de largo y 19 de ancho, con un gran saco vitelino. *Alimentación*: animales de fondo (peces, crustáceos).

raya bramante

raya fillás

Raya blanca
Raja lintea

Características: disco ancho y romboidal (en los alevines el borde anterior es casi recto y en las hembras ligeramente escotado, para pronunciarse la inflexión en los machos adultos) con "alas" muy redondeadas. Hocico largo (según la edad 2,9-4 veces más largo que el espacio interocular), formando ángulo agudo, con una punta muy aguda (principalmente en los machos). Ojos pequeños, espiráculos grandes, la línea central de la cara superior de la espalda y del eje de la cola está recorrida por una hilera longitudinal de grandes aguijones (al menos 34 en los ejemplares jóvenes y hasta 50 en los adultos); a lo largo del eje de la cola se encuentran además 2 hileras de aguijones laterales. Zonas de aguijones junto a los ojos; pequeñas espinas distribuidas en zonas irregulares por el borde anterior del disco. Cara ventral lisa. Boca ligeramente arqueada por el centro y en los individuos adultos casi recta; 48-50 dientes en cada mandíbula con puntas coniformes y placas basales ovales, en los machos adultos sólo algo más largos y puntiagudos que en las hembras, 2 pequeñas aletas dorsales situadas muy cerca la una de la otra en el extremo de la cola larga y potente. Aleta caudal rudimentaria; sin aleta anal. *Color*: cara dorsal en los animales adultos oscilando entre el gris apizarrado y el marrón grisáceo, sin manchas. Cara ventral blanca. *Longitud*: raramente más de 1 m.
Distribución: Atlántico Norte, en el oeste, en la zona occidental y la meridional de Groenlandia, en el este, al sur de Islandia, islas Feroe y Shetland, en el suroeste de Noruega hasta el oeste de Irlanda; Skagerrak, Kattegat. A 150-600 m (normalmente a unos 250 m) de profundidad, a temperatura de 3-6°C.
Modo de vida: especie muy escasa cuya biología se conoce poco. Ovípara; las cápsulas en forma de almohadilla y con un vello sedoso en los bordes, miden sin los apéndices 10,7 × 7,7 cm; los extremos de los largos cuernos están revestidos de puntas delgadas. El tamaño de los jóvenes al nacer es desconocido. *Alimentación*: preferentemente pequeños peces del fondo (p ej, peces planos), calamares y crustáceos.

Raya mosaica
Raja undulata

Características: disco ancho y romboidal (borde anterior sólo ligeramente escotado, casi recto) con "alas" redondeadas. Hocico algo alargado formando un ángulo obtuso. Piel de la cara dorsal espinosa, excepto sobre las aletas ventrales y el eje de la cola. 1 hilera irregular de aguijones a lo largo de la línea central del dorso y del eje de la cola; en los machos 1 hilera lateral adicional sobre el eje de la cola y 2 hileras en las hembras. Los machos que han alcanzado la madurez sexual poseen unos pequeños aguijones en gancho móviles junto a los ojos. Dentadura: 40-50 dientes en cada mandíbula, en los machos de puntas afiladas. 2 aletas dorsales pequeñas situadas muy cerca la una de la otra, con 0-2 aguijones entre ellas, en el extremo de la cola larga y plana. *Color*: cara dorsal marrón grisácea, de marrón a marrón amarillento con cintas marrón oscuro en forma de ondas y salpicadas de puntos blancos (un rasgo distintivo que no posee ningún otro tipo de raya). La región del hocico es de un gris rojizo. Cara ventral blanca, la punta de la cara interior del eje de la cola marrón grisáceo. *Longitud*: máx 1,20 m.
Distribución: Atlántico nororiental, desde el sur de Inglaterra hasta la costa del noroeste de África (Río de Oro), Mediterráneo. Aguas litorales, en fondos de arena y fangosos alcanzan profundidades de al menos 200 m. Especie frecuente, pero escasa en el Mediterráneo.
Modo de vida: poco conocido. Ovíparas; las cápsulas ovígenas de un marrón rojizo (8,2-9 × 4,5-5,2 cm), con puntas en cada esquina, se expulsan en el Mediterráneo durante la primavera en el nordeste del Atlántico a finales de verano; un lado de la cápsula posee un entramado de pequeñas varillas córneas. *Alimentación*: pequeños animales del fondo.
Parientes: (sólo en el Mediterráneo): *R. polystigma* hasta 60 cm de longitud; gris, con puntos negros y algunas manchas más claras y 2 manchas redondas bien definidas. *R. radula*, hasta 72 cm de longitud; entre el gris amarillento y el marrón claro, con unas tiras transversales ondulantes de un negro amarronado y muchas manchas claras, así como 2 manchas redondas, detrás de las cuales se encuentran también frecuentemente 2 manchas más pequeñas.

raya blanca

raya mosaica

Chucho
Dasyatis pastinaca

Características: disco muy aplanado y de forma romboidal (algo más ancho que largo) con "alas" redondeadas. Hocico pequeño, ligeramente puntiagudo, formando un ángulo obtuso. Piel lisa, en los ejemplares de mayor edad con pequeñas protuberancias y aguijones redondeados sobre el dorso. Los ojos son más pequeños que los aguijones que se encuentran detrás de ellos. Boca ancha; 22-46 dientes (en los machos más puntiagudos) en cada mandíbula, distribuidos como un adoquinado. Las aletas pectorales bien desarrolladas a los lados de la cabeza, las ventrales pequeñas, no se encuentran ni aletas dorsales ni caudal. Eje de la cola largo y delgado, de 1 (en los adultos) a 1,5 veces (en los ejemplares jóvenes) más largo que la longitud del disco, con 1-2 aguijones largos en el tercio anterior. *Color*: cara dorsal gris oscuro, entre el marrón amarillento o rojizo y los tonos oliváceos; los alevines con manchas blancas. Cara ventral blancuzca con bordes oscuros. *Longitud*: máx 2,50 m.
Distribución: Atlántico Oriental, desde Noruega, mar del Norte, Skagerrak, Kattegat (muy raramente también en el oeste del mar Báltico), canal de la Mancha hasta Sudáfrica. Mediterráneo y mar Negro. Aguas litorales someras y tranquilas con fondo de arena o fango, por encima de los 60 m de profundidad; ocasionalmente también en las aguas salobres de la desembocadura de los ríos.
Modo de vida: animal bentónico activo durante la noche, por el día permanece semienterrado en el fondo blando y sólo se encuentra raramente nadando en libertad. La espina de bordes aserrados es venenosa y provoca heridas muy dolorosas. Vivíparo; los embriones están incrustados en repliegues uterinos, desarrollándose sólo el útero derecho, y se alimentan de esas vellosidades; al nacer (4-5 en cada puesta), los alevines miden 10-12 cm de longitud. *Alimentación*: pequeños peces de fondo, crustáceos, moluscos y equinodermos.
Parientes: *D. vioilacea*, máx 1 m, violeta grisáceo o azulado con cola flageliforme. *D. centroura*, máx 3 m, con grandes aguijones en la cara dorsal, ojos muy pequeños y grandes espiráculos. *Taeniura grabata*, de disco redondo y *Gyumnura altavela* de disco muy ancho.

Águila marina
Myliobatis aquila

Características: disco muy aplanado y romboidal (casi 2 veces más ancho que largo) con "alas" grandes y formando un ángulo agudo, cuyos bordes posteriores están escotados. La cabeza en forma de herradura, a cuyos lados se encuentran los ojos y los grandes espiráculos, es más ancha que larga y se diferencia del cuerpo; las aletas de la cabeza, que parecen una prolongación del hocico y se unen en un ribete, están incorporadas a las aletas pectorales (en el *Pteromylaeus* separadas de las aletas pectorales). Piel lisa, en los ejemplares de mayor edad con pequeñas espinas a lo largo de la línea dorsal. Boca ancha; dientes planos, distribuidos en varias hileras como un adoquinado, la hilera central más grande y ordenada transversalmente en relación al sentido longitudinal. Cola flageliforme delgada y larga (el doble de larga aproximadamente que el disco) con 1 pequeña aleta dorsal (colocada muy por detrás del borde de la aleta ventral) y 1-2 espinas detrás. Sin aleta caudal. *Color*: cara dorsal marrón oscuro, gris o negruzca, con un brillo verdoso o broncíneo; eje de la cola más oscuro. Cara ventral blanquecina con los bordes de las aletas ventrales marrón rojizo. *Longitud*: máx 1,5 m.
Distribución: Atlántico Oriental, desde el canal de la Mancha hasta Madeira y en las Azores (al norte de Vizcaya son escasas; ocasionalmente hasta Escocia y el sur de Noruega); a lo largo de la costa del noroeste de África hasta Senegal (posiblemente hasta Sudáfrica). Mediterráneo (p ej muy frecuente en el Adriático). En aguas litorales con fondos de arena o fangosos hasta 100 m de profundidad.
Modo de vida: nadadora extraordinaria que con aletazos elegantes "navega" bajo la superficie del agua y ocasionalmente también salta por la superficie. Vivípara; las hembras dan a luz en la primavera junto a las costas; los alevines nacen (3-7 en cada puesta) entre septiembre y febrero. *Alimentación*: pequeños animales del fondo.
Parientes: El *Pteromylaeus bovinus*, máx 2,60 m, posee una cabeza muy prolongada hacia delante con el hocico largo y puntiagudo; la pequeña aleta dorsal está situada por encima de las aletas ventrales.

águila marina
chucho

Manta o diablo de mar
Mobula mobula

Características: disco muy aplanado y romboidal (2-3 veces más ancho que largo) con "alas" grandes y puntiagudas cuyos bordes anteriores están curvados hacia delante y los posteriores son escotados. La cabeza ancha, a cuyos lados se encuentran los ojos y los espiráculos, se diferencia claramente del cuerpo; las aletas de la cabeza están separadas y forman sobre el hocico dos prolongaciones con forma de cuchara ("cuernos"), que tienden horizontalmente hacia delante y tienen gran movilidad. En el extremo se halla la boca ancha (casi tan ancha como la cabeza); hendiduras branquiales largas y grandes. Dentadura: 150-160 hileras de dientes en cada mandíbula, los dientes son muy pequeños, ovales y en forma de corazón, con puntas romas. Cola larga y delgada (en los ejemplares jóvenes el triple de larga que el disco, en los adultos más corta que el disco) con una pequeña aleta dorsal (situada sobre las aletas ventrales) y 102 espinas detrás. No presenta aleta caudal. *Color*: la cara dorsal oscila entre el marrón oscuro y el negro azulado. La cara ventral es blanca, frecuentemente con puntos negros. Las aletas de la cabeza suelen tener las puntas negras. *Longitud*: máx 5 m de envergadura.
Distribución: en el Atlántico nororiental, desde la costa del suroeste de Irlanda (muy raramente), Portugal (regularmente), hacia el sur a lo largo de la costa noroccidental de África hasta Senegal. Mediterráneo (escasas; en Sicilia aparecen sobre todo a finales de verano).
Modo de vida: estas rayas gigantes flotan cerca de la superficie del agua, a menudo en parejas o en pequeños grupos, mediante los lentos movimientos de sus extensas aletas pectorales, a veces saltan por encima del agua para volver a ella con un fuerte estampido; con estos saltos al aire intentan desprenderse de los parásitos que viven en su piel (p ej, crustáceos). Vivíparas; parece que las hembras paren sólo 1-2 alevines. *Alimentación*: preferentemente pequeños crustáceos planctónicos y larvas de peces que, con ayuda de los cuernos, introducen en la boca abierta y filtran en la cestilla branquial.

Borrico
Chimaera monstrosa

Características: cuerpo alargado, algo aplanado por los lados y con la cabeza bastante grande (1/7-1/8 de la longitud del cuerpo). Ojos grandes; sin espiráculos. Hocico redondeado, boca pequeña en la parte inferior; en la mandíbula superior dos placas dentales y en la inferior sólo 1. Las 4 hendiduras branquiales están cubiertas por un opérculo. Piel lisa; línea lateral nítida, sobre la cabeza con ramificaciones claras y a lo largo de los flancos ondulada. 2 aletas dorsales, la primera corta y alta, con 1 larga espina venenosa en el borde anterior, la segunda larga y baja. Grandes aletas pectorales. Aletas ventrales anchas, los últimos radios en los machos transformados en un semitubo de 3 partes que sirve para transportar el esperma. Aleta anal pequeña claramente diferenciada de la aleta caudal, que recuerda a un fleco; flagelo caudal similar a la cola de una rata (en alemán recibe el nombre de "rata marina" por esta causa). Esqueleto cartilaginoso sin vértebras. *Color*: dorso y flancos marrón oscuro con manchas y jaspeados en marrón claro. Cara ventral gris plateado con un brillo violeta. Ojos azul turquesa. Las aletas impares ribeteadas de negro. *Longitud*: máx 1,2 m (2,5 kg de peso); los machos, mucho más escasos, son de menor tamaño.
Distribución: en el Atlántico nororiental, desde el sur de Islandia y el norte de Noruega, zona septentrional del mar del Norte, Skagerrak, Kattegat, desde el oeste de las islas Británicas hasta el noroeste de África (Marruecos) y las Azores, Mediterráneo occidental, sur del Adriático. Se mantienen entre los 100 m (durante los meses de verano) hasta los 500 m (en el Atlántico hata 1.682 m) de profundidad; tambén se encuentran alevines en las aguas litorales.
Modo de vida: peces de fondo, su biología todavía se conoce poco. Los machos que han alcanzado la madurez sexual poseen sobre la frente un apéndice móvil en forma de maza, que en la copulación sirve para agarrar a la hembra. Ovíparas; una hembra pone solamente 2 huevos. Las cápsulas córneas en forma de botella y de un amarillo amarronado (17 × 3 cm) se fijan al suelo con un largo hilo. Los ejemplares jóvenes (unos 11 cm de largo) son iguales que los adultos. *Alimentación*: peces del fondo.

manta

borrico

comparación
de tamaños

Espadín
Sprattus sprattus

Características: cuerpo alargado y de sección transversal oval, con una clara carena ventral; las escamas de la carena forman un ángulo agudo con las puntas orientadas hacia atrás. Escamas redondeadas grandes, finas, ligeramente descendientes; cabeza sin escamas. Opérculo branquial liso, ojos con un párpado fino. Mandíbula inferior prominente. Sin línea lateral (desprovista de poros, aunque los órganos laterales de la cabeza están especialmente bien desarrollados). Aleta dorsal corta, orientada hacia atrás, con 15-19 radios; comienza entre el borde posterior de los ojos y la inserción de la aleta caudal. Aleta anal con 17-23 radios. Aleta caudal profundamente bifurcada. Inserción de la aleta ventral por delante o por detrás de la inserción de la aleta dorsal. Vejiga natatoria con "entrada de aire" al intestino anterior, así como con una estrecha comunicación con el "oído interno" (en todos los clupeidos). *Color*: dorso azulado, flancos y vientre plateados; entre los dos una banda longitudinal broncínea de tono amarillento. *Longitud*: máx 16,5 cm (longevidad: hasta 5-6 años).
Distribución: Atlántico Oriental, desde Noruega hasta Gibraltar; canal de la mancha, mar del Norte, mar Báltico, Mediterráneo septentrional y mar negro. En verano a 10-15 m de profundidad y en invierno hasta los 150 m. El espadín del mar Báltico se considera subespecie *(S.s. balticus)*.
Modo de vida: pez pelágico; durante el día se mantiene con el banco junto al fondo, por la noche sube hacia la superficie, por lo que se deshace más o menos la formación del banco. La freza se realiza junto a la costa (normalmente a 10-20 m de profundidad) desde finales de invierno hasta principios de verano (a temperaturas del agua entre 6 y 13°C). Los huevos de 0,8-1,5 mm (los más grandes en aguas salobres) circulan libres en el agua. El número de huevos que se expulsan oscila entre 6.000 y 10.000. Períodos de incubación unos 7 días. Las larvas, que al nacer miden unos 4 mm de longitud, son arrastradas por las corrientes marinas. La madurez sexual se alcanza a los 2 años y con una longitud de 12-13 cm. *Alimentación*: zooplancton.

Arenque
Clupea harengus

Características: cuerpo alargado de sección oval con carena ventral (aunque sin escamas agudas). Escamas grandes, delgadas, ligeramente descendientes, cabeza sin escamas. Opérculo branquial liso, ojos con párpados transparentes, mandíbula inferior prominente. Carece de línea lateral. Aleta dorsal corta, con 17-20 radios; comienza en el punto intermedio entre la punta del hocico y la inserción de la aleta caudal. Aleta anal con 16-18 radios. Aleta caudal profundamente bifurcada. Inserción de la aleta ventral por detrás de la inserción de la aleta dorsal. *Color*: dorso gris oscuro o verde oscuro; cara ventral plateada. *Longitud*: raramente más de 50 cm (longevidad: 20-25 años).
Distribución: Atlántico nororiental, desde el mar glacial Ártico hasta el canal de la Mancha; mar Báltico. Hasta 250 m de profundidad. Varias razas locales o "grupos biológicos", p ej, la del Atlántico oriental, arenques bálticos.
Modo de vida: pez pelágico y de banco, durante el día suele mantenerse junto al fondo y por la noche sube a las capas superficiales. Según las razas, existen diferentes fondos y períodos de freza. Una vez expulsados, los huevos se hunden y forman en el fondo como una alfombra de hasta 8 capas, que atrae a numerosos animales que se alimentan de huevas, p ej, eglefinos. Las larvas son, en el primer estadio de su desarrollo, muy largas y delgadas; cuando alcanzan una longitud de 3 a 6 cm (según la raza) experimentan una transformación y se convierten en ejemplares jóvenes. A menudo mezclados con jóvenes espadines, se reúnen en grandes bancos y se dirigen a aguas someras litorales, a bahías y fiordos. Una vez pasados 6 meses los arenques se introducen en las aguas pelágicas para formar bancos con individuos del mismo tamaño y edad. Los bálticos alcanzan la madurez sexual a los 2-3 años, y los arenques del Atlántico a los 5-8 años. *Alimentación*: zooplancton (crustáceos, quisquillas fosforescentes y peces en estadio larvario).

espadín

arencue

Sardina
Sardina pilchardus

Características: cuerpo alargado de sección oval, con los bordes del vientre aserrados. Escamas grandes, delgadas y ligeramente descendientes (cabeza sin escamas), 30 a lo largo de mitad del cuerpo. Opérculo branquial con estrías radiales, ojos con párpados, mandíbula inferior prominente. Sin línea lateral. Aleta dorsal corta, algo dirigida hacia delante, con 17-18 radios; comienza algo más cerca de la punta del hocico que de la inserción de la aleta caudal. Aleta anal con 17-18 radios, los dos últimos algo más alargados. Aleta caudal profundamente bifurcada. Inserción de la aleta ventral bajo el extremo posterior de la aleta dorsal: *Color*: dorso verdoso o azulado, cara ventral plateada. Los flancos están recorridos por una banda de brillo azulado. *Longitud*: los individuos jóvenes 13-16 cm, los adultos 30 cm máx.
Distribución: Atlántico Oriental, desde el sur de Irlanda y de Noruega (escasas), Kattegat, el sur del mar del Norte y el canal de la Mancha hasta Madeira y las Canarias. La *Sardinella aurita*, pariente de la región más meridional, presenta las siguientes características: aleta dorsal dirigida hacia delante, bordes del vientre claramente aserrados, opérculo branquial liso; 2 escamas grandes y transparentes a cada lado de la base de la aleta caudal; flancos atravesados por una banda dorada que desaparece rápidamente tras la muerte del animal.
Modo de vida: peces pelágicos que forman normalmente grandes bancos, sobre todo en verano cuando migran hacia el norte y las proximidades de la costa en busca de alimento; en otoño se dirigen hacia el sur para pasar el invierno en capas más profundas del agua. La freza se realiza de abril a noviembre (en el sur de Inglaterra), de diciembre a febrero (en Vizcaya), de febrero a abril (en Portugal) y en el Mediterráneo durante todo el año. Los huevos, que caen sueltos (50.000-60.000) se expulsan cerca de la costa. Las larvas, de 4 mm de longitud, eclosionan a los 2-4 días. La madurez sexual se alcanza a la edad de 3 años (con longitudes de 19-20 cm). *Alimentación*: crustáceos planctónicos, huevos y peces en estadio larvario.

Boquerón
Engraulis encrasicolus

Características: cuerpo muy delgado y aplanado por los lados; borde del vientre sin aserrar. Boca muy ancha en posición inferior (llega hasta el borde posterior del ojo), mandíbula superior larga y puntiaguda. Ojos sin párpados. Carece de la línea lateral. Aleta dorsal con 15-18 radios, comienza en el punto central entre la punta del hocico y la inserción de la aleta caudal. Aleta anal con 20-26 radios. Inserción de la aleta ventral anterior a la inserción de la aleta caudal. 2 grandes escamas junto a la inserción de la aleta caudal. *Color*: dorso verde azulado, cara ventral plateada. Con una banda longitudinal que recorre los flancos de color gris azulado y reflejo plateado. *Longitud*: máx hasta 20 cm.
Distribución: Atlántico Oriental, desde la costa occidental de África, Gibraltar y Vizcaya hasta el canal de la Mancha, zona meridional del mar del Norte, costa occidental de Escocia para llegar (raramente) hasta Bergen/Noruega; Mediterráneo, el mar Negro y el Azov. Existen 5 razas geográficas.
Modo de vida: peces de banco pelágicos que en verano se aproximan a las costas y periódicamente se dirigen a las aguas salobres. En el Atlántico marchan a finales de primavera hacia el Norte para buscar alimento junto a las costas, mientras que, contrariamente, en el otoño migran hacia el sur posiblemente para pasar el invierno en regiones más profundas. Alcanzan la madurez sexual a los dos años y con una longitud de 9-12 cm. El período de freza varía según el lugar que habiten: de junio a agosto (al este del mar del Norte), de abril a septiembre (Mediterráneo), de mayo a agosto (mar de Azov). Los huevos ovales, que se sueltan libres en el agua, se expulsan a porciones durante un largo período. Número de huevos 20.000 máx. Tras 2-4 días salen las larvas con 3 mm de longitud. *Alimentación*: zooplancton.

Clupeidos

sardina

Engráulidos

boquerón

Capelín
Mallotus villosus

Características: cuerpo alargado, delgado y sólo algo aplanado lateralmente. Escamas tiernas, ligeramente descendientes, en una hilera longitudinal alcanzan al menos el número de 150. Por el contrario el eperlano, *Osmerus eperlanus*, presenta como máximo 80 escamas a lo largo de los flancos. Los machos adultos poseen excrecencias pilosas en las grandes escamas de la línea lateral. Ojos grandes. Boca ancha con la mandíbula inferior prominente. Aleta adiposa entre la aleta dorsal y la aleta caudal. La inserción de la aleta ventral se sitúa bajo los primeros radios de la aleta dorsal. *Color*: el dorso oscila entre el verde y el negro azulados; los flancos son más claros y con reflejos también azulados; cara ventral de un blanco amarillento. Todas las aletas oscilan entre el amarillo claro y el marrón claro. *Longitud*: normalmente no más de 20 cm. La subespecie del Pacífico septentrional es de mayor tamaño.

Distribución: regiones árticas del Atlántico Norte, al oeste, en dirección sur hasta Maine/EUA, al este hasta el sur de Noruega (Oslo). A 0-300 m de profundidad.

Modo de vida: pez de banco pelágico que se mantiene a grandes profundidades durante el día y por la noche cerca de la superficie del agua. El tamaño del banco es, según la época del año, muy diferente. En el mar Glaciar los capelines forman en diciembre grandes bancos que marchan desde el norte del mar de Barents hasta Murmansk y Finmark. La madurez sexual se alcanza a los 2-4 años con una longitud de 15-20 cm (machos) y 13-17 (hembras). La freza se realiza a una temperatura en el agua de 2-4°C, y el apareamiento no dura más de 5 segundos. Las hembras expulsan sus 8.000-12.000 huevos adhesivos a una profundidad de 5-100 m en un surco cavado en la arena. Los machos mueren tras el período de freza y una parte de las hembras sobrevive y vuelve a poner sus huevos durante los siguientes 2-3 años. Las larvas, de 4-5 mm de longitud, nacen al cabo de 4 semanas aproximadamente. *Alimentación*: animales planctónicos.

Argentina
Argentina sphyraena

Características: cuerpo alargado y delgado con ojos grandes, hocico puntiagudo, más largo o igual que el diámetro de los ojos; mandíbulas cortas, no llegan hasta el ojo, la superior ligeramente prominente. Dientes sobre la lengua y el paladar (por el contrario no se encuentran en las mandíbulas). 52-53 grandes escamas a lo largo de la línea lateral. Aleta dorsal con 10-12 radios y aleta anal con 11-15 radios. Aleta adiposa entre la aleta dorsal y la caudal. Inserción de la aleta ventral por debajo o por detrás del último radio de la aleta dorsal. *Color*: dorso amarillo o gris verdoso; cara ventral con brillo plateado. Una banda plateada de reflejos azulados a lo largo de los flancos. El cuerpo de los animales vivos es translúcido y despide un fuerte olor a pepino. *Longitud*: máx 27 cm.

Distribución: Atlántico nororiental, desde Islandia y las Lofoten hasta Gibraltar; no se encuentran en el sur del mar del Norte y en el canal de la Mancha; Mediterráneo. En fondos de arena y fangosos, a 20-1.000 (normalmente 30-100 m) de profundidad. Un pariente cercano, la argentina mayor *(A silus)* vive en zonas más frías (al sur de Spitzberg, zona suroccidental del mar de Barents, sur de Groenlandia, Islandia, Noruega, Skagerrak, Irlanda del Norte). Características: hocico más corto que el diámetro de los ojos. 60-70 escamas en la líneal lateral. *Longitud*: máx 50 cm.

Modo de vida: pariente del salmón, suele vivir en las capas profundas, cerca del fondo o pegado a él. Sobre su biología reproductora se sabe poco; los huevos y larvas se desplazan libres por el agua. *Alimentación*: gusanos, crustáceos y alevines.

Generalidades: las escamas de estos peces se emplean, al igual que las del arenque y las sardinas, para la fabricación de "esencia de Oriente", utilizada en la producción de perlas artificiales y esmalte de uñas.

Osmeridae

capelín

Argentinoidea

argentina

Morena
Muraena helena

Características: cuerpo fuerte y anguiliforme con pequeñas aberturas branquiales redondas. Sin aletas pectorales. La aleta dorsal, la caudal y la anal se han unido por crecimiento para convertirse en una aleta continua. Ojos pequeños y redondos; boca ancha, hasta detrás de los ojos; dientes largos y puntiagudos. *Color*: normalmente marrón oscuro, con jaspeados amarillentos o blanquecinos, los de la parte anterior del cuerpo son irregulares para hacerse casi simétricos en la posterior. Abertura branquial en una mancha negra. *Longitud*: máx 1,50 m.

Distribución: Atlántico norte, desde las islas Británicas hasta Senegal, Madeira, islas Canarias, Azores; Mediterráneo. En costas rocosas.

Modo de vida: peces voraces, normalmente escondidos en hendiduras de rocas y grietas, así como en ánforas antiguas de las cuales sólo sacan la cabeza y la parte anterior del cuerpo. Se las encuentra frecuentemente durante los meses de invierno, pues se dirigen a las aguas someras litorales para reproducirse. Los huevos y las larvas circulan libres por el agua y son arrastrados por las corrientes marinas. *Alimentación*: crustáceos, calamares, peces.

Generalidades: aunque las morenas no poseen ninguna glándula venenosa, pueden ocasionar peligrosas mordeduras que después se infectan. Su carne puede ser localmente y en determinadas épocas del año venenosa y provocar fuertes convulsiones en el estómago y anomalías nerviosas.

Parientes: *Lycondontis anatinus* (islas del Atlántico oriental), *L. unicolor* (Mediterráneo, Atlántico oriental), *L. vicinus* (islas del Atlántico oriental), *Anarchias grassii* (Mediterráneo, Atlántico oriental), *Gymnothorax maderensis* (costa occidental de África, Madeira).

Congrio
Conger conger

Características: cuerpo fuerte y anguiliforme con aberturas branquiales en forma de ranura que llegan hasta la cara ventral. Aleta pectoral puntiaguda (17-20 radios). Las aletas dorsal, caudal y anal unidas por crecimiento para formar una aleta continua. Ojos ovales; boca ancha que llega hasta la mitad del ojo; mandíbula superior algo prominente. Piel desprovista de escamas. Inserción de la aleta dorsal sobre la punta de la aleta pectoral (en la anguila, *Anguilla anguilla*, mucho más atrás). *Color*: dorso grisáceo o tirando a negro, con reflejo azulado; cara ventral blanquecina. *Longitud*: máx 3 m (hembras, 65 kg).

Distribución: Atlántico nororiental, hacia el sur hasta las islas Canarias; mar del Norte, canal de la Mancha; en el mar Báltico son escasos; Mediterráneo. Sobre todo en costas rocosas, ocasionalmente también en fondos de arena o en los viejos cascos de barcos hundidos, a 0-100 m de profundidad.

Modo de vida: peces voraces solitarios que durante el día suelen quedarse en las grietas y cavidades donde viven; al atardecer y durante la noche salen a la captura. La freza suele realizarse en mar abierto a 2.000-3.000 m de profundidad; uno de los lugares de freza conocidos hasta el momento se encuentra entre Gibraltar y las Azores, otra zona se sitúa en el Mediterráneo. Tras reproducirse mueren. Número de huevos: 3-8 millones. Las larvas, a 100-300 m de profundidad son arrastradas por las corrientes marinas a sus zonas de pasto; la metamorfosis en ejemplares jóvenes (con una longitud de 14-16 cm) dura unos 2 años. Los jóvenes congrios crecen entonces cerca de las costas a una gran velocidad. *Alimentación:* crustáceos (langostas), calamares, peces (arenques, bacalaos).

Parientes: La *Ariosoma balearicum*, que vive alrededor de las islas Canarias, Madeira, las Azores y en el Mediterráneo, se reconoce por su boca pequeña, los ojos redondos y sus estrechas aletas pectorales (sólo 8-11 radios).

Murénidos

morena

Cóngridos

congrio

Aguja
Belone belone

Características: cuerpo muy alargado y delgado, con mandíbulas finas y largas. Puesto que la mandíbula inferior crece más deprisa durante el desarrollo del ejemplar joven en adulto, los primeros poseen una mandíbula inferior mucho más prominente. Dientes largos y puntiagudos. Línea lateral baja. Aleta dorsal en la parte posterior del cuerpo con 17-20 radios; carece de pínnulas o falsas aletas detrás de la aleta dorsal y la anal, esta última con 20-30 radios. Aleta pectoral alta y con 6 radios.
Vegija natatoria sin "paso de aire" al intestino anterior. *Color*: dorso azul oscuro o verde oscuro; los flancos con un brillo plateado; cara ventral blanquecina con tonos amarillentos. Las espinas están coloreadas de verde (a causa del pigmento vivianita). *Longitud*: normalmente hasta 70 cm (1 kg a los 3-4 años), máx hasta 1 m.
Distribución: Atlántico nororiental, desde Trondheim/Noruega, mar del Norte, mar Báltico hasta Vizcaya. Subespecies: *B. b. euixini* (mar Negro y mar de Azov), *B. b. gracilis* (zonas meridionales del Atlántico nororiental, Mediterráneo).
Modo de vida: pez gregario y pelágico que, tras la freza, se acerca a las costas en verano y principios del otoño. Como la caballa realiza extensas migraciones. Excelente nadador que al huir de los enemigos, atunes y delfines, da altos brincos fuera del agua. La migración genética se realiza en la costa británica, en marzo/abril, en el mar del Norte, en la zona de Kattegat y Belt en abril/mayo. Período de desove de mayo a junio, máx hasta septiembre. Los huevos (1.000-35.000; con un tamaño de 3-3,5 mm) están provistos de filamentos adherentes largos con los que se fijan a las hierbas marinas y las piedras. Tras unas 5 semanas salen las largas larvas que permanecen junto a las costas como alevines. *Alimentación*: animales planctónicos, calamares y, los individuos adultos, pequeños peces gregarios.

Paparda
Scomberesox saurus

Características: cuerpo alargado (más comprimido que el de la aguja). Mandíbulas largas y delgadas; en los ejemplares jóvenes la mandíbula inferior sobresale hasta 15 cm de longitud, en los adultos es igual de larga; con dientes pequeños. Línea lateral baja. Aleta dorsal situada en la parte posterior del cuerpo con 10-12 radios y 5-6 pínnulas. Aleta anal con 12-14 radios y 6-7 pínnulas detrás. Aleta ventral con 6 radios. Vejiga natatoria sin "paso de aire" al intestino anterior. *Color*: dorso azulado o de color oliváceo, cara ventral de brillo dorado o plateado. En los flancos una banda longitudinal plateada. Las espinas no son verdosas. *Longitud*: máx 50 cm.
Distribución: regiones subtropicales y cálidas del Atlántico norte, en el este desde la costa occidental africana y las islas Canarias hasta Islandia, sur de Noruega y Dinamarca (como visitante errático llega hasta el mar Blanco y el de Barents durante los meses de verano). Mediterráneo. Una subespecie aparece por los mares más cálidos del hemisferio sur.
Modo de vida: pez gregario y pelágico que suele mantenerse cerca de la superficie del agua. En caso de peligro (perseguido por los atunes, entre otros) dan grandes saltos fuera del agua al igual que sus parientes los peces voladores; también los peces capturados por las redes tienen la costumbre de saltar inmediatamente fuera del agua. La freza se realiza a principios de verano en alta mar; los huevos (tamaño: 2 mm) poseen filamentos adhesivos (más cortos que los de la aguja) con los que se fijan a las algas. Las larvas carecen al nacer del "pico" alargado que se forma en el transcurso de su crecimiento. *Alimentación*: quisquillas fosforescentes y otros crustáceos además de peces pequeños.

Belónidos

aguja

Scomberesocidas

paparda

Pez volador
Cheilopogon heterurus

Características: cuerpo alargado con aletas pectorales altas, el segundo radio de la aleta pectoral bifurcado hasta la mitad aproximadamente. Hocico romo, dentadura sólo en las mandíbulas, 30-38 escamas antes de la aleta dorsal; 7-9 (normalmente 8) hileras de escamas entre la línea lateral y la aleta dorsal; 47-49 escamas en una hilera longitudinal. Aleta dorsal situada en la parte posterior con 12-14 radios; la altura máxima es de 1/10 de la distancia entre la punta del hocico y la inserción de la aleta caudal. Aleta anal con 8-10 radios. Lóbulo inferior de la aleta caudal alargado. Aleta ventral larga, con 6 radios; su longitud oscila entre 1/3 y 1/2 de la distancia que hay desde la punta del hocico hasta la inserción de la aleta caudal (la especie *Exocoetus*, por el contrario, cuenta con aletas ventrales mucho más cortas). Vejiga natatoria sin "paso de aire" al intestino anterior. *Color*: aletas pectorales gris azulado, sin bandas transversales nítidas, con un ribete transparente, la parte inferior de los ejemplares jóvenes azul oscuro, con bandas transversales blancas; aleta dorsal sin mancha oscura.
Distribución: región subtropical y caldeada del Atlántico norte, en el este desde unos 200° N hasta Vizcaya y el canal de la Mancha (muy raramente también hasta el sur de Noruega); Mediterráneo. (En el Mediterráneo y en la región subtropical colindante del nordeste atlántico también aparecen: *Exocoetus volitans*, 29-37 aguijones en el aparato filtrador branquial; *Exocoetus obtusirostris*, 24-29 aguijones en el aparato filtrador branquial). Es el pez volador que aparece con mayor frecuencia en las proximidades de la costa.
Modo de vida: en pequeños grupos, normalmente cerca de la superficie del agua. En caso de peligro (a veces incluso sin una causa visible) ejecutan un vuelo planeado: ayudándose de potentes coletazos salen del agua y planean por el aire con sus anchas aletas pectorales (unos 10 seg y hasta 200 m de distancia). *Alimentación*: zooplancton.
Especies emparentadas: ***Ch. pinnatibarbatus***, aletas pectorales con un ribete ancho y transparente, aleta dorsal con una mancha negra; *Hirundichthys rondeletii*, con las aletas pectorales y ventrales gris oscuro hasta negro.

Pejerrey
Atherina presbyter

Características: cuerpo alargado y delgado con 2 pequeñas aletas dorsales. Boca ancha e inclinada hacia arriba, casi hasta el borde anterior del ojo; hocico puntiagudo; ojos grandes. Escamas medianas que cubren cabeza y cuerpo, 53-57 en una hilera longitudinal. La primera aleta dorsal con 6-9 radios, la segunda con 1 primer radio aguijonado y 11 radios que se sitúan frente a la aleta anal, algo más larga. Aleta caudal bifurcada. Línea lateral nítidamente marcada. *Color*: dorso verdoso, cara ventral con un brillo plateado. Flancos con una banda longitudinal plateada, casi tan ancha como el diámetro de los ojos. El borde de las escamas punteado de negro. Cuerpo algo transparente. *Longitud*: 10-13 cm, máx 15 cm.
Distribución: aguas litorales del Atlántico nororiental, canal de la Mancha, sur del mar Negro (algunos bancos aislados se observan incluso en Dinamarca, Kattegat y el mar de Belt. En las proximidades de las costas en fondos de arena y con frecuencia también en desembocaduras de ríos y en aguas salobres.
Modo de vida: pez gregario que suele mantenerse cerca de la superficie y sólo en invierno baja a grandes profundidades. Al contrario que los bancos de sardinas, que migran sin descanso, el pejerrey gusta de permanecer largo tiempo en un lugar determinado. Período de freza de abril a julio. La expulsión de los huevos se realiza en zonas ribereñas ricas en vegetación y también, con frecuencia, en zonas de aguas dulces y salobres. Los huevos se fijan con sus filamentos largos en las algas, piedras y suelos rocosos. *Alimentación*: los animales más importantes para su alimentación son los crustáceos planctónicos, aunque también huevos y larvas de peces.

Exocoetoidea

pez volador

Asterínidos

pejerrey

Merlán
Merlangius merlangus

Características: cuerpo alargado de forma hidrodinámica, con cabeza larga y puntiaguda. Diámetro de los ojos inferior a la longitud del hocico. Mandíbula superior prominente. Carece de barbillón o este es muy pequeño. Línea lateral ligeramente arqueada. 3 aletas dorsales situadas muy cerca las unas de las otras, la primera con 12-15 radios, la segunda con 18-25 y la tercera con 19-22, 2 aletas anales, la primera larga, con los bordes redondeados y 30-35 radios, la segunda con 21-23. La primera aleta anal comienza bajo el centro de la primera aleta dorsal. Aletas ventrales en posición muy anterior (como en todos los gádidos). Aleta caudal ancha, con el borde posterior casi recto. *Color*: dorso entre gris y verde oliva con brillo metálico; flancos plateados con manchas o bandas doradas; vientre blanco puro. Línea lateral broncínea, algo más oscura que el color de fondo. Mancha negra en la inserción superior de las aletas pectorales. Aletas grises, en su mitad externa tirando a negro; aletas anales con ribete blanco. *Longitud*: raramente más de 40 cm (mar del Norte), máx 70 cm (longevidad: máx 13 años).

Distribución: Atlántico nororiental, desde Islandia y el norte de Noruega hasta Vizcaya; mar del Norte, oeste del mar Báltico. Subespecie: *M. m. euxinus*, mar Negro, Mediterráneo oriental y Adriático. En fondos de arena y fangosos, la mayoría a 25-150 m de profundidad, aunque también en malecones y arrecifes, así como en el agua salobre de las desembocaduras de los ríos. Las larvas y los alevines se encuentran con frecuencia bajo la umbrela de las medusas.

Modo de vida: el merlán permanece más tiempo en aguas libres que sus parientes (gádidos y eglefinos) y suele encontrarse también con más frecuencia junto a la superficie. La madurez sexual se alcanza a los 3-4 años. Período de freza desde enero (Vizcaya) hasta junio (Islandia) a 30-100 m de profundidad con temperaturas de 5-10°C. Los huevos circulan libres por el agua. *Alimentación*: crustáceos y peces.

Carbonero
Pollachius virens

Características: cuerpo alargado de forma hidrodinámica, cabeza fuerte. Diámetro de los ojos inferior a la longitud del hocico. Mandíbula inferior algo prominente en los ejemplares de más edad. Barbillón muy pequeño o ausente. Línea lateral casi recta, 3 aletas dorsales situadas muy cerca las unas de las otras, la primera con 13-14 radios, la segunda con 20-22 y la tercera con 20-24, 2 aletas anales, la primera con 25-28 radios y la segunda con 19-25. La primera aleta anal comienza justo por encima de la inserción de la segunda aleta dorsal. Aleta caudal ancha, con el borde posterior hundido. *Color*: dorso marrón verdoso o tirando a negro, flancos amarillo metálico, cara ventral blanco plateado. Línea lateral clara, se distingue nítidamente del color más oscuro del cuerpo. *Longitud*: máx 1,20 m (a los 27 años de edad).

Distribución: Atlántico norte; en el oeste, desde el estrecho de Hudson hasta la bahía de Chesapeake, en el este, desde el mar de Barents, Spitzberg, Islandia e islas Británicas hasta Vizcaya; zonas septentrionales del mar del Norte, Skagerrak, Kattegat.

Modo de vida: peces gregarios, los individuos jóvenes suelen permanecer entre las grietas de las rocas y en las algas junto a las costas, los individuos adultos abandonan el litoral para dirigirse a zonas más profundas en donde persiguen a sus presas (p ej, arenques) durante sus migraciones hacia los lugares de freza. Al alcanzar la madurez sexual, a los 5-10 años, marchan a sus áreas de desove. Período de freza en primavera (en el mar del Norte a 100-200 m de profundidad y 3-10°C). *Alimentación*: crustáceos, huevos de peces y peces gregarios en la edad adulta.

Parientes: el abadejo, *P. pollachius*, máx 1,20 m de longitud prefiere fondos rocosos y de cantos rodados (hasta los 200 m de profundidad). Características: mandíbula inferior muy prominente, sin barbillón; línea lateral por encima de la aleta ventral arqueada hacia arriba; la primera aleta anal comienza bajo el centro de la primera aleta dorsal.

merlán
carbonero

Bacalao
Gadus morhua

Características: cuerpo alargado y de forma hidrodinámica con cabeza larga y fuerte. Diámetro de los ojos inferior a la longitud del hocico. Mandíbula superior prominente. Barbillón fuerte, casi tan largo como el diámetro de los ojos. Línea lateral arqueada hasta la mitad inferior de la segunda aleta dorsal y después recta. 3 aletas dorsales situadas muy cerca las unas de las otras con los bordes redondeados, la primera con 14-15 radios, la segunda con 18-22 y la tercera con 17-20. 2 aletas anales con bordes redondeados, la primera con 19-23 radios, la segunda con 17-19. La primera aleta anal comienza por debajo (o algo más atrás) de la inserción de la segunda aleta dorsal. El borde de la aleta caudal es recto. *Color*: varía según el lugar que habita, normalmente verdoso, amarillo claro, amarronado o rojizo con manchas. Cara ventral blancuzca. Línea lateral claramente marcada. Los individuos jóvenes, de 5-10 cm de longitud, con un dibujo ajedrezado. *Longitud*: máx 2 m (95 kg en el Atlántico noroccidental), en el mar del Norte unos 80 cm (a los 6-10 años).

Distribución: Atlántico norte, al oeste desde Terranova hasta Carolina del Norte, al este desde Spitzberg hasta Vizcaya. En el mar Báltico aparece la subespecie *G. m. callarias*. Desde la costa hasta los 600 m de profundidad (ocasionalmente a mayores profundidades, aunque normalmente a 150-220 m), tanto junto al fondo como en aguas libres. Los ejemplares jóvenes con frecuencia en aguas muy someras.

Modo de vida: junto a los bacalaos que emprenden extensas migraciones hacia los lugares de freza o en busca de alimento, existen razas sedentarias que viven en los fiordos y en las costas. La mayor parte de las razas frezan en primavera (temperatura del agua de 4-6°C). Tras un agitado cortejo nacen hasta 5 millones de huevos. Los óvulos y el esperma se expulsan libremente en el agua mientras el macho y la hembra se aprietan uno contra otro estrechamente. Los huevos transparentes (1,5 mm de diámetro) suben rápidamente a la superficie. Período de incubación 2-4 semanas. Transcurridos 3-5 meses los alevines, de 3-6 cm de largo, bajan al fondo. *Alimentación*: los adultos animales del fondo.

Eglefino
Melanogrammus aeglefinus

Características: cuerpo alargado de forma hidrodinámica, con cabeza larga y fuerte. Diámetro del ojo inferior a la longitud del hocico. Mandíbula superior prominente. Barbillón muy corto. Línea lateral ligeramente inclinada hasta la mitad inferior de la segunda aleta dorsal, para seguir después recta. 3 aletas dorsales situadas muy cerca las unas de las otras (con bordes puntiagudos), la primera alta, puntiaguda, con 15-16 radios, la segunda con 19-21 y la tercera con 19-22. 2 aletas anales, la primera con 23-24 radios y la segunda con 22-23. La primera aleta anal comienza bajo el inicio de la segunda aleta dorsal. El borde de la aleta caudal hendido. *Color*: el dorso oscila entre un oscuro tono púrpura y el negro, a veces también verde oliva. Los flancos oscuros con un brillo plateado. Cara ventral blanquecina. Línea lateral negra, claramente distinguible. Mancha grande y negra sobre la aleta ventral, en medio de la primera aleta dorsal. *Longitud*: máx 1 m (12 kg de peso).

Distribución: Atlántico norte, en el oeste desde Terranova hasta Carolina del Norte, en el este desde el mar Blanco, Spitzberg, Islandia hasta Portugal; mar del Norte (en la parte meridional sólo aisladamente), Skagerrak y Kattegat. Normalmente cerca del fondo, a 10-300 m de profundidad, aunque también pueden encontrarse en aguas libres, con frecuencia en grandes bancos.

Modo de vida: esta especie alcanza la madurez sexual a los 3-4 años (en el mar del Norte con una longitud de 30-40 cm). Durante los meses de invierno los individuos maduros se dirigen a sus lugares de freza al sudoeste de Islandia, a las islas Feroe y a otros lugares a 60-200 m de profundidad. El período de freza se extiende desde finales de febrero hasta comienzos de junio en aguas a una temperatura de 6-10°C. La cantidad de huevos oscila entre los 100.000 y el millón. Los huevos y las larvas son arrastrados por las corrientes. Con el otoño, cuando los individuos jóvenes miden de 7 a 15 cm de longitud, bajan al fondo. *Alimentación*: animales del fondo, entre otros, gusanos, moluscos, equinodermos; alevines y peces pequeños.

eglefino
bacalao

Maruca
Molva molva

Características: cuerpo alargado y anguiliforme con cabeza larga y aplanada. Diámetro del ojo inferior a la longitud del hocico. Mandíbula superior prominente. Barbillón fuerte, no bifurcado, más largo que el diámetro de los ojos. Línea lateral casi recta. 2 aletas dorsales, la primera corta, con 14-15 radios, la segunda larga, con 62-65 radios, 1 aleta anal larga con 58-61 radios. La aleta anal y las dorsales no están unidas a la caudal. Aletas ventrales en posición muy anterior, sin sobrepasar el borde posterior de la aleta pectoral. *Color*: dorso y flancos jaspeados en marrón o verde, con brillo broncíneo. Cara ventral blanco amarillento. Línea lateral clara. Aletas ventrales y pectorales rojizas; las 2 aletas dorsales, y las aletas caudal y anal con un ribete claro. Los individuos jóvenes de color amarillo oliváceo con bandas de brillo liláceo. *Longitud*: máx 2 m (es el mayor representante de la familia de los gádidos).
Distribución: Atlántico nororiental, desde el norte de Noruega, Islandia, islas Feroe, zona septentrional del mar del Norte y Skagerrak hasta Vizcaya. A 100-600 m de profundidad (normalmente 300-400). El escolano azul, *M. dipterygia dipterygia*, se encuentra desde el norte de Noruega y el sur de Islandia hasta el suroeste de Irlanda a 200-1.500 m de profundidad; de cuerpo muy delgado, ojos grandes y un barbillón corto, alcanza una longitud máxima de 1,5 m. Una subespecie, el escolano del Mediterráneo, *M. dipterygia elongata*, vive en el Mediterráneo y el Atlántico, desde el sur de Irlanda hasta Marruecos, en fondos de arena y a 200-1.500 m de profundidad; caracteres: cuerpo muy delgado, ojos muy grandes, mandíbula inferior prominente, barbillón corto y bifurcado y aletas ventrales largas, sobrepasando el borde posterior de las aletas pectorales; alcanza 90 cm de largo como máximo.
Modo de vida: período de freza desde abril hasta junio. El desove se realiza a 100-300 m de profundidad en el sur de Islandia y en una estrecha zona que recorre la línea de profundidad de los 200 m entre el centro de Noruega y Vizcaya. Número de huevos 20-60 millones, tamaño: 1 mm. *Alimentación*: crustáceos, equinodermos, calamares y peces.

Merluza
Merluccius merluccius

Características: cuerpo alargado y delgado con cabeza similar a la del luvio. Boca ancha: dentadura fuerte (grandes dientes de captura), mandíbula inferior algo prominente, sin barbillón. Línea lateral casi recta, 2 aletas dorsales, la primera corta, con 9-10 radios, la segunda larga, con 37-40 radios, 1 aleta anal larga (en forma, tamaño y posición casi idéntica a la segunda aleta dorsal), con 36-40 radios. La longitud de las aletas pectorales llega hasta el comienzo de la aleta anal. Aletas ventrales en posición muy anterior. *Color*: dorso gris amarronado o tirando a negro, a menudo punteado o negro; flancos gris plateado; vientre blanquecino. Aletas impares con un ribete oscuro. Boca y cavidad branquial negras. *Longitud*: máx 1 m (más de 10 kg de peso), en el Mediterráneo alcanzan unos 35 cm.
Distribución: Atlántico nororiental, desde Islandia y las Lofoten/Noruega hasta las aguas del noroeste de África; mar del Norte; Mediterráneo y mar Negro. A 100-1.000 m de profundidad; sólo habita regiones someras en determinadas épocas del año.
Modo de vida: durante el día la merluza se mantiene en las capas profundas del agua o junto al fondo, por el contrario, durante la noche se aproxima a la superficie a la caza de peces gregarios. Período de freza desde marzo (en el Mediterráneo) hasta agosto (en la zona septentrional). La plataforma continental europea al sur de Islandia y las aguas francesas y de la península Ibérica son zonas de freza conocidas; según el lugar, los huevos se depositan a profundidades muy diferentes. Éstos, de 1 mm de tamaño contienen una bola de aceite con cuya ayuda flotan en el agua. *Alimentación*: principalmente arenques, espadines, sardinas y caballas, también merlanes y calamares que habitan en aguas libres.

Gádidos

maruca

Merlúcidos

merluza

Ophidion barbatum

Características: cuerpo anguiliforme, largo, aplanado por los lados con la cabeza larga (1/5-1/6 de la longitud total). Ojos grandes, su diámetro alcanza 1/4 aproximadamente de la longitud de la cabeza. Escamas pequeñas, ovaladas longitudinalmente y distribuidas sobre la cara ventral como un mosaico. Aleta dorsal (125-140 radios, caudal y anal 115-120 radios) formando una aleta continua. Presenta aletas ventrales. Estas últimas se alargan en forma de hilo en posición muy anterior, semejando a los barbillones de otras especies. Vejiga natatoria sin "paso de aire" al intestino anterior. *Color*: dorso rosado, cara ventral blanca tirando a azul. Aleta continua con el borde oscuro. La especie emparentada del *Parophidion vassali* no cuenta con ningún borde oscuro en la aleta continua. *Longitud*: máx 30 cm.
Distribución: Atlántico nororiental, desde la costa africana (Senegal) hasta Vizcaya, ocasionalmente llega hasta el canal de la Mancha. En fondos de arena o fangosos, desde las aguas someras hasta profundidades de incluso 150 m. La especie de la misma familia, *O. broussoneti*, aparece en el Mediterráneo y el *O. rochei* en el Mediterráneo y en el mar Negro.
Modo de vida: los adultos permanecen normalmente a grandes profundidades, sólo se encuentran alevines en (o cerca de) las praderas de hierbas marinas. Sobre su modo de vida, especialmente sobre su biología reproductora, no se conoce nada.
Generalidades: una especie emparentada, el *Genypterus*, que aparece en las aguas más frías del hemisferio sur, goza de gran importancia en la pesca a causa de su gustosa carne. Los representantes más grandes de la *Brotula*, especie extendida principalmente en el Indopacífico, se encuentran en aguas japonesas.

Carapus acus

Características: cuerpo alargado, aplanado por los lados y terminado en punta, sin escamas. Boca ancha, las mandíbulas, largas, llegan hasta detrás de los ojos. Aleta dorsal (con unos 140 radios) y la aleta anal (con unos 170 radios) componen una aleta continua que forma una punta en la parte posterior; aleta caudal y aletas ventrales ausentes; orificio anal en posición muy anterior, mucho antes de las aletas pectorales; en la especie emparentada, *Echiodon drummondi*, por el contrario, el orificio anal se encuentra por detrás de las aletas pectorales. El primer radio de la aleta dorsal es filiforme en las larvas. *Color*: cuerpo translúcido de un blanco plateado con puntos y manchas rojizas. *Longitud*: máx 20 cm.
Distribución: Mediterráneo, sobre todo en la región occidental, aunque también en el Adriático, el Egeo y alrededor de Chipre; probablemente en la región colindante del Atlántico norte. Una especie algo rara, *Echiodon dentatus* suele aparecer en el Mediterráneo a profundidades por debajo de los 100 m; el *Echiodon drummodi* se encuentra desde el fiordo de Stavanger hasta unos 50° N.
Modo de vida: viven como parásitos en los cohombros (holoturias), de cuyos órganos sexuales se alimentan. Cuando el número de parásitos es excesivo, el cohombro los expulsa fuera junto con vísceras, que pronto se regeneran. Los alevines penetran por la cabeza en la cloaca de los cohombros y los adultos por la cola. Reconocen a su "hospedante" por su forma alargada y por el olor de su mucosidad. Período de freza durante los meses de verano; los pequeños huevos elípticos están revestidos por una envoltura gelatinosa y son expulsados como una masa compacta. Las larvas nacen a los 3 días aproximadamente y se desarrollan en el plancton.

Peces anguiformes

Ophidion barbatum

Peces inquilinos

Carapus acus

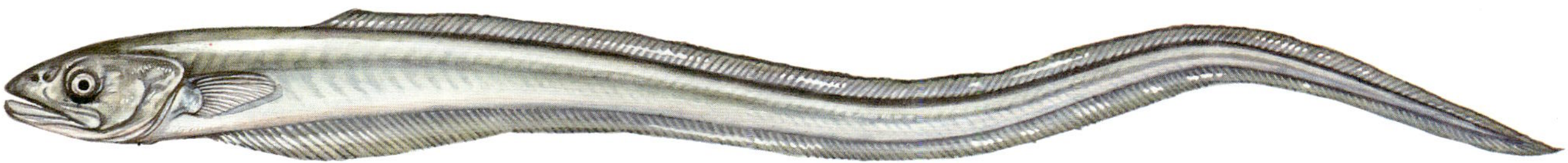

Espinacia
Spinachia spinachia

Características: cuerpo muy alargado con eje de la cola largo y delgado. La parte anterior y la central del cuerpo con 5 secciones angulosas. Hocico largo y puntiagudo. Aleta dorsal con 14-17 radios espinosos libres y 6-7 radios estructurales. Aleta anal con 1 radio espinoso y 6-7 radios estructurales. Aleta ventral con 1 radio espinoso y 1 radio estructural corto. Las aletas pectorales son más grandes en los machos que en las hembras. Pequeña aleta caudal con borde posterior redondeado. *Color*: según el hábitat amarronado o verdoso. Parte anterior del cuerpo en los machos amarillo latón, pero en las hembras con un brillo azulado. *Longitud*: normalmente 10-15 cm, máx 20 cm.
Distribución: Atlántico nororiental, desde Vizcaya hasta el cabo Norte, mar del Norte, mar Báltico (salvo en el golfo de Botnia y en el de Finlandia). En regiones de algas con agua marina y salobre, no alcanza profundidades superiores a los 10 m.
Modo de vida: en primavera el macho empieza la construcción de un nido del tamaño de un puño aproximadamente con trocitos de alga que une por medio de una secreción renal. En mayo y junio las hembras ponen de 150 a 200 huevos en el nido ya preparado que el macho cuida y defiende. Período de incubación unos 20 días. Las larvas recién salidas miden unos 6 mm de longitud. Los alevines crecen rápidamente y al año siguiente ya han alcanzado la madurez sexual. *Alimentación*: pequeños animales invertebrados, larvas y huevos de peces.

Músico
Macrorhamphosus scolopax

Características: cuerpo alto y aplanado, acorazado a lo largo del borde ventral y de la zona entre las aletas pectorales y las dorsales con placas óseas (esta parte protegida presenta unas carenas transversales y longitudinales que forman una especie de entramado; los alevines cuentan en los lados del cuerpo con unos aguijones pequeños distribuidos en hileras longitudinales). Hocico largo de forma tubular (en los alevines todavía corto y grueso), con una boca pequeña en el extremo; sin dentadura. Aletas dorsales situadas muy atrás, la primera con 6-8 radios espinosos (el segundo radio fuerte, largo, con el borde posterior aserrado), la segunda con 11-13 radios estructurales. Aleta anal con 18-20 radios. Vejiga natatoria sin "paso de aire" al intestino anterior. *Color*: dorso verde oliva; flancos rosados; cara ventral plateada con un brillo rojizo. Por el contrario, la delicada especie del *M. gracilis*, que vive en mayores profundidades, posee un tono azulado; aparece posiblemente en todos los mares cálidos. *Longitud*: máx 15 cm.
Distribución: Atlántico nororiental, desde unos 25° N hasta el canal de la Mancha occidental, muy raramente hasta la costa del sudeste de Noruega. Preferentemente en fondos de arena y fangosos, a 25-200 m (máx hasta 600 m) de profundidad.
Modo de vida: los músicos son parientes de los agujones y de los caballitos de mar con los que se los vinculó anteriormente en un orden propio "peces de hocico tubular" *(Solenichthyes)*. Su largo hocico hace las veces de una pipeta con la que absorbe fuertemente los pequeños peces. Cuando busca alimento se coloca con la cabeza hacia abajo sobre el fondo; de este modo puede moverse tan deprisa hacia delante como hacia atrás. Sobre su forma de reproducción no se sabe nada. *Alimentación*: pequeños animales de fondo y planctónicos.

Gasterosteidos

espinacia

Macrorhamphosidae

músico

Caballitos de mar
Hippocampus ramulosus

Características: esqueleto externo de origen dérmico, con el cuerpo dividido por 48-50 anillos osificados, que poseen un resalte longitudinal y sobre el dorso apéndices cutáneos filamentosos. El cuerpo y la cabeza se arquean en ángulo; el eje de la cola transformado en una cola prensil. Los ojos pueden moverse independientemente uno del otro. Hocico largo y tubular, su longitud es 1/3 superior a la de la cabeza; en su punta se encuentra la boca muy pequeña. Aleta dorsal con 18-21 radios, aleta anal con 4 y aleta pectoral con 15-16. Carece de aletas ventrales y de aleta caudal. *Color*: verdoso o amarronado, en ocasiones con pintas blancas en los bordes y en los anillos del cuerpo. *Longitud*: máx 15 cm.
Distribución: Atlántico nororiental, desde Irlanda y las regiones meridionales del mar del Norte (raramente) hasta la costa sudafricana noroccidental; Madeira, islas Canarias, Mediterráneo y mar del Norte. Habita en las aguas someras de los algares. En el Mediterráneo se encuentra un pariente cercano, el *H. hippocampus*. Características: longitud de la cola 1/3 de la longitud de la cabeza como máximo; 45-47 anillos en el cuerpo; aleta dorsal con 16-17 radios y ventral con 13-15.
Modo de vida: los caballitos de mar suelen permanecer la mayor parte del tiempo inmóviles, sujetos a la vegetación con su cola prensil; nadan lentamente y en posición vertical con ayuda del movimiento ondulatorio de su aleta dorsal. Su hocico tubular actúa como una pipeta que introduce en la cavidad bucal las presas que absorbe. Período de freza desde mayo hasta julio. Tras un complicado cortejo, la hembra inyecta sus huevos (con ayuda de una papila genital) en la bolsa incubatriz de la cara ventral del macho. Tras 4-5 semanas y mediante vigorosos movimientos de bombeo, éste da a luz a los alevines totalmente desarrollados. *Alimentación*: animales planctónicos (crustáceos y larvas de peces).

Agujón
Syngnathus acus

Características: cuerpo muy largado, delgado y en forma de aguja; esqueleto externo de origen dérmico con el cuerpo dividido en 17-22 anillos osificados entre la cabeza y la aleta dorsal. Hocico tubular de longitud superior a la 1/2 de la cabeza y una cavidad inferior a la 1/2 de la cavidad encefálica; frente muy abombada. *Color*: marrón claro u oscuro, a veces con un brillo verdoso; cara ventral más clara. Dibujo oscuro, normalmente en forma de bandas transversales. *Longitud*: máx 50 cm; las hembras son más pequeñas.
El agujón menor, *S. rostellatus*, posee 13-17 anillos en el cuerpo anteriores al orificio anal; hocico corto de longitud inferior a la 1/2 de la cabeza, que suele ser de 17 cm máx.
Distribución: Atlántico nororiental, desde Vizcaya hasta la costa occidental de Gran Bretaña; canal de la Mancha, zona meridional del mar del Norte. En el Mediterráneo existe la subespecie del *S. a. rubescens* con la aleta dorsal más corta. Habitan preferentemente en los algares por encima de los 15 m de profundidad (raramente a mayor profundidad); también se encuentra en las aguas salobres de las desembocaduras de los ríos y en lagunas.
Modo de vida: suele acechar a sus presas en posición vertical entre la vegetación marina. Período de freza desde la primavera hasta el verano. Tras un largo cortejo la hembra introduce gradualmente, con ayuda de una papila genital, los huevos de 2,4 mm en la bolsa incubatriz que forman dos repliegues cutáneos en la cara ventral del macho. Pasadas 5 semanas aproximadamente salen los alevines de 3 cm de longitud, totalmente desarrollados, por la ranura de la bolsa. *Alimentación*: crustáceos planctónicos, larvas de peces.
Parientes: Sifonostoma, *S. typhle*, máx 35 cm, hocico alto, muy aplanado por los lados, más de la 1/2 de la altura de la cabeza; *S. abaster*, máx 17 cm, hocico con un claro corte longitudinal.

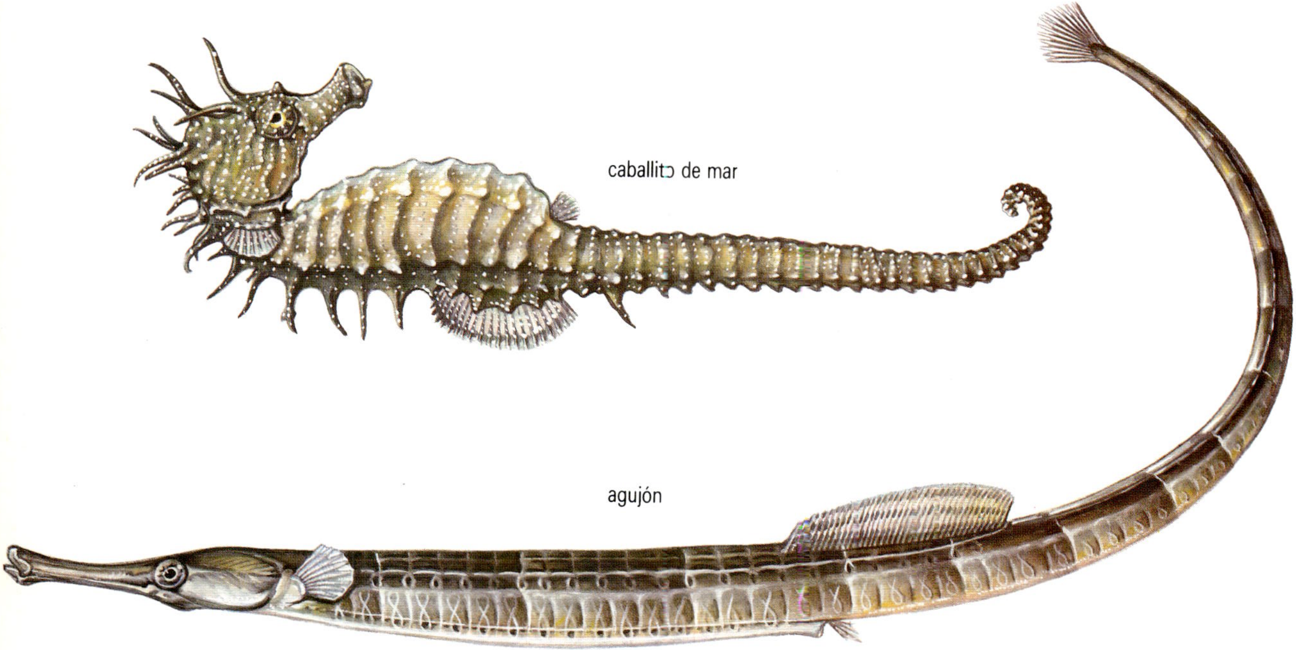

caballito de mar

agujón

Fusta
Entelurus aequoreus

Características: cuerpo alargado y delgado, casi circular salvo en el período de freza; esqueleto externo de origen dérmico, cuerpo dividido por 28-21 anillos osificados antes del orificio anal y 60-70 detrás. Hocico tubular y largo, su longitud corresponde a la 1/2 de la cabeza. Frente plana abombada. La aleta dorsal con 37-44 radios se extiende sobre 7-11 anillos del tronco y 2-3 de la cola. Carece de aletas pectorales; aleta caudal pequeña, muy curvada, con sólo 4-9 radios. Orificio anal bajo el extremo posterior de la aleta dorsal. *Color*: gris amarillento o amarronado; parte superior de la cabeza y dorso con manchas diminutas plateadas. Flancos con bandas transversales plateadas y con un ribete oscuro. Banda longitudinal rojiza desde la punta del hocico hasta el borde superior del opérculo branquial pasando por el ojo. *Longitud*: machos máx 40 cm, hembras máx 60 cm.
Distribución: Atlántico nororiental, desde Islandia y la costa Noruega (a partir de Tromso) hasta Portugal y las Azores. En los algueros de las aguas litorales a 5-30 m de profundidad (máx 100 m); durante los meses de verano, ocasionalmente también se encuentran en aguas libres a cierta distancia de la costa en donde nadan cerca de la superficie del agua próximos a algas flotantes.
Modo de vida: pez sedentario, suele acechar a los pequeños animales de presa entre las algas, normalmente en posición vertical y con la cabeza en dirección de la corriente. Período de freza junio y julio. La hembra produce entre 400 y 1.000 huevos de 1,2 mm que traspasa a la parte inferior del cuerpo de varios machos con ayuda de una papila genital y tras el cortejo ritual. Los machos llevan los huevos adheridos sobre la cara ventral hasta la eclosión (al igual que en todas las especies de *Entelurus*). Al nacer los alevines miden 11-12 mm de longitud y no tienen todavía aletas pectorales, que se desarrollan rudimentariamente a lo largo de su evolución. *Alimentación*: animales planctónicos.

Nerofis serpentino
Nerophis ophidion

Características: cuerpo largo, delgado y, salvo en el período de freza, casi circular. El hocico largo y tubular (1/2 de la longitud de la cabeza) posee en la parte superior un fino corte longitudinal desde la punta hasta la inserción de la frente. La aleta dorsal, con 33-38 radios, se extiende sobre 3-5 anillos del tronco y 6-8 de la cola. Las aletas pectorales y la caudal ausentes. Orificio anal bajo el extremo anterior de la aleta dorsal. *Color:* muy diferente según el lugar que habiten, el dorso verde oscuro, oliváceo, amarronado o negruzco con bandas transversales oscuras; cara ventral blanquecina, verdosa o amarillenta. Las hembras con una librea nupcial de bandas azules en los opérculos branquiales y en la parte anterior del cuerpo así como un ribete amarillo en la cara ventral; los machos que se encargan de la incubación, por el contrario, tienen un color totalmente falto de vistosidad. *Longitud*: machos máx 25 cm, hembras máx 30 cm.
Distribución: Atlántico nororiental, desde el sur de Noruega hasta el noroeste de África; Mediterráneo y mar Negro. En fondos de arena y aguas costeras con vegetación, a 2-15 m de profundidad, también en aguas salobres.
Modo de vida: se trata de una especie de agujón que se encuentra con mucha frecuencia y que vive aproximadamente hasta los 3 años. Período de freza desde mayo hasta agosto. Las hembras ponen 200-300 huevos, de 1 mm aproximadamente, que traspasan a la parte inferior del cuerpo de varios machos. Cada macho encargado de la incubación lleva entre 50 y 200 huevos (en una hilera doble) a lo largo de un fino anillo en su cara ventral aplanada, en donde los huevos se introducen en repliegues cutáneos mientras se desarrollan. A las 3 semanas aproximadamente salen las larvas transparentes, de 9 mm de largo, que viven en el plancton durante 3-4 meses hasta que se les ha formado la aleta continua y las aletas pectorales. *Alimentación*: pequeños crustáceos y alevines.
Parientes: nerofis, *N. lumbriciformis*, con el hocico curvado hacia arriba; serpetó, *N. maculatus*, con manchas uniformes.

fusta

nerofis serpentino

Pez de san Pedro
Zeus faber

Características: cuerpo muy alto y lateralmente aplanado, cubierto de pequeñas escamas pectinadas. Cabeza larga con ojos grandes; boca ancha e inclinada hacia arriba; hueso intermaxilar con gran capacidad de extensión. La primera aleta dorsal con 9-10 radios espinosos; la piel de la aleta está alargada por unas barbas que llegan hasta la aleta caudal tiradas hacia atrás, la segunda aleta dorsal con 21-25 radios estructurales. Aleta anal con 3 -(normalmente) 4 radios espinosos y 20-23 radios estructurales. A lo largo de la zona de inserción de la aleta dorsal y anal se encuentran protuberancias osificadas. *Color*: entre gris y un tono amarillento con manchas difuminadas. En el flanco una mancha negra ribeteada de amarillo. Según la leyenda corresponde a la huella de los dedos de san Pedro, quien extrajo de la boca de uno de estos peces una moneda de oro, de aquí "pez de san Pedro". *Longitud*: 30-40 cm, máx 70 cm.
Distribución: Atlántico nororiental, desde las islas Canarias, Madeira y las Azores hasta el sur de Inglaterra; tras la freza se introducen en el mar del Norte y Kattegat. Mediterráneo y mar Negro. En fondos de arena y fangosos, en aguas libres o junto al fondo, a unos 200 m de profundidad. Los alevines suelen encontrarse durante los meses de verano en los litorales rocosos en los que crecen algas.
Modo de vida: nadadores rápidos y perseverantes que siguen solos o normalmente en pequeños grupos a peces gregarios (sardinas, espadines, pejerreyes). Se acercan lentamente a sus víctimas y repentinamente las atacan capturándolas con el hocico extendido hacia delante. Período de freza desde junio hasta agosto (aguas litorales del sur de Inglaterra), desde marzo hasta mayo (Mediterráneo). La puesta se realiza a profundidades por encima de los 100 m; los huevos y las larvas circulan libres en el agua. *Alimentación*: pequeños peces gregarios y calamares.

Capros aper

Características: cuerpo alto y aplanado por los lados, cubierto de pequeñas escamas pectinadas. Cabeza larga con ojos muy grandes; perfil de la cabeza cóncavo; morro largo y ancho, boca inclinada hacia arriba con hueso intermaxilar de gran capacidad de extensión. La boca prominente recuerda al hocico de un cerdo. La primera aleta dorsal con 9 radios espinosos largos y fuertes, la segunda con 23 radios estructurales. Aleta anal con 3 radios espinosos y 23 estructurales. Aleta pectoral con 1 fuerte radio espinoso. Sin salientes óseos a lo largo de la zona de inserción de la aleta dorsal y anal. *Color*: oscila entre el rojo y el pardo, a veces con bandas transversales amarillas. *Longitud*: máx 16 cm.
Distribución: Atlántico nororiental, desde la costa occidental de África, las islas Canarias, Madeira y las Azores hasta el oeste de Irlanda y el canal de la Mancha; ocasionalmente hacia el norte, hasta las islas Shetland, hacia el oeste de Noruega y Skagerrak. Mediterráneo (sobre todo en la zona occidental). Principalmente en fondos rocosos a profundidades de 50-400 m. Los ejemplares que se encuentran en aguas someras han sido arrastrados probablemente por las corrientes. Un pariente, el *Antigonia capros*, está muy extendido en todos los mares cálidos, en la región europea alrededor de Madeira y en las Azores; llega hasta los 600 m de profundidad. Visto desde el lado su cuerpo de tono rojizo semeja a la figura de los diamantes de la baraja.
Modo de vida: peces pelágicos que viven junto al fondo, se desconoce su biologia. *Alimentación*: pequeños animales invertebrados.

pez de san Pedro

Capros aper

Palometa roja
Beryx decadactylus

Características: cuerpo oval y de dorso alto, con canales mucilaginosos bajo la piel de la cabeza. Ojos grandes; boca ancha e inclinada hacia arriba; mandìbulas con dientes pequeños y puntiagudos. Opérculo branquial con aguijones cortos, preopérculo. Aleta dorsal corta, con 3 radios espinosos y 12-14 radios estructurales. La aleta anal mucho más larga que la dorsal, posee 3-4 radios espinosos y 23-28 estructurales. Aletas ventrales con un fuerte radio espinoso. El borde posterior de la aleta caudal está profundamente bifurcado. *Color*: cara dorsal rojo oscuro; flancos más claros con un brillo amarillento; cara ventral rosada. *Longitud*: máx 50 cm.
Distribución: su distribución geográfica en el Atlántico (e Indopacífico) no se conoce; se encuentra por el norte de la región europea, hasta Islandia y el norte de Noruega; Mediterráneo occidental. A profundidades de 200-500 m. Un pariente extendido por todo el mundo es el *B. splendens*, que alcanza profundidades aún mayores (más de 600 m). Su cuerpo es de constitución más delgada y la aleta dorsal más corta. Escamas espinosas por lo que su tacto es muy áspero. Cara dorsal y cabeza de un vivo color rojo, los flancos y la cara ventral de un blanco luminoso y todas las aletas escarlatas. Una vez muerto todo el cuerpo enrojece. Esta especie se encuentra en las aguas del sudoeste europeo y, algunos ejemplares, en la zona de vegetación frente a Islandia y las islas Británicas. *Longitud*: máx 60 cm.
Modo de vida: peces pelágicos cuya biología se ha investigado poco; no existen informes sobre huevos, larvas y alevines.
Generalidades: en Alemania se vende en el mercado de la alimentación bajo el nombre de "Kaiserbarsch".

Luna real
Lampris guttatus

Características: un cuerpo muy aplanado por los lados y con el dorso alto; línea dorsal más aplanada que la línea ventral curvada. Boca pequeña; las mandíbulas cortas, sin dientes, muy extensibles. La extensión del borde superior de la boca se realiza mediante una parte de la mandíbula superior y no a través del hueso intermaxilar (como en todas las demás especies de peces). Escamas pequeñas y caedizas, que se pierden fácilmente al capturarlo. Aleta dorsal y anal muy largas, sin radios espinosos; la aleta dorsal es mucho más alta en la parte anterior que en la posterior. Gran aleta caudal con el borde posterior cóncavo. Aletas pectorales fuertes y largas; aletas ventrales largas. Vejiga natatoria sin "paso de aire" al intestino anterior. *Color*: el dorso oscila entre el azul oscuro y el violeta; flancos azulados más claros; cara ventral rosada. Todos los colores poseen un brillo que se refuerza con las manchas metálicas. Aletas escarlatas. *Longitud*: máx 2 m (hasta 100 kg de peso).
Distribución: se encuentra en todos los mares cálidos y templados. Atlántico oriental (p ej, frente a Madeira) y el Mediterráneo. En la zona septentrional del mar del Norte y frente al oeste de Noruega en verano. A 100-400 m de profundidad; se desconoce cuáles son sus capas de profundidad predilectas.
Modo de vida: sobre las migraciones y la biología reproductora de esta especie no existe ningún estudio. *Alimentación:* principalmente calamares y crustáceos.

palometa roja

luna real

Pierrot
Trachipterus arcticus

Características: cuerpo muy largo y acintado, tan fino que suele quebrarse al capturarlo: con una longitud de 2 m aproximadamente la altura es de unos 20 cm y el grosor de sólo 2 cm. Cabeza pequeña con el hocico corto; boca pequeña e inclinada hacia arriba; ojos grandes. Aleta dorsal muy larga, desde la cabeza hasta casi la aleta caudal; aletas pectorales y ventrales diminutas; carece de aleta anal; la aleta caudal, larga y en abanico está curvada hacia arriba. *Color*: cuerpo de brillo plateado, con varias manchas oscuras y redondas a lo largo de la línea dorsal. Margen ocular amarillo. Todas las aletas de color escarlata. *Longitud*: máx 3 m. El regalecus, *Regalecus glesne*, único representante de la familia próximamente emparentada de los *Regalecidae* llega incluso hasta los 7 m de longitud. En esta especie los primeros radios de la aleta dorsal, muy largos, forman una especie de penacho que recuerda una corona; las aletas ventrales se componen de un par de radios largos, no divididos, con un apéndice en forma de hoja. Extendido por toda la región europea del Atlántico, también en el mar del Norte y en el Mediterráneo.

Distribución: Atlántico nororiental, desde Islandia y Noruega hasta las islas Británicas. A 500-600 m de profundidad. Especies emparentadas: *T. trachipterus* (Mediterráneo), *Zu cristatus* (Mediterráneo; Madeira, Azores).

Modo de vida: los españoles nadan libres en aguas profundas: se encuentran raramente ejemplares vivos aunque esta especie suele llegar con frecuencia a las costas de los mares del Norte; en la zona septentrional de Islandia se encuentran a veces centenares muertos. La madurez sexual se alcanza a la edad de 14 años aproximadamente (longitud unos 2,40 m). Número de huevos unos 500.000, las larvas circulan libres por el agua. *Alimentación*: invertebrados y peces pequeños.

Espetón
Sphyraena sphyraena

Características: cuerpo alargado similar al de luvios con cabeza muy larga y puntiaguda. Boca muy ancha y horizontal que llega hasta el borde anterior de los ojos. Ojos grandes, su diámetro es superior a la 1/2 de la altura de la cabeza. Mandíbula inferior prominente; dientes fuertes y puntiagudos en las mandíbulas y el hueso palatino, sin dientes en el vómer. Escamas pequeñas y redondas, 2 aletas dorsales bien separadas, la primera con 5 fuertes radios espinosos, la segunda con 1 radio espinoso y 9 estructurales. Aleta anal (opuesta a la segunda aleta dorsal) con un radio espinoso y 9 estructurales. Aleta caudal profundamente bifurcada. Aletas pectorales delgadas y puntiagudas. *Color*: dorso gris, verdoso o amarronado; cara ventral con un brillo plateado. Los individuos adultos con unas 24 bandas transversales oscuras a lo largo de la mitad superior del cuerpo. *Longitud*: máx 1 m. Su pariente, la *S. viridensis*, alcanza hasta 3 m de longitud; aparece en las aguas litorales de Senegal y alrededor de Cabo Verde y de las Canarias, también ha sido observada en el Mediterráneo oriental (frente a Israel).

Distribución: Atlántico nororiental, desde Vizcaya hasta Madeira y las Azores; Mediterráneo y (raramente) mar Negro. Junto a las costas, preferentemente en fondos de arena, hasta los 100 m de profundidad. Procedente del mar Rojo, ha pasado a través del canal de Suez al Mediterráneo oriental la especie *S. chrysotaenia*.

Modo de vida: los alevines viven en bancos, mientras que los individuos adultos suelen encontrarse solitarios. Nadador excepcional, el espetón caza pequeños peces gregarios a los que con frecuencia persigue a través de largas distancias. Agresivos, ocasionalmente atacan a bañistas. Período de freza desde julio hasta septiembre. Los huevos circulan libres por el agua. Los machos alcanzan la madurez sexual a los 2-3 años y las hembras un año más tarde.

Traquiptéridos

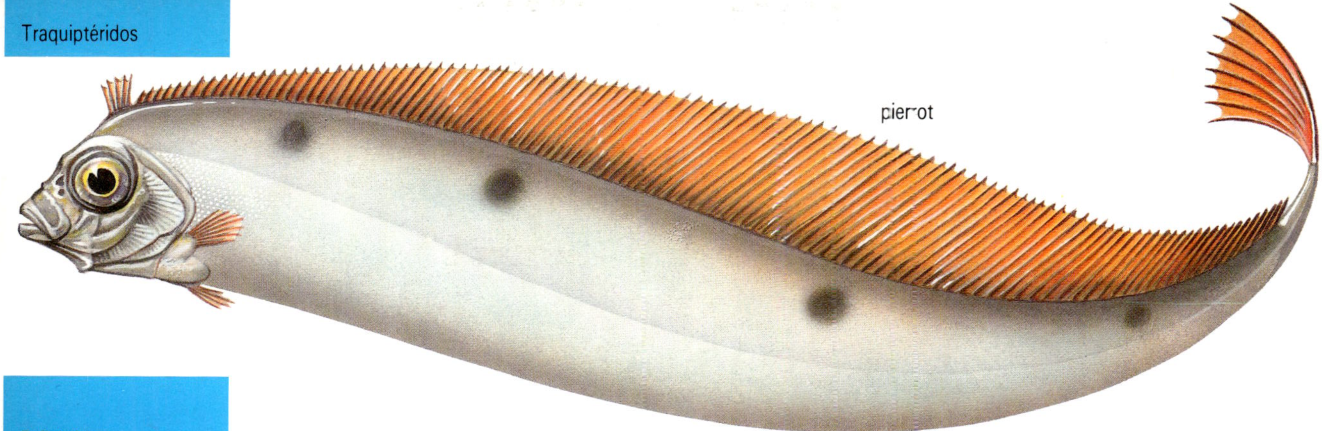

pierot

Esfirénidos

espetón

Lisa
Chelon labrosus

Características: cuerpo alargado en forma de huso con 2 cortas aletas dorsales y la cabeza muy aplanada. Ojos sin párpados. Boca pequeña, sin dientes, con el labio superior muy grueso (más alto que la 1/2 del diámetro de los ojos), en los adultos con una pequeña hilera de salientes. Escamas grandes y redondas sin línea lateral nítida. Cavidad laríngea estrecha. La primera aleta dorsal con 5 radios espinosos, la segunda con 1 radio espinoso y 8-9 estructurales. Aleta anal con 3 radios espinsoos y 9-10 estructurlaes. *Color*: el dorso tiene el fondo gris oscuro; los flancos más claros, con 7-8 bandas longitudinales finas y oscuras; cara ventral plateada. Aletas gris oscuro. *Longitud*: máx 60 cm (4-5 kg).
Distribución: Atlántico nororiental, desde la costa occidental de África (Senegal), las islas Canarias, Madeira y las Azores hasta las islas Feroe, Islandia y Noruega; en verano también en el sur del mar del Norte, en Kattegat y en el mar Báltico oriental, Mediterráneo y (raramente) en el oeste del mar Negro. En aguas litorales someras, también en aguas salobres y en las desembocaduras de los ríos (sobre todo los alevines) en fondos blandos con algas.
Modo de vida: pez gregario que migra en busca de alimento. Los alevines suelen permanecer cerca de la superficie. En primavera y verano se encuentran en grandes cantidades, en invierno parecen "invernar" y se interrumpe la ingestión del alimento. Período de freza desde diciembre hasta marzo (Mediterráneo), de enero a abril (Vizcaya). Los huevos, provistos de una gran bola de aceite, están cerca del fondo. *Alimentación*: los alevines se alimentan de organismos planctónicos, los adultos de pequeños animales de fondo, detritus y algas (p ej diatomeas) que arrancan del fondo.

Salmonete real
Apogon imberbis

Características: cuerpo redondeado de dorso alto, con cabeza grande y fuerte. Ojos muy grandes; preopérculo con el borde dentado; boca ancha e inclinada hacia arriba; dientes pequeños y puntiagudos (iguales en las dos mandíbulas); los huesos posteriores de la garganta están separados y provistos de dientes afilados. 2 aletas dorsales cortas y claramente separadas; la primera más pequeña, con 6 radios espinosos; la segunda, opuesta a la aleta anal de igual formación, con 1 radio espinoso y 9 estructurales. Aleta anal con 2 radios espinosos y 8 estructurales. Aletas ventrales fuertemente desarrolladas. *Color*: cuerpo de un rojo anaranjado claro, con pequeños puntos negros irregularmente distribuidos. Sobre el eje de la cola se encuentra una zona más oscura que a veces puede formar 2 o 3 manchas. Las puntas de las aletas dorsales y de la aleta anal son oscuras. Los ojos con dos bandas longitudinales claras. *Longitud*: normalmente unos 10 cm, máx 15 cm.
Distribución: Atlántico nororiental; costa occidental de África, islas Canarias, Madeira, Azores, Mediterráneo. En costas rocosas a 10-200 m de profundidad (en verano entre 10 y 50 m). En el Mediterráneo oriental (frente a Israel) aparece el *A. nigripinnis*, pariente procedente del mar Rojo.
Modo de vida: estos peces suelen encontrarse, formando pequeños grupos, en grietas y cavidades de las rocas, en donde permanecen cerca de la entrada para, en caso de peligro, esconderse rápidamente. Sólo durante la noche se alejan algo de su refugio. La freza se realiza en los meses de verano y tras un agitado cortejo; los huevos se fijan con sus filamentos adhesivos formando una bola que el macho lleva en la cavidad bucal hasta la eclosión. *Alimentación*: pequeños crustáceos, larvas y alevines de otros peces marinos.

Mugílidos

lisa

Apogonídeos

salmonete real
reyezuelo

Salmonete de roca
Mullus surmuletus

Características: cuerpo alargado y aplanado por los lados, con grandes escamas (2 grandes bajo el ojo). Perfil de la cabeza medianamente inclinado, convexo; ojos grandes en el borde superior de la cabeza, 2 barbillones largos y bifurcados, 2 aletas dorsales muy separadas, la primera con 7-8 radios espinosos y la segunda con 8-9 radios estructurales. Aleta anal con 2 radios espinosos y 6-7 estructurales. El salmonete de fango, *M. barbatus*, tiene un perfil cefálico más vertical, 3 grandes escamas bajo el ojo y pequeñas bandas longitudinales; llega a los 10-300 m de profundidad, en el Atlántico nororiental, desde el canal de la Mancha hasta Senegal, las islas Canarias y las Azores, así como en el Mediterráneo. La subespecie *M. barbatus ponticus* vive en el mar Negro y de Azov. *Color*: varía según la época del año, la edad y la profundidad entre el marrón amarillento y el rojo; las escamas están ribeteadas de oscuro. Durante el día, sobre todo en grupo, con tiras longitudinales entre el rojo oscuro y el marrón desde los ojos hasta el eje de la cola y 4-5 bandas longitudinales amarillas; por la noche este dibujo se transforma en un jaspeado difuminado. *Longitud*: máx 40 cm.
Distribución: Atlántico nororiental, desde Escocia hasta las islas Canarias; raramente hasta Bergen/Noruega y el oeste del mar Báltico; Mediterráneo. Los adultos permanecen sobre un fondo de arena fangoso a 3-90 m de profundidad, los alevines en costas rocosas con algas y aguas someras (1 m). A través del canal de Suez han llegado hasta el Mediterráneo oriental: el *Upeneus moluccensis* y el *Upeneus asymmetricus* con la misma constitución del cuerpo que el salmonete de roca.
Modo de vida: solitario o en bancos de hasta 50 peces. Período de freza desde julio hasta septiembre, a 10-55 m de profundidad en fondos arenosos. Las larvas azuladas viven en el plancton, los alevines (de unos 5 cm de longitud) se dirigen al fondo. Alcanzan la madurez sexual a los 2 años. *Alimentación*: pequeños animales del fondo que descubren con sus barbillones y después desentierran.

Tres colas
Anthias anthias

Características: cuerpo ovalado y fuertemente aplanado por los lados, cubierto de grandes escamas pectinadas. Perfil cefálico vertical con hocico corto y redondeado. Opérculo branquial con 2-3 espinas; preopérculo dentado. Largas aletas dorsales con 11 radios espinosos y 15 estructurales; el tercer radio espinoso se prolonga en forma de hilo en los machos. Aleta anal con 3 radios espinosos y 7 estructurales. Aletas pectorales con 1 radio espinoso y 5 estructurales. Aletas ventrales largas y fuertemente desarrolladas. Aleta caudal grande y profundamente bifurcada, los radios externos se prolongan en forma de hilos, lóbulo inferior más grande que la mitad superior de la aleta. *Color*: dorso y flancos rojos, cara ventral rosada, 3 tiras longitudinales amarillas en los lados de la cabeza y la parte anterior del cuerpo. Aletas ventrales con bordes de color violeta claro. *Longitud*: normalmente 15-24 cm, algo más en casos aislados.
Distribución: Atlántico oriental, desde Portugal hasta Madeira, las Azores y, hacia el sur, hasta Angola. Mediterráneo. En costas rocosas con grutas y cavidades, normalmente por debajo de los 30 m hasta los 200 m de profundidad. Un pariente cercano, el *Callanthias ruber* suele encontrarse en los fondos rocosos y fangosos cercanos a las costas a 50-300 m de profundidad; en el Atlántico nororiental desde el sur de Vizcaya (desde allí ocasionalmente hasta el canal de la Mancha) hasta Madeira y las Azores, así como en el Mediterráneo.
Modo de vida: los tres colas son peces gregarios que suelen formar densos bancos que se mantienen cerca de la salida de una gruta, en la que desaparecen inmediatamente en caso de peligro. Sobre su biología se conoce poco. Período de freza en primavera. *Alimentación*: peces pequeños y crustáceos.

Múlidos

salmonete de roca

Serránidos

tres colas

Cherna
Polyprion americanus

Características: cuerpo fuerte, de dorso alto y aplanado por los lados, con cabeza grande y alta. Pequeñas escamas pectinadas, también en la base de las aletas dorsal, caudal y anal. Perfil cefálico bastante vertical, algo curvado sobre los ojos; pequeñas crestas espinosas entre los ojos y sobre la frente. El opérculo branquial con un saliente óseo; borde posterior del preopérculo dentado. Boca ancha; madíbulas evaginables, mandíbula inferior prominente; los dientes pequeños y cónicos en hileras anchas en ambas mandíbulas, algunos también en la lengua. Aleta dorsal larga, no dividida, con 11 radios espinosos muy fuertes y 11-12 estructurales. Aleta anal con 3 radios espinosos y 8-10 estructurales. Aletas pectorales con 1 radio espinoso y 5 radios estructurales. Borde posterior de la aleta caudal redondeado o recto. *Color*: los adultos poseen un dorso marrón oscuro tirando a gris (a veces con manchas difuminadas más claras), flancos amarronados y cara ventral amarilla. En los alevines aparecen frecuentemente unas manchas blancas y otras negras de menor tamaño distribuidas irregularmente. Aleta caudal ribeteada de blanco. *Longitud*: máx 2 m.

Distribución: Atlántico, al oeste, desde Terranova hasta Argentina, al este, desde Noruega hasta la costa irlandesa (raramente) hasta las islas Canarias; aparece ocasionalmente en el canal de la Mancha y en el mar del Norte, Mediterráneo. En fondos rocosos y fangosos desde la zona litoral hasta las aguas libres. Los alevines se encuentran entre las capas superficiales y hasta los 100-200 m de profundidad, los adultos eventualmente a 1.000 m de profundidad.

Modo de vida: la cherna suele vivir aislada entre las algas; sólo los alevines se encuentran en pequeños grupos. En algunos lugares de su zona de distribución, p ej en el Mediterráneo, se comprobó que durante los meses de verano y de otoño llegaba hasta las aguas litorales. Período de freza desde enero hasta abril (Mediterráneo). *Alimentación*: crustáceos, moluscos, peces.

Mero
Epinephelus guaza

Características: cuerpo ovalado con los lados aplanados, cubierto de pequeñas escamas pectinadas. Opérculo branquial con 3 espinas cortas; borde posterior del preopérculo dentado. Boca ancha; mandíbulas evaginables, mandíbula inferior algo prominente, escamada; las dos mandíbulas con dientes largos y puntiagudos con las bases provistas de articulaciones, por lo que pueden moverse hacia atrás. Aleta dorsal larga, con una incisión entre los 11 fuertes radios espinosos y los 13-16 radios estructurales. Aleta anal con 3 radios espinosos y 8-9 radios estructurales. Aletas pectorales con 1 radio espinoso y 5 radios estructurales. Borde posterior de la aleta caudal redondeado. *Color*: dorso marrón verdoso, flancos más claros, cara ventral amarillenta. Jaspeados de un verde amarillento y bandas que en la cabeza, partiendo de los ojos, se reúnen en tiras transversales por los flancos. Aleta dorsal con tonos naranjas, las otras aletas con un ribete azul claro. *Longitud*: máx 1,40 m.

Distribución: Atlántico, en el oeste, desde los estados de la Guayana hasta Brasil, en el este, desde Vizcaya (sólo llegan raramente a Inglaterra e Irlanda) hasta Sudáfrica, Mediterráneo. Costas rocosas, preferentemente en arrecifes con numerosas cavidades y grietas, a 8-200 m de profundidad (máx 400 m).

Modo de vida: pez solitario que cuenta con un hábitat limitado y que ofrezca un buen número de escondrijos, entre los cuales 1 o 2 se escogen con especial frecuencia. La mayor parte el tiempo se mantiene cerca o dentro de su refugio. Período de freza durante los meses de verano (posiblemente cuando hay luna llena); los huevos circulan libres por el agua. *Alimentación*: crustáceos, moluscos y también peces.

Parientes: en el sur del Mediterráneo se encuentran 5 especies más de *Epinephelus*, la más frecuente es el *E. alexandrinus*. Características: cuerpo delgado, aleta dorsal sin incisión, mandíbula inferior muy prominente; color de fondo marrón con manchas claras. Los alevines presentan 4-5 bandas longitudinales oscuras. Longitud máxima 80 cm.

cherna

mero

Serrano
Serranus scriba

Características: cuerpo longitudinalmente oval, cubierto con pequeñas escamas pectinadas. Opérculo branquial con 2 espinas, borde posterior del preopérculo dentado. Boca ancha; mandíbulas extensibles; dientes pequeños, puntiagudos y no móviles. Aleta dorsal larga, no dividida, con 10 radios espinosos y 14-16 radios estructurales. Aleta anal con 2 radios espinosos y 7-8 estructurales. Aleta pectoral con 1 radio espinoso y 5 estructurales. Borde posterior de la aleta caudal redondeado. *Color*: dorso y flanco marrón rojizo o amarillento, con 4-7 bandas transversales, algunas partidas. Los individuos adultos tienen una mancha grande, azul o violeta, en la cara ventral. Cabeza con arabescos azules y rojos que recuerdan a la caligrafía árabe (¡nombre en latín!). *Longitud*: máx 25 cm.
Distribución: Atlántico oriental, desde Vizcaya hasta Sudáfrica, Mediterráneo y mar Negro. En regiones someras litorales, normalmente por encima de los 30 m de profundidad sobre fondos rocosos con algas y frecuentemente en zonas de vegetación marina.
Modo de vida: los serranos son peces solitarios y viven en una zona determinada que defienden de sus compañeros de especie. El período de freza se prolonga de mayo a agosto. Son verdaderos hermafroditas que al mismo tiempo pueden formar células espermáticas y óvulos, lo que posibilita la autofecundación. Los huevos se prenden a las piedras cercanas a la costa. *Alimentación*: preferentemente pequeños peces gregarios, también crustáceos y moluscos.
Parientes: la cabrilla, *S. cabrilla*, se distingue por las siguientes características: cuerpo alargado, escamas pequeñas (hasta 90 en una hilera longitudinal); color de fondo marrón rojizo, con 7-9 bandas oscuras transversales, 2-3 tiras longitudinales verdes azuladas sobre la cabeza y el cuerpo, junto a algunas tiras longitudinales amarillas. Normalmente mide 20 cm de largo y sólo raramente llega a los 40 cm.

Merillo
Serranus hepatus

Características: cuerpo oval de dorso más alto que el del serrano. Ojos grandes, su diámetro es casi tan grande como la longitud del hocico. Opérculo branquial con 2 espinas; el borde posterior del preopérculo es dentado. 50-60 escamas pectinadas en una hilera longitudinal. Boca ancha, replegable hacia el interior. Aleta dorsal larga, no dividida, con 10 radios espinosos y 11-12 estructurales. Aleta anal con 3 radios espinosos y 7 estructurales. Aleta pectoral con 1 radio espinoso y 5 estructurales. Borde posterior de la aleta caudal redondeado. *Color*: marrón rojizo o amarillento, con 3-5 bandas transversales oscuras; barbilla y cara ventral blanquecinas. Detrás del último radio espinoso de la aleta dorsal resalta una mancha negra. Aletas ventrales oscuras. *Longitud*: máx 13 cm.
Distribución: Atlántico nororiental, desde Portugal hasta Senegal y las islas Canarias, Mediterráneo. A 5-100 m de profundidad, en fondos arenosos, fangosos y de roca, preferentemente en zonas de vegetación. Un pariente, el *S. atricauda*, llamado por los pescadores españoles serrano imperial a causa de su color vistoso y su tamaño (máx 35 cm), aparece en costas rocosas desde Vizcaya (raramente) hasta Marruecos, Madeira, las Azores y las islas Canarias; en el Mediterráneo se encuentra en la costa del sur de España y en la argelina. Posee escamas pectinadas muy pequeñas (120-126 en la línea lateral) y la aleta caudal ribeteada de negro.
Modo de vida: el merillo es un pez muy asustadizo, por lo que sólo se le puede ver en contadas ocasiones aunque aparece en algunas zonas con frecuencia. Como sus parientes es un auténtico hermafrodita que al mismo tiempo puede formar óvulos y células espermáticas. Período de freza en primavera y principios de verano. *Alimentación*: crustáceos, moluscos y peces pequeños.

serrano

merillo

Sargo picudo
Puntazzo puntazzo

Características: cuerpo oval, aplanado por los lados con el perfil superior de la cabeza fuertemente redondeado y el hocico puntiagudo y largo. Grandes escamas pectinadas, la cabeza también está claramente recubierta de escamas. Opérculo branquial sin espina, borde del preopérculo liso. Boca pequeña, situada en la parte inferior; ambas mandíbulas son igual de largas y sólo pueden extenderse un poco hacia delante. A una línea de dientes en forma de espátula e inclinados hacia delante sigue, en cada mandíbula, una fila de pequeños dientes molariformes; vómer y hueso palatino sin dientes. Aleta dorsal larga y no dividida, con 11 radios espinosos y 13-14 radios estructurales. Aleta anal la mitad de larga aproximadamente que la aleta dorsal, con 3 radios espinosos y 12 estructurales. Aletas pectorales con 1 radio espinoso y 5 estructurales. *Color*: gris plateado, con 7-11 tiras transversales finas y negras y una gran mancha negra en el eje de la cola. Aletas sin tono amarillo; la parte de los radios de las aletas dorsal y anal, así como el borde posterior de la aleta caudal, con un ribete negro. *Longitud*: máx 45 cm.
Distribución: Atlántico oriental, desde la región del Congo hasta Vizcaya, Mediterráneo. Hasta los 50 m de profundidad entre rocas y arrecifes con algas, también junto a las zonas de vegetación.
Modo de vida: contrariamente a otros espáridos, esta especie no forma grandes bancos, sino que los individuos suelen ser solitarios. Período de freza desde septiembre hasta octubre. Los huevos y las larvas permanecen en el plancton. A la primavera siguiente los alevines suelen medir unos 5 cm de largo. Se dirigen entonces a las aguas litorales, normalmente en bancos, que posteriormente se dispersan. *Alimentación*: algas en las costas rocosas y pequeños animales entre la vegetación; los dientes cortantes sirven para arrancar las algas y los dientes molares para triturar los crustáceos, caracoles y moluscos que están entre las plantas.

Sparus pagrus

Características: cuerpo oval, aplanado por los lados, con perfil cefálico inclinado y una marcada hendidura sobre los ojos. Escamas pectinadas grandes, la cabeza también está revestida por escamas. Opérculo branquial sin espina, borde del preopérculo liso. Boca pequeña ínfera; mandíbulas sólo algo extensibles, mandíbula superior algo más larga. En las dos mandíbulas se encuentran delante 4-6 dientes fuertes para asir, detrás dientes puntiagudos curvados a los que sigen 2 hileras de dientes molares; hueso palatal y vómer sin dientes. Aleta dorsal larga, no dividida, con 12 radios espinosos y 9-11 estructurales. Aleta anal con 3 radios espinosos y 8-9 estructurales. Aleta pectoral con 1 radio espinoso y 5 estructurales. *Color*: gris plateado, aletas con un brillo rosado. Aleta caudal con ribete oscuro en el medio y puntas blancas. En la inserción del último radio de la aleta dorsal se encuentra una pequeña mancha de color marrón rojizo que desaparece rápidamente tras la muerte. *Longitud*: máx 75 cm.
Distribución: Atlántico oriental, desde Angola hasta Vizcaya, Madeira, las Azores, el sur de Inglaterra (raramente). Mediterráneo. En verano a profundidades superiores a los 20 m en fondos arenosos y con vegetación, aunque también cerca de las rocas en donde crecen algas. Durante los meses de invierno las poblaciones del Atlántico se retiran a las regiones más profundas de la plataforma continental.
Modo de vida: especie escasa en toda la zona de distribución. Período de freza durante los meses de verano. Los huevos y larvas permanecen en el plancton. Con una longitud de 5-9 cm las larvas poseen un saliente óseo característico sobre los ojos y un opérculo branquial espinoso; al alcanzar una longitud de 1,5 cm aproximadamente adoptan la forma propia de los individuos adultos y se dirigen a las proximidades de las costas. *Alimentación*: animales de fondo de todo tipo, que agarran con sus grandes dientes de captura.

sargo picudo

Sparus pagrus

Dorada
Sparus aurata

Características: cuerpo ovalado, algo más alto por el dorso y aplanado por los lados, con perfil cefálico bastante arqueado. Escamas pectinadas también en la cabeza, opérculo branquial sin espina, borde del preopérculo liso. Boca pequeña, situada en la zona inferior, con labios gruesos. Mandíbulas sólo un poco extensibles. Mandíbula superior algo prominente. Dentadura: en cada mandíbula 4-6 dientes fuertes y coniformes en la parte anterior, detrás, en la mandíbula superior, 4-5 hileras de molares y en la mandíbula inferior 3-4 hileras; vómer y hueso palatal sin dientes. Aleta dorsal larga, no dividida, con 11 radios espinosos y 13 estructurales. Aleta anal con 3 radios espinosos y 11-12 estructurales. Aletas pectorales con 1 radio espinoso y 5 estructurales. *Color*: varía según la zona en que habitan; el dorso normalmente gris o de color metálico, flancos plateados, cara ventral blanquecina. En el borde superior del opérculo una mancha escarlata, al comienzo de la línea lateral una mancha oscura. La característica más notable de los peces vivos es una banda dorada ancha (¡nombre!) entre los ojos, que empalidece rápidamente tras la muerte. *Longitud*: máx 70 m.
Distribución: Atlántico nororiental, desde Senegal (muy raramente) hasta Portugal y Vizcaya; Azores. Ocasionalmente llega hasta el norte de Vizcaya y el sur de Inglaterra, Mediterráneo y (raramente) mar Negro. En fondos rocosos y de vegetación, a profundidades de 5-30 m.
Modo de vida: especie de regiones someras que suele formar pequeños grupos para permanecer a la sombra de las grandes rocas; durante los meses de primavera y de verano, sin embargo, se le encuentra también en grandes bancos sobre el fondo de arena o de fango de las regiones de aguas salobres. Las doradas son muy sensibles al frío y pueden morir fácilmente si baja la temperatura de repente. *Alimentación*: crustáceos y moluscos que trituran con sus fuertes dientes molares.

Mojarra
Diplodus vulgaris

Características: cuerpo oval y aplanado por los lados con el perfil cefálico sólo ligeramente arqueado. Escamas pectinadas, también recubriendo la cabeza. Opérculo branquial sin espina, borde del preopérculo liso. Boca muy pequeña. Mandíbulas poco extensibles e igual de largas. Dentadura: en cada mandíbula 8 dientes en forma de espátula, inclinados hacia delante, detrás 2 hileras con dientes molares. El vómer y el hueso palatal carecen de dientes. Aleta dorsal larga, no dividida, con 11-12 radios espinosos y 14-15 radios estructurales. Aleta anal con 3 radios espinosos y 14 estructurales. Aletas pectorales con 1 radio espinoso y 5 estructurales. *Color*: dorso normalmente marrón dorado o gris, cara ventral plateada; sobre los flancos aparecen 15-16 líneas longitudinales finas de brillo dorado. Se aprecian 2 manchas transversales negras, una entre los ojos y la aleta dorsal y la otra en el eje de la cola. *Longitud*: máx 40 cm.
Distribución: Atlántico nororiental, desde Senegal (raramente), Marruecos, Madeira y Azores hasta Vizcaya, Mediterráneo. Principalmente sobre fondo rocoso rico en algas, con arenales intercalados, a 2-20 m de profundidad; más raramente también en lagunas.
Modo de vida: especie muy frecuente. Freza en octubre. Huevos y larvas permanecenm en el plancton. Con una longitud de 1-2 cm se transforman en alevines que se dirigen a las aguas litorales; alcanzando una longitud de más de 4 cm aparecen las manchas transversales características de los adultos. *Alimentación*: principalmente gusanos y pequeños crustáceos.
Parientes: *D. cervinus*, con 4-5 bandas anchas transversales de color marrón oscuro, normalmente bifurcadas, en la cara ventral, *D. sargus*, con 7-8 bandas transversales delgadas y oscuras, una aleta caudal ribeteada de oscuro, aletas ventrales grises y una gran mancha negra en el eje de la cola. *D. anularis*, con una gran mancha negra en el eje de la cola, aletas ventrales amarillas y una mancha negra junto a la inserción de las aletas pectorales.

dorada

mojarra

Oblada
Oblada melanura

Características: cuerpo oval aplanado por los lados con el perfil cefálico ligeramente arqueado. Escamas pectinadas, también sobre la cabeza. Opérculo branquial sin espina, borde del preopérculo liso. Boca pequeña, inclinada hacia arriba con labios blandos; mandíbulas sólo un poco extensibles, de igual longitud. Dentadura: en cada mandíbula la hilera exterior de delante cuenta con dientes para cortar, a los lados dientes puntiagudos y coniformes y detrás 4 hileras de pequeños molares; vómer y hueso palatal sin dientes. Aleta dorsal larga, no dividida, con 11-12 radios espinosos y 10-11 radios estructurales. Aletas pectorales con 1 radio espinoso y 5 estructurales. *Color*: gris plateado con manchas doradas. Normalmente 6 bandas transversales largas y oscuras entre las cuales aparecen otras tiras transversales menos visibles, más cortas y finas. Aletas de un tono gris amarillento. *Longitud*: máx 30 cm.
Distribución: Atlántico oriental, desde Vizcaya hasta Sudáfrica (incluido Natal); también se han observado en el océano Índico occidental y en el mar Rojo, Mediterráneo y mar Negro. Preferentemente en fondos arenosos cercanos a las costas, a 10-12 m de profundidad por regla general; su insensibilidad ante el contenido de sal del agua les permite sobrevivir en lagunas de una salobridad considerable.
Modo de vida: pez gregario que aparece con frecuencia nadando en una densa formación. Suelen permanecer cerca de la hierba marina; toman trozos con la boca, suben a la superficie y seleccionan el material; escupen las plantas y comen los pequeños animales que están entremedias. Período de freza desde junio hasta julio. Los alevines de 1-2 cm de longitud tienen el preopérculo claramente dentado. *Alimentación*: pequeños animales del fondo.

Herrera
Lithognathus mormyrus

Características: cuerpo alargado y aplanado por los lados con la cabeza algo redondeada y el hocico largo. Ojos pequeños, situados a lo alto. Escamas pectinadas, también sobre la cabeza. Opérculo sin aguijón, borde del preopérculo liso. Boca horizontal y en la parte inferior, con los labios gruesos; mandíbulas algo extensibles, mandíbula superior ligeramente prominente; en ambas mandíbulas varias hileras en posición anterior de dientes finos (los más externos son los más gruesos), detrás, en la mandíbula superior 3-4 hileras de molares, en la inferior 2-3 hileras de molares; vómer y paladar sin dientes. Aleta dorsal larga y no dividida, con 11-12 radios espinosos y 12 estructurales. Aleta anal con 3 radios espinosos y 10-11 estructurales. Aletas pectorales con 1 radio espinoso y 5 estructurales. *Color*: gris plateado con manchas doradas. Normalmente 6 bandas transversales largas y oscuras, entre las cuales se encuentran tiras transversales más cortas y delgadas que se distinguen menos. *Longitud*: máx 30 cm.
Distribución: Atlántico oriental, desde Vizcaya hasta Sudáfrica (comprendido Natal); también en la zona occidental del océano Índico y en el mar Rojo, Mediterráneo y mar Negro. Preferentemente sobre fondos arenosos cercanos al litoral, a 10-20 m de profundidad; insensibles a las grandes concentraciones de sal, pueden sobrevivir en lagunas muy saladas.
Modo de vida: pez frecuentemente gregario, normalmente nada en formaciones densas. Suelen mantenerse cerca de la hierba marina flotante, de la que toman pedacitos con la boca para subir a la superficie y seleccionar el material: escupen las plantas y comen los pequeños animales que se encuentran allí. Período de freza de junio a julio. Los alevines, de 1-2 cm de longitud, con un preopérculo claramente dentado. *Alimentación*: pequeños animales de fondo.

oblada

herrera

Sarpa salpa

Características: cuerpo oval aplanado por los lados con el perfil cefálico bastante arqueado. Escamas pectinadas, también sobre la cabeza. Opérculo branquial sin espina, borde del preopérculo liso. Boca pequeña situada en el extremo; mandíbulas sólo un poco extensibles hacia delante e igual de largas. Dentadura: sólo 1 hilera de dientes; en la mandíbula superior curvados, en la inferior dientes cortantes, triangulares y aserrados. Vómer y hueso palatal sin dientes. Aleta dorsal larga, no dividida, con 11-12 radios espinosos y 14-16 radios estructurales. Aleta anal con 3 radios espinosos y 13-15 estructurales. Aletas pectorales con 1 radio espinoso y 5 estructurales. *Color*: gris plateado con 10-12 tiras longitudinales doradas. Margen ocular amarillo. Mancha negra inmediatamente encima de la inserción de la aleta pectoral. *Longitud*: máx 45 cm.
Distribución: Atlántico oriental, desde Vizcaya hasta Sudáfrica (incluido Natal). Mediterráneo y (raramente) mar Negro. En fondos arenosos y rocosos con algas, a 5-100 m de profundidad (máx 300 m); los alevines también se encuentran en las aguas litorales a 1 m de profundidad, en donde son arrastrados por el oleaje.
Modo de vida: peces con mucha frecuencia gregarios, sobre todo en el Mediterráneo; se reconocen rápidamente por su formación ordenada y densa. Los bancos suelen ir acompañados por otras especies de peces (p ej salpas). Períodos de freza en primavera y otoño. Los huevos y las larvas circulan en aguas libres. A finales del primer año los alevines ya miden 10-15 cm de longitud. *Alimentación*: algas y pequeños crustáceos.
Parientes: salpas, *Boops boops*, máx 30 cm de largo, con cuerpo alargado y delgado y perfil cefálico plano; de color verde azulado o gris azulado con un brillo amarillento; línea lateral oscura y arqueada, por debajo de ella se encuentran 2-3 líneas paralelas oscuras; boca pequeña e inclinada; ojos grandes. Desde Escocia y Noruega (raramente) llega hasta Angola y también se encuentra en el Mediterráneo, normalmente a profundidades medias (hasta 150 m).

Aligote bogaraveo
Pagellus bogaraveo

Características: cuerpo oval y aplanado por los lados con el perfil cefálico arqueado y ligeramente hundido sobre los ojos. Escamas pectinadas también sobre la cabeza. Opérculo branquial sin espina, borde del preopérculo liso. Hocico corto y romo. Ojos grandes (diámetro superior a la longitud del hocico). Boca pequeña. Mandíbulas sólo un poco extensibles hacia delante e igual de largas. Dentadura: en las dos mandíbulas dientes afilados, cortos e inclinados delante, detrás, dientes pequeños y redondeados; vómer y hueso palatal sin dientes. Aleta dorsal larga, no dividida, con 12-13 radios espinosos y 11-13 radios estructurales. Aleta anal con 3 radios espinosos y 11-13 estructurales. Aletas pectorales con 1 radio espinoso y 5 estructurales. *Color*: entre el gris y el rosa; los adultos con una gran mancha negra al comienzo de la línea lateral (por debajo del primer radio de la aleta dorsal), en los ejemplares que miden menos de 20 cm de longitud puede faltar esta mancha típica. *Longitud*: máx 50 cm (longevidad: unos 15 años).
Distribución: Atlántico nororiental, desde Senegal, Madeira y las Azores hasta Irlanda, raramente más al norte, hasta la costa noruega y el mar del Norte, Mediterráneo. Principalmente en fondos fangosos a 150-700 m de profundidad; los alevines llegan en ocasiones a aguas someras, hasta unos 40 m de profundidad, en donde suelen habitar fondos rocosos y barcos hundidos.
Modo de vida: salvo en el Adriático y en las zonas de distribución septentrionales, se trata de una especie frecuente que a menudo se encuentra en bancos o en grupos numerosos; sobre su modo de vida, sin embargo, se conoce poco. Período de freza en invierno. *Alimentación*: crustáceos, entre otros.
Parientes: breca, *P. erythynus*, máx 60 cm, con color de fondo rojizo, sin mancha negra. Hocico puntiagudo, diámetro del ojo inferior a la longitud del hocico. Cavidades bucal y branquial negras. Aligote, *P. acarne*, máx 35 cm, con color de fondo rosado y una mancha negra en la inserción de las aletas pectorales. Hocico romo. Cavidad bucal dorada o anaranjada.

Sarpa salpa

aligote bogaraveo

Dentón

Dentex dentex

Características: cuerpo oval y aplanado por los lados, con cabeza grande y fuerte; perfil cefálico inclinado por la parte superior (los machos que han alcanzando la madurez sexual presentan una protuberancia carnosa sobre los ojos). Escamas pectinadas, 55-68 a lo largo de la línea lateral (*C. maroccanus* con 47-51 escamas en la línea lateral). Opérculo branquial sin espina, borde del preopérculo liso. Ojos pequeños situados en lo alto (el *D. macropthalmus* posee ojos muy grandes, 2 1/2 veces contenidos en la altura de la cabeza). Mandíbulas fuertes, sólo un poco extensibles. Dentadura: en las dos mandíbulas 4-6 dientes de captura fuertes y largos delante, detrás numerosos dientes homogéneos y más pequeños (no hay molares); vómer y hueso palatal sin dientes, aleta dorsal larga, no divida, con 11-13 radios espinosos y 11-12 estructurales (*D. gibbosus* con 3 radios espinosos muy largos). Aleta anal con 3 radios espinosos y 7-9 estructurales. Aletas pectorales con 1 radio espinoso y 5 estructurales. *Color*: dorso plateado con tonos azulados, con 4-5 oscuras bandas transversales difuminadas y pequeños puntos azules en los flancos (que empalidecen rápidamente tras la muerte); cara ventral de brillo plateado. Aletas pectorales rosadas; la parte de radios espinosos de las aletas dorsal y anal es gris verdosa, la de los radios estructurales transparente. Los individuos de edad avanzada a menudo son de un color liso de tono rojizo. *Longitud*: máx 1 m (máx 10 kg de peso).

Distribución: Atlántico nororiental, desde Senegal (muy raramente) y Madeira hasta Vizcaya; ocasionalmente también hasta la costa meridional de Gran Bretaña. Mediterráneo y (muy raramente) mar Negro. En fondos rocosos y con hierbas marinas, a 10-200 m de profundidad.

Modo de vida: nadador dinámico, los alevines formando grupos, permanece en la primavera junto a las costas, en invierno se dirige a regiones más profundas. Períodos de freza desde marzo hasta mayo. Tamaño de los huevos: 1-1,2 mm. Los alevines son de color amarillo verdoso hasta los 2,3 mm, después verde grisáceo, a partir de los 20 cm adoptan el color propio de los ejemplares jóvenes con las 4-5 bandas oscuras transversales. *Alimentación*: calamares, alevines.

Chopa

Spondyliosoma cantharus

Características: cuerpo de dorso alto, aplanado por los lados; los machos adultos casi en forma de disco, con la parte de la frente cóncava, los alevines (hasta unos 15 cm de longitud), por el contrario, presentan la zona frontal convexa y el hocico puntiagudo. Boca pequeña e ínfera, sin llegar hasta el borde anterior de los ojos. Dentadura: 1 hilera de dientes en cada mandíbula; dientes pequeños, puntiagudos, ligeramente curvados; los anteriores algo más grandes; vómer y hueso palatal sin dientes. Aleta dorsal larga, no dividida, con 11 radios espinosos y 12-13 estructurales. Aleta anal con 3 radios espinosos y 9-11 estructurales. Aletas pectorales con 1 radio espinoso y 5 estructurales. *Color*: muy diferente según la edad. Los alevines hasta los 20 cm de longitud: dorso entre gris y amarillo. Flancos con un brillo plateado, con numerosas líneas longitudinales nítidas que se interrumpen; aletas a veces con manchas blancas, aleta caudal con un ancho ribete oscuro. Los individuos adultos; entre gris oscuro y azulado, a menudo con 6-9 bandas transversales sobre los flancos. Los machos son casi negros durante el período de freza, con una banda verde azulado irisada entre los ojos. *Longitud*: máx 50 cm.

Distribución: Atlántico oriental, desde las islas Orcadas hasta Marruecos, Madeira, las Azores y, hacia el sur, hasta Angola; en el mar del Norte no son frecuentes, Mediterráneo y (muy raramente) mar Negro. En el Mediterráneo en fondos arenosos y prados de vegetación marina por debajo de los 15 m de profundidad, en las costas europeas del Atlántico a menudo se encuentran también en fondos rocosos y cerca de barcos hundidos.

Modo de vida: las chopas pertenecen a las pocas especies de esta familia que dejan sus huevos en el suelo. El período de freza se prolonga desde abril hasta mayo. El macho sigue a la hembra para buscar un lugar en donde frezar y cava con su aleta cuadal un hoyo oval en la arena, donde la hembra deja una capa de huevos ligeramente adherentes. Período de incubación unos 9 días, bajo el cuidado del macho. Los alevines permanecen cerca del nido hasta que alcanzan una longitud de 7-8 cm. *Alimentación*: pequeños animales del fondo.

dentón

chopa

Chucla
Spicara maena

Características: cuerpo parecido al de los espáridos, de dorso bastante alto. Distancia entre la punta del hocico y el borde del opérculo branquial inferior a la altura máxima del cuerpo (aunque las proporciones del cuerpo son muy diferentes según la edad y el sexo). Perfil cefálico cóncavo sobre los ojos. Mandíbulas blandas, muy extensibles, con dientes diminutos, 70-75 escamas a lo largo de la línea lateral. Aleta dorsal larga, bastante alta (sin curvatura) con 11 radios espinosos y 12 estructurales. Aleta anal con 3 radios espinosos y 10 estructurales. Aletas pectorales largas y puntiagudas. Aleta ventral fuerte; borde posterior de la aleta caudal bifurcado. *Color*: diferente según la edad, el sexo y la época del año. Las aletas dorsal, caudal y anal azul amarronado, con puntos azules irregulares; aletas pectorales de color amarillo amarronado. Los machos adultos presentan con frecuencia bandas brillantes azules en la cabeza. Siempre una mancha rectangular en el centro del flanco que ocupa en los alevines 2 escamas de alto y 7-8 de largo, y en los adultos 3 escamas de alto y 6-7 de largo. *Longitud*: hembras hasta 21 cm, machos hasta 24 cm.
Distribución: Atlántico nororiental, desde las islas Canarias y Marruecos hasta Portugal, Mediterráneo y mar Negro. En las regiones litorales en fondos fangosos y junto a praderas de vegetación marina.
Modo de vida: pez gregario que permanece fiel a su hábitat, suele aparecer en grandes grupos en los lugares que le resultan apropiados para vivir. Período de freza a finales de verano. El macho cava a 10-20 m de profundidad un hoyo circular en el fondo de arena en el que la hembra pone los huevos. Los huevos adherentes se fijan al fondo y son fertilizados por el macho. *Alimentación*: pequeños animales del fondo.

Picarel
Spicara smaris

Características: cuerpo similar al de los espáridos (más pequeños que el de la *S. maena*). Distancia entre la punta del hocico y el borde del opérculo branquial menor que la altura máxima del cuerpo. Perfil cefálico recto o algo cóncavo sobre los ojos. Hocico en punta; mandíbulas blandas, muy extensibles (mandíbula superior algo prominente), están ocupadas por dientes diminutos. 80-94 escamas a lo largo de la línea lateral. Aleta dorsal larga, de altura uniforme, alta (sin curvatura), su altura en relación a la del cuerpo varía con la edad y el sexo, con 11 radios espinosos y 11-12 estructurales. Aleta anal con 3 radios espinosos y 8-10 estructurales. Aletas pectorales largas y delgadas, aletas ventrales fuertes; borde posterior de la aleta caudal bifurcado. *Color*: varía según la edad, el sexo y la época del año. El dorso suele ser gris azulado o amarronado. Cara ventral plateada. Puntos azules en varias líneas longitudinales a lo largo de los flancos. Aletas amarillentas o grises. Los machos con una hilera de manchas azules a lo largo del centro de la aleta anal, así como una banda transversal por la aleta caudal. Siempre presentan una mancha oscura rectangular en medio de los flancos. *Longitud*: hembras hasta 15 cm, machos hasta 20 cm.
Distribución: Atlántico nororiental, desde las islas Canarias y Marruecos hasta el sur de Vizcaya, Mediterráneo y mar Negro. En zonas litorales, en fondos de hierbas marinas o fangosos, hasta unos 100 m de profundidad.
Modo de vida: peces gregarios que viven cerca del fondo y que se reúnen en grandes grupos cuando es el período de freza, en los últimos meses de invierno. Su biología todavía es poco conocida.

chucla

picarel

Corvina
Argyrosomus regius

Características: cuerpo alargado y delgado con hocico redondeado. Boca ancha. Mandíbula inferior algo prominente, dientes pequeños y puntiagudos. Grandes escamas pectinadas finas (en la cabeza un poco más pequeñas), 50-55 a lo largo de la línea lateral, que se prolonga hasta la aleta caudal. Eje de la cola alto, 2 aletas dorsales separadas por una incisión, la primera con 9-10 radios espinoso, la segunda el doble de larga y con 1 radio espinoso y 27-29 estructurales. Borde posterior de la aleta caudal casi recto. Otolitos muy grandes, más grandes que en las demás especies (a menudo se emplean en joyería). Vejiga natatoria fuertemente desarrollada, ocupa casi la totalidad de la cavidad abdominal. *Color*: dorso gris plateado o marrón; flancos más claros con reflejos dorados o plateados; cara ventral de brillo plateado. Aletas más oscuras, grises o marrones. Cavidad bucal de color dorado; ocasionalmente con una mancha oscura en el opérculo branquial. *Longitud*: máx 2 m (más de 75 kg). Una de las especies mayores de los esciénidos; en la actualidad suelen pescarse sólo animales pequeños de 40 a 60 cm de longitud.
Distribución: Atlántico nororiental, desde Senegal hasta el sur de Inglaterra (raramente más al norte del canal de la Mancha, ocasionalmente se encuentran grandes ejemplares hasta el sur de Noruega), Mediterráneo y oeste del mar Negro. A profundidades medias, aunque también cerca de la superficie del agua; sobre todo alevines en las aguas salobres de lagunas y en las desembocaduras de los ríos (p ej, delta del Nilo).
Modo de vida: pez voraz que se desplaza en pequeños bancos, persigue a sus presas hasta las capas de aguas superficiales. En el período de freza las corvinas se reúnen cerca del litoral (en el sur del Mediterráneo, Africa occidental). *Alimentación*: peces gregarios (preferentemente de la familia de los arenques y mugílidos).

Corvallo
Sciaena umbra

Características: cuerpo fuerte y de dorso alto, con el hocico romo. Perfil cefálico redondeado. Boca ancha, casi horizontal, que llega hasta el borde posterior de los ojos. Escamas pectinadas grandes y finas (algo más pequeñas en la cabeza); línea lateral clara, que se prolonga hasta la aleta caudal. Eje de la cola alto, 2 aletas dorsales unidas por un finísimo pliegue cutáneo, la primera con 10 radios espinosos, la segunda con 1 radio espinoso y 23-25 estructurales, más del doble de larga que la primera. Aleta anal corta, con 2 radios espinosos (el segundo fuertemente desarrollado) y 7-8 radios estructurales. Borde posterior de la aleta caudal en los individuos jóvenes ligeramente hendido y en los adultos redondeado o recto. Otolitos muy grandes. Vejiga natatoria fuertemente desarrollada. *Color*: dorso y flancos marrón broncíneo con un brillo dorado; cara ventral más clara y con un brillo plateado. Todas las aletas son oscuras, aunque los radios espinosos de las aletas ventrales y de la anal tienen un resplandor blanco que se distingue claramente bajo el agua. *Longitud*: máx 70 cm.
Distribución: Atlántico nororiental, desde las aguas litorales de Senegal, Mauritania, Marruecos y las islas Canarias hasta la costa meridional de Portugal; poco frecuentes en el sur de Vizcaya. Mediterráneo, mar Negro y de Azov. Normalmente en aguas someras a 5-20 m de profundidad, en grutas y entre las rocas, muchas veces también en prados de vegetación marina.
Modo de vida: el corvallo suele formar pequeños bancos junto a sus refugios durante el día; permanece tranquilo y sólo mueve ligeramente su aleta caudal. Por la noche busca alimento. Período de freza en el Mediterráneo a finales de la primavera y durante los meses de verano. *Alimentación*: alevines, crustáceos y moluscos.

corvina

corvallo

Verrugato
Umbrina cirrosa

Características: cuerpo alargado y aplanado por los lados, con el hocico redondeado. Boca ancha y horizontal. Mandíbula superior prominente; dientes pequeños y puntiagudos. 1 barbillón grueso y carnoso en la punta de la mandíbula inferior. Escamas pectinadas delgadas y gruesas (algo más pequeñas en la cabeza), 50-60 a lo largo de la línea lateral que, siguiendo la curvatura dorsal, se prolonga hasta la aleta caudal. Eje de la cola alto, 2 aletas dorsales separadas por una hendidura, la primera con 10 radios espinosos, la segunda, corta, con 1 radio espinoso y 21-25 estructurales. Aleta anal corta, con 2 radios espinosos y 7 estructurales. Borde posterior de la aleta caudal casi recto. Otolitos muy grandes. Vejiga natatoria fuertemente desarrollada. *Color*: dorso y flancos de un tono claro plateado, con bandas inclinadas doradas y ribeteadas de marrón y violeta; cara ventral con brillo plateado. Borde posterior del opérculo branquial negro. *Longitud*: máx 1 m.
Distribución: Atlántico nororiental, desde Senegal (raramente) y Marruecos hasta Vizcaya, Mediterráneo, mar Negro y de Azov. A través del canal de Suez han llegado hasta el golfo de Suez/mar Rojo. Principalmente en fondos de arena y fangosos así como entre las rocas en regiones litorales. Los alevines, sobre todo, se encuentran también en lagunas de agua salobre y en las desembocaduras de los ríos. Por el contrario, los adultos de la especie próximamente emparentada *Umbrina canarensis* aparecen a profundidades de 50-300 m (con mayor frecuencia entre 160 y 180 m), sólo los alevines viven más en la cercanía de la costa. Esta especie se encuentra tanto en el Mediterráneo occidental como en el Atlántico oriental, desde Vizcaya hasta Angola.
Modo de vida: poco conocido. Pez solitario. Período de freza en el Mediterráneo en junio. *Alimentación*: gusanos, crustáceos y moluscos.

Anjora
Pomatomus saltator

Características: cuerpo alargado y aplanado por los lados. Boca ancha que llega hasta detrás de los ojos; mandíbula inferior prominente, dentadura fuerte. Escamas pequeñas, también en las mejillas y en el opérculo branquial, 95-106 a lo largo de la línea lateral, 2 aletas dorsales, la primera con 7-8 radios espinosos cortos, la segunda, mucho más alta, con 1 radio espinoso y 25-28 estructurales. Aleta anal con 1 radio espinoso y 25-27 estructurales; 2 espinas cortas por delante de la aleta anal. Aleta caudal grande y bifurcada. *Color*: dorso azul; los flancos toman un tono más claro y tienen un brillo plateado; cara ventral blanquecina. En la inserción de las aletas pectorales se encuentra una gran mancha negra. *Longitud*: máx 1,50 m (12 kg); en el Mediterráneo suelen medir entre 40 y 90 cm.
Distribución: en todos los mares tropicales y subtropicales (salvo en el Pacífico central y oriental) se extienden por todo el mundo; en el Atlántico oriental desde Portugal hasta Sudáfrica, Mediterráneo y mar Negro. En aguas libres a 10-200 m de profundidad.
Modo de vida: peces voraces agresivos y rápidos que a menudo capturan en grandes bancos cerca de la superficie del agua a otros peces gregarios. Persiguen a sus presas en sus migraciones, llegan hasta las aguas litorales y capturan allí incluso a peces de su mismo tamaño. Continúan matando a sus víctimas cuando ya han saciado su hambre. En sus expediciones de caza suelen dejar tras de sí un extenso rastro de cuerpos de peces desmenuzados y de nubes de sangre. Se sabe poco sobre sus lugares de freza; los alevines crecen en las cercanías de la costa. *Alimentación*: peces gregarios y calamares que formen bancos.

anjora

verrugato

Jurel
Trachurus trachurus

Características: cuerpo alargado, delgado y aplanado por los lados con el eje de la cola pequeño. Perfil cefálico casi recto. Ojos grandes, con párpados transparentes. Hocico puntiagudo; la boca ancha, inclinada hacia arriba llega hasta debajo de los ojos. Escamas redondas pequeñas y que se desprenden fácilmente; la línea lateral sigue el perfil del dorso hasta la segunda aleta dorsal para descender entonces hasta la mitad; está cubierta de 69-79 placas escamosas altas y con el borde posterior puntiagudo; un canal sensorial secundario desde el principio de la primera aleta dorsal hasta casi el final de la segunda aleta dorsal. 2 aletas dorsales, la primera corta, alta con 1 radio espinoso suelto y 8 unidos, la segunda muy larga, con 1 radio espinoso y 28-33 estructurales. Aleta anal larga, con 1 radio espinoso y 25-33 estructurales; por delante de la aleta anal se hallan 2 espinas cortas y sueltas. Aletas ventrales largas, que dobladas hacia atrás llegan hasta la aleta anal. Aleta caudal bifurcada. *Color*: dorso gris o verde azulado; flancos plateados con un brillo metálico; cara ventral blanquecina. Opérculo branquial con una pequeña mancha negra. *Longitud*: máx 40 cm.
Distribución: Atlántico (en el oeste desde Río de Janeiro hasta Argentina, raramente), en el este desde Trondheim/Noruega hasta Sudáfrica, mar del Norte, oeste del mar Báltico, Mediterráneo, mar Negro (raramente). En aguas libres, con frecuencia en fondos arenosos, a 10-100 m de profundidad; durante el invierno en capas más profundas (hasta los 500 m de profundidad).
Modo de vida: nadador rápido y muy diestro, normalmente en grandes bancos. Alcanza la madurez sexual al final del segundo año de vida. Período de freza desde noviembre hasta marzo (en el mar del Norte de mayo a junio). Los huevos (3.000-139.000, según el tamaño de la hembra) permanecen en el plancton. Las larvas y los alevines se encuentran en pequeños grupos bajo las medusas o entre las algas flotantes. *Alimentación*: plancton, crustáceos, calamares, pequeños peces gregarios.
Parientes: el *T. mediterraneus*, muy similar, posee 78-89 placas escamosas a lo largo de la línea lateral; el canal sensorial secundario termina bajo el 3-4 radio de la segunda aleta dorsal.

Pez limón
Seriola dumerii

Características: cuerpo alargado y aplanado por los lados con el eje de la cola pequeño. Perfil cefálico ligeramente arqueado. Ojos pequeños. Hocico largo y redondeado; boca ancha, casi horizontal, que llega hasta el borde anterior del ojo; mandíbula inferior algo prominente. 150-180 escamas redondas muy pequeñas a lo largo de la línea lateral, 2 aletas dorsales, la primera mucho más pequeña, con 6-8 radios espinosos, la segunda muy larga, con 34-39 radios estructurales los primeros de los cuales son alargados. Aleta anal larga, sin espinas libres, muy similar en su forma a la segunda aleta dorsal (parte anterior elevada), con 2 radios espinosos y 18-20 estructurales. Aleta caudal grande, con el borde posterior profundamente bifurcado. *Color*: dorso azul plateado o gris; flancos más claros, con brillo dorado; cara ventral blanca con reflejos plateados. Aleta caudal amarillenta. Tiras oscuras difuminadas desde el hombro hasta el ojo. Los alevines con un tono de fondo amarillo y tiras transversales oscuras; su margen ocular es amarillo vivo. *Longitud*: máx 2 m.
Distribución: en las regiones cálidas y templadas del Atlántico; en el Oeste desde el norte de los EUA hasta Brasil, en el este de Vizcaya hasta el golfo de Guinea (frecuentemente en la costa de Senegal), hacia el norte sólo raramente llegan a la costa meridional de Inglaterra, Mediterráneo.
Modo de vida: los peces limón suelen permanecer en grupos reducidos junto a las costas rocosas, en donde cazan pequeños peces gregarios. Período de freza durante los meses de primavera y de verano, según el área de distribución. Su biología todavía es poco conocida. *Alimentación*: crustáceos, calamares, alevines.
Parientes: la *S. rivoliana* aparece en el Atlántico occidental desde Carolina del Norte hasta Argentina y en el Atlántico oriental desde Madeira hasta Sudáfrica; la *S. zonata* se encuentra en el golfo de México y en el Caribe, aunque también aparece en el Atlántico oriental desde Portugal y Madeira hasta Sudáfrica.

pez limón
jurel

Pez piloto
Naucrates ductor

Características: cuerpo alargado y aplanado por los lados con el eje de la cola pequeño. Perfil cefálico ligeramente arqueado. Ojos grandes. Hocico redondeado; boca ancha, casi horizontal, que llega hasta debajo de los ojos. Escamas redondas muy pequeñas, también en las mejillas; línea lateral con una carena longitudinal sobre el eje de la cola. 2 aletas dorsales, la primera se compone, en los adultos, de 4-5 radios espinosos sueltos (es decir, no unidos por una piel de la aleta), la segunda muy larga, con 1 radio espinoso y 26-28 radios estructurales. Aleta anal con 2 radios espinosos cortos y sueltos y, a continuación, 1 radio espinoso y 16-18 radios estructurales. Aletas pectorales cortas, anchas, tan largas como las aletas ventrales. Aleta caudal grande con el borde posterior convexo. *Color*: azul grisáceo, con 5-7 tiras transversales de un negro azulado o amarronado (al alcanzar los alevines 36 mm), que también se prolongan sobre la segunda aleta dorsal y las aletas anales. *Longitud*: normalmente hasta 35 cm, en algunas ocasiones hasta los 70 cm.
Distribución: en todos los mares cálidos y tibios; en el Atlántico nororiental desde Marruecos, Madeira, las Azores y Vizcaya hasta el norte de las islas Británicas, Mediterráneo. En aguas libres.
Modo de vida: los peces piloto reciben este nombre porque, según la leyenda, conducen los tiburones hasta sus presas. Los alevines sobre todo se reúnen en pequeños bancos bajo las umbrelas de las medusas, partes de barcos hundidos y algas flotantes; los adultos suelen permanecer cerca de tiburones, mantas, grandes tortugas marinas y barcas. Período de freza durante los meses de otoño e invierno. Los huevos (1,3 mm de diámetro) y las larvas se arrastran con el plancton; existen varios estadios larvales, las larvas de 5-10 mm de longitud poseen una espina puntiaguda que les protege la cabeza (estadio *Xystophorus). Alimentación*: crustáceos planctónicos preferentemente, además de restos y residuos dejados por las presas de los tiburones.

Trachynotus ovatus

Características: cuerpo oval de dorso alto y aplanado por los lados con el eje de la cola corto y pequeño. Hocico corto y redondo; boca pequeña, ligeramente ínfera, que llega hasta casi detrás del borde anterior de los ojos; dientes pequeños, puntiagudos y en forma de cepillo. Escamas pequeñas y redondas, unas 127 a lo largo de la línea lateral que recorre el cuerpo casi en línea recta, 2 aletas pectorales, la primera (en los adultos) con 5-7 espinas cortas y sueltas (la primera de las cuales está orientada hacia delante), la segunda larga, con 1 radio espinoso y 24-25 radios estructurales. Aleta anal larga, con la misma forma que la segunda aleta dorsal, con 1 radio espinoso y 23-25 radios estructurales; 2 pequeñas espinas sueltas y cortas por delante de la aleta anal. Aletas ventrales pequeñas, claramente inferiores a las aletas pectorales. Aleta caudal profundamente bifurcada, con lóbulos puntiagudos. *Color*: dorso azulado o gris planteado; flancos y cara ventral plateados con un reflejo rosado, 4-6 manchas ovales, grises o negras, en los flancos. Las puntas de la segunda aleta pectoral y de las aletas caudal y anal son negras; las 2 aletas dorsales y la anal amarillentas. *Longitud*: máx 50 cm.
Distribución: Atlántico oriental, desde el golfo de Guinea y la costa de Senegal (frecuentemente), Marruecos, Madeira y las Azores hasta Vizcaya; hacia el norte hasta el canal de la Mancha, ocasionalmente hasta Escandinavia; Mediterráneo. En aguas libres, sólo raramente cerca de las costas, a profundidades medias.
Modo de vida: esta especie de migradores y fuertes nadadores vive normalmente en pequeños bancos. Su biología se conoce poco; período de freza durante los meses de verano. *Alimentación*: pequeños peces gregarios (p ej, sardinas).
Parientes: ***el palometón (Lichia amia)*** mide 1 m de largo como máximo, su hocico es grande y puntiagudo, las mandíbulas largas (llegan hasta el borde posterior del ojo) y su línea lateral forma ondulaciones. El *Capogramma glaycos*, máx 65 cm de longitud, con hocico redondo, mandíbulas largas (llegan hasta el borde posterior de los ojos) y línea lateral recta.

pez piloto

Trachynotus ovatus

Coryphaena hippurus

Características: cuerpo alargado, muy aplanado por los lados, con cabeza similar a la del delfín; el perfil de la frente se inclina más en vertical cuanto más viejo es el animal, el perfil cefálico de los machos adultos es casi vertical. Boca ancha; mandíbula inferior prominente; dientes afilados y curvados. Las pequeñas escamas dorsales están profundamente asentadas en la piel; línea lateral curvada por encima de la aleta pectoral. Aleta dorsal larga, se extiende desde la cabeza hasta casi llegar a la aleta caudal, con 55-65 radios estructurales. Aleta anal con 1 radio espinoso y 26-30 radios estructurales. Aleta caudal profundamente bifurcada. Sin vejiga natatoria. *Color*: dorso verde azulado, cara ventral blanco plateado, con un fuerte brillo dorado. Manchas oscuras y doradas. Aleta caudal amarilla, las otras suelen ser azules. *Longitud*: máx 1,90 m (unos 30 kg); las hembras suelen ser más pequeñas.

Distribución: muy extendidos en casi todos los mares tropicales y templados; Atlántico oriental, Mediterráneo. De una distribución similar, pero más escaso, es el *C. equiselis*, que aparece en la región europea del Atlántico hasta el mar del Norte y en el Mediterráneo; su dorso es más alto y el perfil cefálico menos vertical.

Modo de vida: pez de mares abiertos que emprende regularmente extensas migraciones; suele permanecer en las capas superiores del agua, también en compañía de otras especies de peces (p ej de peces piloto) o a la sombra de algas flotantes o de pequeños barcos. A la caza de peces voladores salta con frecuencia varios metros por encima del agua; por la noche es atraído por la luz. Período de freza desconocido; los huevos circulan libres por el agua. *Alimentación*: peces, calamares y crustáceos.

Palometa
Brama brama

Características: cuerpo oval, de dorso alto y muy aplanado por los lados, con el perfil cefálico pronunciadamente redondeado. Boca ancha, inclinada hacia arriba; mandíbula inferior prominente; dentadura fuerte. Los ojos se encuentran a la altura de la línea central del cuerpo. Escamas fuertes con un filete longitudinal sobre el cuerpo y las inserciones de las aletas, hocico sin escamas, 70-90 escamas a lo largo de la línea lateral. Aleta dorsal larga, borde anterior algo elevado, con 3-5 radios espinosos y 30-33 radios estructurales. Aleta anal con 2-3 radios espinosos y 27-28 radios estructurales. En su pariente próximo, el *palometón, Pterycombus brama*, las aletas dorsal y anal pueden rebatirse dentro de un surco longitudinal formado por escamas altas. Aleta pectoral muy larga; aleta caudal profundamente bifurcada. *Color*: dorso gris, marrón verdoso y azulado; flancos y cara ventral con un brillo plateado. Aletas pectorales y margen ocular dorados. Aletas dorsal y anal con un ribete oscuro. El brillo plateado desaparece muy rápidamente tras la muerte. *Longitud*: máx 70 cm (unos 6 kg).

Distribución: todavía se conoce poco el área de distribución total (también en el océano Pacífico y en el Índico). En el Atlántico nororiental, desde Madeira, España y Portugal hasta Noruega; canal de la Mancha, mar del Norte, Mediterráneo. Al norte de Vizcaya suele ser escasa; suele encontrarse durante los meses de otoño y de invierno algunos ejemplares (aunque algunos años su aparición es frecuente), individuos aislados se dirigen en otoño hasta el sur de Noruega y hasta Skagerrak. A profundidades de 100-400 m.

Modo de vida: pez pelágico que suele alimentarse preferentemente de pequeños peces de banco y de determinadas especies de calamares. La freza se realiza en aguas pelágicas a una temperatura de más de 20°C. Se han encontrado alevines en el Mediterráneo (a profundidades por debajo de los 2.700 m) y en el centro del Atlántico.

Coriféndos

Coryphaena hippurus

Brámidos

palometa

Cepola macrophthalma

Características: cuerpo acintado, muy largo y fino, cuya altura se reduce gradualmente hacia el eje de la cola. Cabeza pequeña con hocico romo; boca ancha e inclinada hacia arriba; dientes afilados curvados hacia el interior de igual forma en ambas mandíbulas. Ojos grandes, diámetro del ojo 1/3 de la longitud de la cabeza. Escamas muy pequeñas. Aleta dorsal larga, desde la cabeza hasta el eje de la cola, con 67-69 radios; aleta anal lago más corta, con 56-62 radios. Aleta caudal delgada con los radios prolongados en forma de filamentos. *Color*: dorso rojizo; el tono de los flancos más claro, con un brillo plateado; cara ventral anaranjada o amarilla. Aleta dorsal amarilla, con una gran mancha roja en el extremo anterior, aleta anal amarilla; aletas pectorales rosadas; aleta caudal rojiza. *Longitud*: normalmente 30-50 cm, raramente llegan a los 70 cm.

Distribución: Atlántico nororiental desde Senegal hasta las islas Británicas; oeste del canal de la Mancha, Mediterráneo, en el Mediterráneo oriental son más escasas y no se encuentran en el mar Negro. Normalmente sobre fondos fangosos, a 70-200 m de profundidad, en algunas ocasiones en fondos de hierbas marinas y de roca. Eventualmente, sobre todo cuando hay tormenta, esta especie también aparece en aguas someras.

Modo de vida: peces de fondo que se entierran en suelos blandos o se esconden en refugios y cuevas. Allí pasan la mayor parte del día; sólo al atardecer se vuelven activos y comienzan a perseguir a sus víctimas en aguas libres. Sobre su biología reproductora se sabe poco. *Alimentación*: preferentemente pequeños crustáceos planctónicos.

Castañola
Chromis chromis

Características: cuerpo oval, de dorso alto y aplanado por los lados, el eje de la cola presenta una ancha bifurcación. Boca en el extremo, pequeña e inclinada hacia arriba. Escamas muy grandes, 24-30 a lo largo de la línea lateral. Aleta dorsal larga, con 14 radios espinosos y 10-11 estructurales; la parte posterior con radios estructurales elevada. Aleta anal con 2 radios espinosos y 10-12 estructurales. *Color*: marrón oscuro los adultos, con unas escamas más claras que las otras. Los alevines de hasta 1 cm de largo presentan tiras luminosas con un brillo azulado en la cabeza. *Longitud*: máx 15 cm.

Distribución: Atlántico oriental, desde Portugal hasta Angola, Mediterráneo. Normalmente en fondos rocosos, cerca de la cola, raramente por debajo de los 25 m. Los alevines viven en las depresiones del suelo y grietas de las rocas protegidas, donde se pueden encontrar con frecuencia a finales de verano.

Modo de vida: una de las especies más frecuentes (y único representante de la familia de los *Percidae* muy extendida en aguas tropicales) en el Mediterráneo; se suele encontrar formando grandes bancos que casi no cambian de lugar. Período de freza desde junio hasta julio. Un banco formado por individuos de los dos sexos suele escoger, normalmente a 2-15 m de profundidad, una pendiente rocosa (ocasionalmente también una superficie de arena en aguas más profundas) como lugar donde desovar. Los machos intentan después, mediante coletazos y movimientos, atraer la atención de las hembras, que se mantienen en grupo cerca y sólo bajan ocasionalmente al lugar de freza antes de poner sus huevos, que fecundan los machos. Pasados unos 3 días, las hembras abandonan el lugar mientras que los machos permanecen allí para ocuparse de los huevos, alejando las impurezas con coletazos y enfrentándose y defendiéndolos de aquellos animales que se alimentan de larvas. *Alimentación*: animales planctónicos y alevines.

Cepólidos

Cepola macrophthalma

Pomacéntridos

castañola

Maragota
Labrus bergylta

Características: cuerpo largo, fuerte, tipo perca, con cabeza grande, alta y hocico largo. Labios gruesos y carnosos (¡nombre latino!). Mandíbulas muy extensibles; dientes fuertes y cónicos, 1 hilera en cada mandíbula, paladar sin dientes; los huesecillos faríngeos transformados por crecimiento en fuertes placas masticatorias. Borde del preopérculo liso, no dentado. Escamas redondas bastante grandes, 41-47 a lo largo de la línea lateral, que transcurre paralela a la línea dorsal, 1 aleta dorsal larga, no dividida, con 18-21 radios espinosos y 9-13 radios estructurales. Aleta anal con 3 radios espinosos y 8-12 estructurales. Con vejiga natatoria (como en todos los lábridos). *Color*: muy diferente según el hábitat, edad, madurez sexual y "carácter", sin embargo no existe en el color ninguna diferencia entre los individuos de distinto sexo, como en todos los lábridos. El tono de fondo suele ser verdoso o amarronado, a veces también rojizo; con frecuencia las escamas tienen una mancha clara; algunos ejemplares presentan una banda longitudinal clara a lo largo de los flancos. Aletas con puntos blancos. Los alevines suelen ser de color verde esmeralda. *Longitud*: máx 60 cm.

Distribución: Atlántico nororiental, desde Noruega y el norte de Escocia hasta la costa noroccidental africana; Azores, Madeira, islas Canarias, Mediterráneo occidental (aunque raramente). En fondos de cantos rodados y rocosos ricos en algas a 1-50 m de profundidad (normalmente 5-20 m).

Modo de vida: peces solitarios y activos sólo durante el día que por la noche duermen escondidos en cavidades y grietas. Los individuos de más edad se encuentran siempre junto a sus refugios, los alevines, por el contrario, aparecen también en las charcas dejadas por las mareas en las costas rocosas, sobre todo a comienzos del otoño; esta especie, sin embargo, es muy sensible a las bajadas bruscas de temperatura. Período de freza desde mayo hasta julio. Los machos construyen nidos (freza en el suelo). *Alimentación*: crustáceos pequeños y moluscos.

Gallano
Labrus bimaculatus

Características: cuerpo alargado parecido al de la perca, con cabeza y hocico largos. Boca ancha, con labios gruesos y abultados. Mandíbulas muy extensibles; dientes grandes y cónicos (los anteriores son los más grandes) en una hilera en cada mandíbula, paladar sin dientes; los huesecillos faríngeos se han transformado en fuertes placas masticatorias. El borde del preopérculo es liso. La línea lateral corre paralela a la línea dorsal; 50-60 escamas en la línea lateral; 1 aleta dorsal larga, que casi mantiene la misma altura en toda su extensión, con 16-19 radios espinosos y 11-14 radios estructurales. Aleta anal con 3 radios espinosos y 9-12 estructurales. *Color*: los individuos que han alcanzado la madurez sexual presentan notables diferencias en su color; los machos muestran una cabeza azul intenso y bandas longitudinales oscuras que se extienden también sobre los flancos amarillos o naranjas; sin manchas oscuras en el dorso; durante el período de freza aparece una mancha blanca sobre la frente. En las hembras el cuerpo es amarillo o naranja rojizo, con 3 manchas oscuras sobre el dorso (2 por debajo de la parte con radios blandos de la aleta dorsal, 1 sobre el eje de la cola, entre ellas suelen aparecer zonas blancas que son muy llamativas. *Longitud*: hembras máx 30 cm, machos máx 35 cm.

Distribución: Atlántico nororiental, desde Noruega y el norte de Escocia hasta Senegal, Madeira, las Azores, Mediterráneo. En costas rocosas ricas en algas sobre fondos de cantos rodados y de hierbas marinas, a 2-200 m de profundidad; sólo durante los meses de verano se encuentran en aguas someras, si no, suelen permanecer en zonas más profundas como las otras especies de lábridos.

Modo de vida: nadador enérgico que se mantiene activo durante el día y por la noche escondido en cavidades y grietas. Período de freza en verano. El macho construye un nido (freza en el fondo) en la zona donde vive y se encarga del cuidado de los huevos y de la incubación; los alevines se dirigen más tarde a las aguas someras del litoral. *Alimentación*: crustáceos, moluscos y también gusanos.

maragota

gallano

Labrus viridis

Características: cuerpo alargado (altitud del cuerpo inferior o igual a la longitud de la cabeza) con cabeza y hocico largos. Labios gruesos y carnosos. Mandíbulas muy extensibles; dientes cónicos, 1 hilera en cada mandíbula, paladar desprovisto de dientes; los huesos posteriores de la garganta transformados en fuertes placas masticatorias. Borde del preopérculo liso. Escamas redondas bastante gruesas, 41-49 a lo largo de la línea lateral, que presenta en la zona posterior un claro acodamiento hacia abajo, 1 aleta dorsal larga, no dividida, con 17-19 radios espinosos y 10-14 estructurales. *Color*: según el lugar donde habiten, la edad, la madurez sexual y el "carácter" puede ser muy diferente; en ocasiones totalmente verde con manchas esmeraldas; verde amarillento con una tira longitudinal blanca desde los ojos hasta el eje de la cola o entre el rojo vino y el naranja con tiras y manchas blancas. *Longitud*: máx 45 cm.
Distribución: Atlántico nororiental, desde Portugal hasta Marruecos; Mediterráneo. Cerca de las costas rocosas y en fondos de hierbas marinas, a 2-50 m de profundidad (los individuos de mayor edad por debajo de los 15 m).
Modo de vida: poco conocido; esta especie se suele encontrar en el fondo, yaciendo de costado, lo que permite su aproximación. Período de freza durante los meses de invierno y primavera. Como otras especies de lábridos tienen la posibilidad de cambiar de sexo: la mayoria de los ejemplares por debajo de los 27 cm de longitud son hembras, aquellos que miden más de 38 cm suelen ser machos. No se han comprobado, sin embargo, auténticos hermafroditas. *Alimentación*: pequeños animales de fondo de todo tipo, como gusanos, crustáceos (bellotas de mar, cangrejos) y pequeños mejillones y caracoles.

Merlo
Labrus merula

Características: cuerpo oval con una cabeza proporcionalmente pequeña (la altura máxima del cuerpo superior a la longitud de la cabeza) y hocico corto. Boca muy pequeña, con labios gruesos y abultados. Mandíbulas muy extensibles; dientes cónicos, 1 hilera en cada mandíbula, paladar sin dientes; los huesecillos faríngeos se han transformado en fuertes placas masticatorias. Borde del preopérculo liso. Escamas claramente visibles aunque muy pequeñas; la línea lateral transcurre paralela a la línea dorsal; 40-48 escamas en la línea lateral, 1 aleta dorsal larga, no dividida, con 17-19 radios espinosos y 11-14 estructurales. Aleta anal con 3 radios espinosos y 8-12 estructurales. Borde posterior de aleta caudal frecuentemente con una clara hendidura en el medio. *Color*: en el merlo el color de fondo es menos variable que en otras especies de lábridos; normalmente oliváceo o gris azulado, a veces con una mancha azul en cada escama. Aleta dorsal, caudal y anal ribeteadas de azul; las aletas pectorales suelen presentar radios entre amarronados y anaranjados. Durante el período de freza el color azul adquiere una especial intensidad. *Longitud*: máx 45 cm.
Distribución: Atlántico nororiental, desde la costa portuguesa hasta las aguas del noroeste de África (Marruecos, Senegal); Azores, Mediterráneo y mar de Mármara. Preferentemente en aguas litorales someras, cerca de arrecifes y fondos de hierbas marinas, a 2-50 m de profundidad.
Modo de vida: los merlos son peces "típicamente costeros"; no son nadadores rápidos y no se alejan nunca de sus refugios entre las rocas y la vegetación. Período de freza a finales de invierno y en primavera; los huevos suelen expulsarse en las hierbas marinas y los machos se encargan de su protección. *Alimentación*: equinodermos, moluscos, crustáceos y gusanos.

merlo

Labrus viridis

Vaqueta
Symphodus mediterraneus

Características: cuerpo alargado y oval con cabeza grande y hocico puntiagudo. Boca pequeña. Labios medianamente gruesos. Mandíbula superior algo más larga que la inferior, extensible; 2 grandes dientes coniformes inclinados hacia delante en cada mandíbula (en la inferior algo más pequeños), paladar sin dientes; los huesecillos faríngeos se han transformado en placas masticatorias. Borde del preopérculo dentado. Grandes escamas redondas, 30-35 a lo largo de la línea lateral, que transcurre paralela a la línea dorsal. 1 aleta dorsal larga y no partida, con 15-18 radios espinosos y 9-11 radios estructurales. Aleta anal con 3 radios espinosos y 8-12 estructurales. *Color*: los machos normalmente marrón rojizo (durante la época de freza rojo violáceo, con manchas y tiras azules irisadas), las hembras (y machos derrotados) entre marrón claro y un tono pálido, sin tiras longitudinales. Aparecen siempre 2 manchas nítidas oscuras, 1 en la inserción de la aleta pectoral y 1 en el eje de la cola por encima de la línea lateral (la primera mancha es azul oscuro en los machos con un ribete amarillo, en las hembras es marrón oscuro). Color de camuflaje: tiras transversales angulosas, finas y blancas. Papila genital en los machos negra, en las hembras blanca. *Longitud*: máx 15 cm.
Distribución: Atlántico nororiental, desde Portugal hasta Marruecos, Azores, Madeira, Mediterráneo, mar de Mármara, Bósforo. Aguas litorales, junto a arrecifes y fondos de hierbas marinas, a 1-50 m de profundidad (los alevines en aguas someras, para dirigirse en invierno y con una edad más avanzada, a capas más profundas).
Modo de vida: especie frecuente cuyo modo de vida, sin embargo, todavía es poco conocido; se encuentra buscando alimento normalmente con otras especies de *Symphodus*. Período de freza de mayo a junio. El macho construye un nido con trozos de algas sobre el que esparce arena y defiende enérgicamente los huevos, aunque no provoca corrientes de agua. *Alimentación*: pequeños animales de fondo.

Porredana
Symphodus melops

Características: cuerpo oval, algo alto de dorso, con cabeza grande y larga, hocico puntiagudo (altura del cuerpo superior a la longitud de la cabeza). Boca pequeña, labios gruesos carnosos. Mandíbulas muy extensibles; dientes puntiagudos, ligeramente curvados, distribuidos en 1 hilera en cada mandíbula, paladar sin dientes; los huesecillos faríngeos transformados en placas masticatorias. Borde del preopérculo dentado. Grandes escamas redondas, 31-37 a lo largo de la línea lateral, que transcurre paralela a la del dorso; 5-6 hileras de escamas en las mejillas (por debajo de los ojos), 1 larga aleta dorsal no dividida, con 14-17 radios espinosos y 8-11 estructurales. Aleta anal con 3 radios espinosos y 8-11 estructurales. *Color*: muy diferente según el sexo, madurez sexual y época del año. En los machos verde, marrón, rojizo o amarillo, con tiras de un azul intenso sobre el opérculo branquial; las hembras con manchas marrón oscuro. Junto al borde posterior del ojo resalta una mancha en forma de media luna de un negro azulado; es constante 1 mancha negra sobre o algo más abajo de la línea lateral, junto al eje de la cola, que a veces no se aprecia con claridad en los machos de tonos oscuros. *Longitud*: máx 25 cm (normalmente sólo hasta 16 cm).
Distribución: Atlántico nororiental, desde Marruecos y las Azores hasta las islas Británicas y el centro de Noruega; canal de la Mancha, mar del Norte, Skagerrak, Kattegat, Mediterráneo occidental (incluyendo el Adriático). En costas rocosas ricas en algas (también en las aguas dejadas por las mareas) y en praderas de vegetación marina, a 1-30 m de profundidad.
Modo de vida: la porredana es el representante de la familia de los lábridos que aparece con más frecuencia en el área septentrional; sólo en invierno se dirige a capas más profundas y es difícil dar con ella. Período de freza desde abril hasta julio. Los huevos se expulsan en nidos construidos con trocitos de algas. Los peces de 1 año miden entre 5 y 8 cm, los de 3 años, entre 14 y 15, alcanzando entonces la madurez sexual. *Alimentación*: pequeños crustáceos y moluscos.

vaqueta

porredana

Peto
Symphodus tinca

Características: cuerpo oval y aplanado por los lados con el perfil cefálico alargado (hendido encima de los ojos y ligeramente abombado por encima del hocico). Ojos pequeños (hocico 3-4 veces más largo que el diámetro de los ojos). Labios muy gruesos, salientes. Mandíbulas muy extensibles; dientes pequeños, casi cubiertos por un blando tejido cutáneo (8-24 en la mandíbula superior, 10 o más en la inferior), paladar desprovisto de dientes; los huesecillos faríngeos están transformados en placas masticatorias. Borde del peropérculo finamente dentado. Grandes escamas redondas, 33-38 a lo largo de la línea lateral; 5 hileras de escamas sobre las mejillas, 1 aleta dorsal larga, no dividida, con 14-16 radios espinosos y 10-12 estructurales; aleta anal con 3 radios espinosos y 8-12 estructurales; la parte de la aleta dorsal y de la anal en la que se encuentran los radios blandos es mucho más alta que la provista de radios espinosos. *Color*: muy variable, normalmente verde oliva tirando a amarillo, con lunares rojos y azules que en los flancos se distribuyen en bandas longitudinales. Mancha oscura en la inserción de la aleta ventral y en la base de la aleta caudal. Una banda oscura entre los ojos. Las hembras y los machos (estos últimos vencidos) con 2 bandas longitudinales marrón oscuro a cada lado. *Longitud*: las hembras hasta 25 cm y los machos hasta 33 cm (es la especie de *Symphodus* de mayor tamaño).
Distribución: Atlántico nororiental, desde la costa septentrional de España hasta Marruecos, Mediterráneo y mar Negro (uno de los lábridos más frecuentes en el Adriático y el Tirreno). Aguas litorales, junto a rocas y fondos de hierbas marinas, a 1-50 m de profundidad.
Modo de vida: especie algo asustadiza cuyos machos, contrariamente a las demás especies de *Symphodus*, no construyen ningún nido. Período de freza desde mayo hasta junio. Sólo los machos grandes tienen acceso a una zona determinada en la cual la hembra, normalmente en una roca cubierta de algas, deja sus huevos; los machos, aunque no provocan corrientes de agua sobre los huevos, los vigilan y defienden contra los ataques de otros animales que se alimentan de ellos. *Alimentación*: pequeños animales del fondo.

Symphodus roissali

Características: cuerpo oval de dorso alto con cabeza larga y hocico puntiagudo (la altura máxima del cuerpo está contenida 3-3 1/2 veces en la longitud del cuerpo). Boca pequeña con labios salientes. Mandíbulas extensibles; dientes coniformes, 10-12 en la mandíbula superior, 10-16 en la inferior, paladar sin dientes; los huesecillos faríngeos están transformados en placas masticatorias. Borde del preopérculo finamente dentado. Escamas redondas muy grandes, 30-33 a lo largo de la línea lateral, que transcurre paralela a la del dorso hasta el último radio de la aleta dorsal para, después, curvarse hacia abajo y seguir horizontal sobre el eje de la cola; 4 hileras de escamas sobre las mejillas, 1 aleta dorsal larga, no dividida, con 14-15 radios espinosos y 9 estructurales. Aleta anal con 3 radios espinosos y 8-9 estructurales. *Color*: muy variable, en la mayoría de los casos con grandes manchas oscuras. Los machos que han alcanzado la madurez sexual poseen 3 tiras longitudinales rojas, labios rojos, opérculo branquial a rayas de un verde azulado y margen ocular rojo rubí; las hembras, de tonos marrones o verdosos, presentan manchas negras tirando a marrón, también en la cara ventral, de un amarillo latón, con la papila genital coniforme en azul claro. *Longitud*: máx 15 cm.
Distribución: Atlántico nororiental, desde la costa septentrional de España hasta Gibraltar, Mediterráneo y mar Negro. En la zona de rompiente de las costas rocosas y en las rocas de los fondos de hierbas marinas, a 1-30 m de profundidad.
Modo de vida: lábrido algo asustadizo que se encuentra raramente nadando y que en caso de peligro desaparece rápidamente entre las hierbas y las grietas de las rocas. Período de freza de abril a junio. Sólo los grandes machos construyen en su zona de hábitat varios nidos (un túmulo semiesférico cerca del fondo realizado con trozos de plantas y con un agujero) y los vigilan; hasta el momento de la eclosión los machos producen corrientes de agua sobre los huevos. *Alimentación*: pequeños animales del fondo.

peto

Symphodus roissali

Bodión
Symphodus cinereus

Características: cuerpo alargado y oval con cabeza larga (la altura del cuerpo es casi la misma que la longitud de la cabeza). Boca pequeña, labios carnosos. Mandíbulas extensibles; 20-28 dientes en la mandíbula superior (los anteriores dirigidos hacia delante), 28 dientes en la mandíbula inferior, paladar sin dientes; los huesecillos faríngeos están transformados en placas masticatorias. Borde del preopérculo finamente dentado. Grandes escamas redondas, 31-35 a lo largo de la línea lateral que transcurre casi recta hasta la mitad superior del eje de la cola, 2 hileras de escamas sobre las mejillas, 1 dorsal larga y no dividida, con 12-15 radios espinosos y 9-11 radios estructurales. Aleta anal con 3 radios espinosos y 8-10 estructurales. *Color*: normalmente marrón arena, también gris ceniza, amarillento o verdoso. Los machos que han alcanzado la madurez sexual presentan tiras de un verde azulado junto al opérculo, mancha negra sobre las aletas pectorales, aletas dorsal y anal ribeteadas de azul; margen ocular rojo cobrizo. Hembras; gris amarronado, con 2 tiras longitudinales marrones, sin dibujos de color en el opérculo, en el período de freza con papilas genitales negras de 4-5 mm de longitud. Ambos sexos muestran una mancha negra en la base inferior de la aleta caudal y en la inserción de los primeros radios espinosos de la aleta dorsal. *Longitud*: máx 16 cm.

Distribución: Atlántico nororiental, desde Vizcaya hasta Gibraltar; Mediterráneo. Sobre y junto a praderas de vegetación marina, preferentemente en lagunas y bahías de aguas someras, a 1-20 m de profundidad.

Modo de vida: período de freza de mayo a junio. El macho construye en el fondo de arena un nido de trozos de algas que se adhieren entre sí y sobre el que esparce arena; defiende los huevos y produce corrientes de agua con ayuda de las aletas pectorales. *Alimentación*: pequeños crustáceos y moluscos.

Parientes: tordo de roca, *S. ocellatus* (con una mancha ribeteada de rojo sobre el opérculo branquial); *S. melanocerus* (con una banda transversal ancha y negra sobre la aleta caudal).

Symphodus rostratus

Características: cuerpo alargado con perfil cefálico hendido y hocico muy largo y puntiagudo. Boca pequeña con labios finos y delicados. Mandíbulas muy extensibles; 1 hilera de dientes pequeños y puntiagudos en cada mandíbula, paladar sin dientes; los huesecillos faríngeos están transformados en placas masticatorias. El borde del preopérculo finamente dentado. Grandes escamas redondas, 30-35 a lo largo de la línea lateral que transcurre paralela hasta el último radio de la aleta dorsal para, después, hundirse bruscamente y seguir horizontal hasta el eje de la cola, 1 larga aleta dorsal, no dividida, con 14-16 radios espinosos y 9-12 estructurales. Aleta anal con 3 radios espinosos y 9-11 estructurales. *Color*: variable, aunque la diferencia de color entre los individuos de distinto sexo no es muy considerable; amarronado, negruzco o verdoso; los machos que han llegado a la madurez sexual tienen a veces tonos rojizos, las hembras en el período de freza muestran la cara ventral de un amarillo latón. Machos y hembras con grandes papilas genitales en una mancha negra alrededor del orificio anal, que en las hembras es grande y con forma de corazón y en los machos mucho más pequeña. *Longitud*: máx 12 cm.

Distribución: Mediterráneo y mar Negro. Aguas litorales, cerca de arrecifes y de praderas de vegetación marina, a 1-20 m de profundidad (normalmente por debajo de los 15 m).

Modo de vida: lábrido frecuente que suele encontrarse en el área de distribución septentrional durante los meses de verano (a partir de julio), en las costas rocosas, con frecuencia como acompañante (solos o en parejas) de un peto más grande; suele nadar con la cabeza de costado. En el período de freza el macho cava con la boca una depresión en la arena con una pared frontal en la que coloca trocitos de algas y vuelve a recubrir con arena; de este modo construye un nido semiesférico en el que la hembra deposita los huevos. El macho se encarga del cuidado de los huevos y se encarga de producir corrientes de agua hasta su eclosión. *Alimentación*: principalmente pequeños crustáceos (p ej gambas y camarones).

bodión

Symphodus rostratus

Falsa vieja
Centrolabrus exoletus

Características: cuerpo oval, con el dorso bastante elevado en la edad adulta, cabeza corta y hocico puntiagudo y corto. Boca pequeña, llega casi hasta la mitad de la distancia entre la punta del hocico y el borde anterior de los ojos, labios gruesos y carnosos. Mandíbulas extensibles, con una hilera de dientes coniformes, paladar sin dientes; los huesecillos faríngeos transformados en placas masticatorias. El borde del preopérculo dentado en la parte posterior e inferior. Grandes escamas redondas, 33-37 a lo largo de la línea lateral, que se hunde fuertemente por debajo de la zona con radios blandos de la aleta dorsal. Aleta dorsal larga y baja, con 18-20 radios espinosos y 5-7 radios estructurales. Aleta anal con 4-6 (normalmente 5) radios espinosos y 6-8 estructurales. *Color*: dorso normalmente marrón rojizo, manchas marrón amarillento, cara ventral con un brillo plateado. En el período de freza aparecen en el dorso y flancos de los machos unas manchas azules irisadas y 2 rayas azul intenso desde el ojo hasta el ángulo de la boca. *Longitud*: máx 18 cm.
Distribución: Atlántico nororiental, desde Groenlandia y Noruega hasta Portugal; ausentes en la zona meridional del mar del Norte. (Una especie próximamente emparentada, *C. trutta*, se encuentra en las aguas litorales, junto a los arrecifes y fondos de hierbas marinas de las Azores, islas Canarias y Madeira.) Los habitantes de los algares suelen encontrarse entre rocas, algas y en zonas de hierbas, por debajo del área de las mareas.
Modo de vida: aunque aparece con frecuencia, la biología de este lábrido es muy poco conocida. Período de freza durante los meses de verano; los huevos se depositan en las algas. *Alimentación*: pequeños animales del fondo.
Parientes: la especie próximamente emparentada *Cantholabrus palloni* aparece en aguas litorales (sobre fondos rocosos y de arena, a 60-250 m de profundidad) desde Noruega hasta el cabo López/África occidental, alrededor de Madeira, las Azores y las islas Canarias, así como en el Mediterráneo occidental. Rasgos distintos: mancha delgada y negra en la zona de transición entre los radios espinosos y los estructurales de la aleta dorsal.

Tabernero
Ctenalaburs rupestris

Características: cuerpo alargado y delgado con cabeza larga y hocico puntiagudo. Boca pequeña con dientes delgados. Mandíbulas muy extensibles; 2 hileras de dientes en cada mandíbula, los anteriores arqueados ligeramente hacia delante; paladar sin dientes; los huesecillos faríngeos están transformados en placas masticatorias. Borde posterior del preopérculo finamente dentado, borde inferior liso. Grandes escamas redondas, 34-40 a lo largo de la línea lateral, que transcurre paralela a la línea del dorso. 1 aleta dorsal larga y de altura uniforme, con 16-18 radios espinosos y 8-10 estructurales. Aleta anal con 3 radios espinosos y 7-10 estructurales. Sin papila genital. *Color*: los individuos adultos con un fondo rojizo o amarronado y unas 10 tiras longitudinales punteadas a los flancos; bandas más oscuras desde la mandíbula superior hasta el borde inferior del ojo, por encima es frecuente una banda clara; los alevines son de color marrón claro o verde claro. Presentan siempre una llamativa mancha negra oval en el extremo superior del eje de la cola y 2 en la base del primer radio espinoso de la aleta dorsal. *Longitud*: máx 18 cm.
Distribución: Atlántico nororiental, desde Noruega hasta Marruecos; canal de la Mancha, Mediterráneo y mar Negro. Aguas litorales, cerca de rocas con algas y praderas de vegetación marina, a 1-50 m de profundidad (normalmente 6-10 m).
Modo de vida: lábrido frecuente en el Atlántico que posiblemente migra en invierno a capas más profundas. Alcanza la madurez sexual con una longitud de 15-18 cm al final del segundo año de vida. Período de freza durante los meses de verano; los huevos, de aproximadamente 1 mm, son transparentes como el cirstal y los alevines permanecen en el plancton. Se supone que los progenitores mueren después de la freza. *Alimentación*: pequeños animales de fondo (gusanos, crustáceos y moluscos).
Parientes: ***Lappanella fasciata (=C. iris)*** aparece a 100-200 m de profundidad en zonas rocosas del Mediterráneo occidental (incluido el Adriático), así como en Madeira. Rasgos distintivos: en ambos lados de la mandibula superior 1 fuerte diente de captura).

falsa vieja

tabernero

Doncella
Coris julis

Características: cuerpo alargado y bajo, con hocico largo y puntiagudo. Boca pequeña con labios anchos y carnosos. Mandíbulas extensibles; en cada mandíbula 1-2 hileras de dientes pequeños y puntiagudos, los anteriores ligeramente inclinados hacia adelante, paladar sin dientes; los huesecillos faríngeos transformados en placas masticatorias. Borde del preopérculo liso. Escamas redondas muy pequeñas, 73-80 a lo largo de la línea lateral, que desciende bruscamente en la parte posterior; mejillas sin escamas. 1 aleta dorsal larga y de altura uniforme, con 9 radios espinosos y 12 estructurales; los 3 primeros radios espinosos se alargan en los machos.1 aleta anal larga, con 3 radios espinosos y 11-12 estructurales. *Color*: los machos adultos presentan una mancha negra al comienzo de la aleta dorsal, una banda naranja en zigzag a lo largo de los flancos y una mancha negra detrás de las aletas ventrales. Las hembras y alevines muestran una mancha azul sobre el borde del opérculo y una banda longitudinal clara desde la punta del hocico hasta la aleta caudal; también se encuentran frecuentemente formas intermedias en cuanto al colorido, las llamadas fases intermedias que corresponden al cambio de sexo de hembra a macho. *Longitud*: hembras hasta 18 cm, machos hasta 25 cm.

Distribución: Atlántico nororiental, desde la costa occidental de África, las islas Canarias, Madeira y las Azores hasta Vizcaya; también en el canal de la Mancha como visitante errático y, ocasionalmente, llega incluso hasta el sur de Escandinavia. Área mediterránea y región meridional del mar Negro. Cerca de costas rocosas con algas y en praderas de vegetación marina, a 1-120 m de profundidad.

Modo de vida: nadador dinámico, este lábrido suele aparecer en pequeños grupos y circular continuamente cerca de las costas buscando alimento; al comienzo del atardecer se entierra en la arena con ayuda de unos enérgicos coletazos para pasar allí la noche. Período de freza durante los primeros meses del verano. Los huevos contienen una bola de aceite gracias a lo cual se mueven libres por el agua. Período de incubación 1-2 días. *Alimentación*: pequeños crustáceos y moluscos.

Fredí
Thalassoma pavo

Características: cuerpo oval y fuerte, con hocico romo. Boca pequeña con labios anchos. Mandíbulas extensibles; en cada mandíbula se encuentra sólo 1 hilera de dientes pequeños y puntiagudos, los 2 anteriores (arriba y abajo) desarrollados como caninos, paladar desprovisto de dientes; los huesecillos faríngeos están transformados en placas masticatorias. Escamas redondas grandes, 26-31 a lo largo de la línea lateral, que transcurre paralela a la del dorso hasta el 10-11 radio blando de la aleta dorsal en donde, tras una brusca bajada, prosigue horizontal hasta el eje de la cola. 1 aleta dorsal larga y baja, con 8 radios espinosos y 12-13 estructurales. Aleta anal con 3 radios espinosos y 10-12 estructurales. Aleta caudal con el borde posterior recto en los alevines y con los extremos superior e inferior alargados en los adultos, sobre todo en los machos. *Color*: machos adultos con una banda transversal roja y azul desde el extremo anterior de la aleta dorsal hasta la aleta ventral, manchas verdes, la cabeza en un tono rojo oscuro con líneas azules. Las hembras y los alevines tienen un color de fondo verde musgo, tiras transversales claras y una mancha negra por debajo de la aleta dorsal (aproximadamente en el centro del cuerpo). *Longitud*: máx 20 cm.

Distribución: Atlántico nororiental, desde la costa occidental de África (Guinea), islas Canarias, Madeira y las Azores, hasta Vizcaya; Mediterráneo. Cerca de costas rocosas con algas y sobre fondos de hierbas, a 1-150 m de profundidad; en la zona de distribución septentrional sólo se encuentran en los meses de verano.

Modo de vida: lábrido colorido y vivaz, que sólo está activo durante el día y por la noche (posiblemente también en caso de peligro) se entierra en la arena. Las hembras pueden transformarse, posiblemente mediante el aumento de temperatura del agua, en machos; se encuentran con frecuencia en fase de transición. Período de freza en verano; los huevos circulan libres por el agua. *Alimentación*: pequeños animales del fondo de todo tipo.

fredí

doncella

Galán
Xyrichthys novacula

Características: cuerpo alto, muy aplanado por los lados, con el perfil cefálico muy recto y ojos pequeños. Boca pequeña e ínfera con labios delgados. Mandíbulas extensibles; en cada mandíbula 1 hilera de pequeños dientes puntiagudos, a la que siguen por detrás pequeños molares; 2 grandes caninos en cada mandíbula en posición anterior, por lo que los de la inferior son visibles también cuando la boca está cerrada. Paladar sin dientes; los huesecillos faríngeos transformados en placas masticatorias. Borde del preopérculo liso. Grandes escamas redondas, 24-29 a lo largo de la línea lateral, que transcurre paralela a la del dorso hasta el último radio de la aleta dorsal y desciende después para continuar horizontalmente más abajo, por 2 hileras de escamas, sobre el eje de la cola. 1 larga aleta dorsal, la parte de radios espinosos (9-10) más baja que la de radios estructurales (11-12). Larga aleta anal, con 3 radios espinosos y 11-13 estructurales. Aleta caudal corta, con el borde posterior redondeado. *Color*: gris verdoso en los machos; rojizo en las hembras con líneas azules en las escamas y tiras verticales azules en la cabeza, las aletas dorsal, caudal y anal rosadas con líneas y manchas azules, aletas pectorales y ventrales amarillas. Sobre un fondo claro de arena los individuos de ambos sexos adquieren un color muy pálido. *Longitud*: máx 30 cm.

Distribución: en la zona tropical y subtropical del Atlántico, en el oeste, desde Carolina del Norte/EUA hasta Brasil, en el este, desde el sur de España hasta el golfo de Guinea; Azores, Madeira, islas Canarias, Santa Elena, Mediterráneo. En aguas someras, sobre fondos arenosos y fangosos, a 1-50 m de profundidad (normalmente 5-15 m).

Modo de vida: lábridos asustadizos que suelen presentarse en solitario y, en momentos de peligro, se entierran a toda velocidad, y con la cabeza por delante, unos 20 cm (o más) en el fondo arenoso o en sus refugios para huir. Período de freza en verano; los huevos (0,6 mm) permanecen en el plancton. Las larvas, que en la eclosión miden 1,6 mm de longitud, adoptan la constitución corporal típica de la especie con 3-6 cm. *Alimentación:* pequeños animales del fondo.

Pez loro o vieja colorada
Sparisoma cretense

Características: cuerpo alargado, oval, aplanado lateralmente, con cabeza grande y hocico romo. Ojos en posición alta. Boca pequeña, en el extremo, con labios carnosos; mandíbula superior ligeramente arqueada hacia delante; dientes en las mandíbulas formando una especie de "pico de loro". Huesecillos faríngeos transformados en fuertes placas masticatorias. Escamas redondas muy grandes, 23-25 a lo largo de la línea lateral; 1 hilera de escamas en cada mejilla. Aleta dorsal larga, con 10 radios espinosos y 10 estructurales. Aleta anal con 2 radios espinosos y 10 estructurales. *Color*: se conocen 2 tipos de coloración que probablemente correspondan al macho y a la hembra; cuerpo gris, con una gran mancha negra por detrás del opérculo branquial (probablemente los machos), cuerpo rojo con una gran mancha gris en el hombro, y una gran mancha amarilla sobre el opérculo branquial y sobre el eje de la cola (probablemente la hembra). Margen ocular, amarillo. *Longitud*: normalmente alrededor de los 30 cm, raramente llegan a los 50 cm.

Distribución: Atlántico nororiental, desde Portugal, las Azores y Madeira hasta las islas Canarias, a lo largo de la costa occidental africana hasta Senegal. Mediterráneo, con mayor frecuencia en la parte oriental (en el Egeo esta especie ya era conocida por los antiguos y muy estimada culinariamente). Aguas someras, normalmente en costas rocosas, aunque también en praderas de vegetación marina.

Modo de vida: el pez loro es el único representante en el Mediterráneo de la familia de los escáridos, de los cuales se encuentran muchas especies en los trópicos. Se suele encontrar en pequeños grupos de 3 o 4 individuos. No es un nadador rápido y "boga" por el agua, salvo en caso de peligro, mediante golpes simultáneos de las aletas pectorales. Se desconoce el modo en que se reproduce. *Alimentación*: algas y pequeños animales que arrancan con su fuerte "pico" del fondo y trituran con sus placas masticatorias.

Lábridos

galán

Escáridos

pez loro

Araña
Trachinus draco

Características: cuerpo largo, bajo y aplanado por los lados, con cabeza grande y ancha, boca inclinada hacia arriba. Los ojos, en la posición superior de la cabeza, están orientados hacia arriba; 1 pequeña espina en la parte anterior del borde superior del ojo. 1 espina venenosa fuerte y larga en el opérculo branquial. 2 aletas dorsales, la primera corta, con 5-7 espinas venenosas fuertes, la segunda, muy larga, con 29-32 radios estructurales. Aleta anal muy larga, con 2 radios espinosos y 28-34 estructurales. Aletas ventrales en posición muy anterior. Vejiga natatoria rudimentaria. *Color*: dorso marrón amarillento, cara ventral más clara; flancos con tiras transversales finas y oscuras. La primera aleta dorsal con un borde negro. *Longitud*: normalmente 20-30 cm, máx 42 cm.
Distribución: Atlántico nororiental, desde Noruega, mar del Norte y Kattegat hasta la costa occidental de África (Marruecos) y Madeira. Mediterráneo y mar Negro. Frecuentemente en fondos arenosos y fangosos desde los 5 m de profundidad (raramente) hasta los 15 (durante los meses de verano), en invierno hasta los 150 m.
Modo de vida: pez de fondo solitario; durante el día se entierra en la arena hasta los ojos y las espinas venenosas de la primera aleta dorsal para acechar a sus presas, en cuanto advierte la presencia de una víctima a una distancia apropiada, se adelanta con vigorosos coletazos y la atrapa en un abrir y cerrar de ojos. Por las noches también se lo puede encontrar en pequeños grupos en aguas libres. Períodos de freza de junio a agosto. Los huevos, de 1 mm, permanecen en el plancton. *Alimentación*: cisquillas y pequeños peces de fondo.

Víbora
Trachinus radiatus

Características: cuerpo largo, bajo y aplanado por los lados, con la cabeza grande y boca ancha, casi horizontal. Los ojos, situados en la parte alta de la cabeza, están orientados hacia arriba; 2-3 pequeñas espinas en la parte anterior del borde superior del ojo; detrás de los ojos se hallan 3 grandes placas óseas con líneas radiales. 2 aletas dorsales, la primera, corta, con 6 espinas venenosas, la segunda, muy larga, con 24-27 radios estructurales. Aleta anal muy larga, con 1 radio espinoso y 26-29 estructurales. Aletas ventrales en posición muy anterior. Vejiga natatoria rudimentaria. *Color*: dorso marrón, cara ventral marrón amarillento, parte inferior de la cabeza blanquecina. Manchas oscuras, en forma de anillos, sobre el dorso y los flancos. Piel de la aleta dorsal de color negro en la zona donde se encuentran las 4 primeras espinas. *Longitud*: máx 25 cm.
Distribución: Atlántico nororiental, desde el sur de Portugal hasta el golfo de Guinea. Mediterráneo. En fondos arenosos y fangosos, en regiones profundas, como las especies emparentadas, hasta los 200 m aproximadamente.
Modo de vida: aunque localmente es una especie muy frecuente, todavía se sabe muy poco de su biología. *Alimentación*: quisquillas y pequeños peces del fondo.
Parientes: El *T. arenus* aparece en la misma zona de distribución a 10-150 m de profundidad (en fondos de arena, cerca de rocas o en praderas de vegetación marina). Alcanza normalmente los 25 cm de longitud, como máximo, 40 cm. Muestra 7-11 manchas oscuras redondas en una hilera longitudinal a lo largo de los flancos; la mitad anterior de la primera aleta dorsal (con 7 espinas venenosas) es negra. La segunda aleta dorsal, con 26-29 radios estructurales. Aleta anal con 2 radios espinosos y 29-31 estructurales.

víbora

araña

Salvariego
Trachinus vipera

Características: cuerpo alargado, aplanado por los lados y más alto que el de las especies emparentadas (la altura del cuerpo no llega a medir la quinta parte de la longitud total). Boca ancha, inclinada hacia arriba. Los ojos, en la parte alta de la cabeza, se dirigen hacia arriba (al igual que en su pariente la rata), sin espinas en el borde superior del ojo, 1 espina venenosa, fuerte y larga sobre el opérculo branquial. 2 aletas dorsales, la primera corta, con 5-7 espinas venenosas, la segunda muy larga, con 21-24 radios estructurales. Aleta anal muy larga, con 1 radio espinoso y 24-26 estructurales. Aletas ventrales en posición muy anterior. Vejiga natatoria rudimentaria. *Color*: Dorso marrón amarillento; cara ventral más clara, con un brillo plateado. Pequeños puntos oscuros sobre la cabeza y el dorso. Primera aleta dorsal negra; segunda aleta dorsal, aletas caudal y ventrales con pequeñas hileras de puntos oscuros. *Longitud*: máx 14 cm.
Distribución: Atlántico nororiental, desde Escocia, Skagerrat, mar del Norte y canal de la Mancha hasta la costa occidental de África y Madeira. Por encima o en fondos de arena, a 1-50 m de profundidad.
Modo de vida: pez de fondo solitario que, al contrario de sus parientes, se mantiene todo el año en zonas próximas a las costas someras y arenosas; sólo en el período de freza (junio y agosto) marcha a regiones algo más profundas. *Alimentación*: pequeños peces del fondo, quisquillas, alevines y huevas.
Generalidades: cuando los traquínidos se sienten amenazados levantan las espinas de la aleta dorsal que, al igual que la espina del opérculo, poseen profundos canales unidos a glándulas venenosas. Las heridas que producen pueden provocar dolorosas inflamaciones y edemas en los bañistas. Como remedio debe aplicarse de inmediato agua muy caliente, ya que el veneno no es resistente al calor.

Rata
Uranoscopus scaber

Características: cuerpo fuerte y alargado, sólo aplanado lateralmente por la parte posterior. Cabeza grande, ancha y similar al doguillo, armada de placas óseas rugosas. Los ojos, pequeños, se encuentran en la parte superior de la cabeza. Boca ancha, casi vertical; dientes pequeños y puntiagudos en las mandíbulas, el vómer y el paladar; en la mandíbula inferior cuenta con un lóbulo cutáneo parecido a un gusano. Por encima de la aleta pectoral, en el hombro, una espina dirigida hacia atrás que, como las espinas del opérculo, es venenosa. 2 aletas dorsales, la primera pequeña, con 4 radios espinosos (sin glándulas venenosas), la segunda larga, con 13-14 radios estructurales. Aleta anal larga, con 1 radio espinoso y 13-14 estructurales. Aletas pectorales grandes, similares a palas. Aletas ventrales en posición muy anterior. *Color*: muy diferente según el hábitat, entre el marrón claro y el oscuro con jaspeados negros. La primera aleta dorsal es negra; las aletas ventrales ribeteadas de azul claro y la caudal tiene un borde blanquecino. *Longitud*: máx 30 cm.
Distribución: Atlántico nororiental, desde Portugal hasta Marruecos (Rabat). Mediterráneo y mar Negro. En fondos de arena y fango de las regiones litorales.
Modo de vida: al igual que los traquínidos, próximamente emparentados, permanecen semienterrados en el fondo durante el día, sobresaliendo sólo la boca y los ojos. Con sus aletas pectorales pueden escaparse rápidamente y volver a enterrarse. Por detrás de los ojos, en 2 pequeños sacos ovales, se encuentran órganos eléctricos que sirven para localizar a sus víctimas y rechazar ataques. La presa es atraída por los movimientos del lóbulo de la mandíbula. Período de freza en primavera y verano, los huevos se sueltan libres en el agua. *Alimentación*: peces pequeños y quisquillas.

Traquínidos

salvariego

Uranoscópidos

rata

Caballa
Scomber scombrus

Características: cuerpo alargado, en forma de huso, con hocico puntiagudo y boca ancha. Ojos grandes, con párpados transparentes (con una fisura vertical sobre la pupila), cavidad ocular rodeada de un anillo óseo cerrado. Mandíbulas no extensibles y ocupadas por hileras de dientecillos. Escamas muy pequeñas, sin "peto" (corsé de escamas), 2 aletas dorsales muy separadas entre sí, la primera con 10-13 radios espinosos, la segunda con 11-13 radios estructurales. Aleta anal con 1 radio espinoso y 11-13 estructurales. Por detrás de la segunda aleta dorsal y de la anal se encuentran 5 pínnulas. Eje de la cola delgado, sin carena; aleta caudal profundamente bifurcada, con 2 pequeñas carenas en las bases de cada lóbulo. Sin vejiga natatoria. *Color*: dorso verde irisado o azul, cara ventral de un blanco plateado. Tiras cebradas oscuras sobre el dorso y la parte superior de los flancos; sin hilera punteada por debajo de la línea lateral. *Longitud*: máx 50 cm.
Distribución: Atlántico septentrional, en el este desde el norte de Noruega e Islandia hasta África occidental y las Azores; mar del Norte y zona occidental del mar Báltico, Mediterráneo y mar Negro.
Modo de vida: peces de aguas libres fuertes y rápidos nadadores que, a menudo, emprenden extensas migraciones formando grandes bancos cerca de la superficie del agua; durante los meses de invierno se dirigen a aguas profundas, en donde se mantienen junto al fondo y suspenden la ingestión de los alimentos. Período de freza desde marzo hasta abril (Mediterráneo) o desde junio hasta julio (en el este de Skagerrak y Kattegat). La freza se realiza en la superficie del agua y los huevos (0,9-1,4 mm y en cantidades de 200.000-450.000) circulan libres por el agua. Pasados unos 6 días eclosionan las larvas de 3,5-4,2 mm de longitud; los alevines permanecen hasta el otoño en aguas litorales. La madurez sexual se alcanza a finales del 2-3 año de vida y con una longitud de unos 30 cm. Longevidad: 20 años aproximadamente. *Alimentación*: pequeños crustáceos, huevas, pterópodos; tras la freza pequeños peces gregarios.

Bonito
Sarda sarda

Características: cuerpo alargado, en forma de huso, con cabeza puntiaguda y boca ancha. Ojos relativamente pequeños, anillo óseo alrededor de la cavidad ocular no desarrollado completamente. Mandíbulas largas, llegan hasta el borde posterior del ojo; mandíbula superior algo prominente, no extensible; dentadura fuerte. Escamas muy pequeñas, más grandes sobre el pecho y formando un claro peto. Línea lateral ondulada, 2 aletas dorsales situadas muy cerca la una de la otra, la primera larga (con el borde anterior en punta), con 21-24 estructurales; a continuación 7-10 pínnulas. Aleta anal con 11-15 radios estructurales, por detrás de los cuales se encuentran 6-8 pínnulas. Eje de la cola delgado, que atraviesa por el medio una nítida carena; aleta caudal grande, en forma de media luna. *Color*: dorso azul claro, cara ventral blanco plateado. Parte superior de los flancos con 7-20 tiras longitudinales inclinadas y oscuras. Su pariente el tasarte, *Orcynosis unicolor*, que se encuentra en profundidades mayores, no presenta este dibujo, el borde anterior de la primera aleta dorsal es redondo y las escamas forman un estrecho peto. *Longitud*: en la zona de distribución septentrional hasta los 60 cm, en la meridional hasta 80 cm.
Distribución: área tropical y subtropical del Atlántico, en el este desde las islas Canarias y las Azores hasta Vizcaya, a la búsqueda de alimento se dirige más al Norte, por lo que visita con frecuencia el mar del Norte; ocasionalmente llega hasta la mitad de Noruega, Mediterráneo y en el norte del mar Negro.
Modo de vida: peces gregarios que, cazando cerca de la superficie, realizan extensas migraciones. En el Mediterráneo oriental empiezan en noviembre su viaje hacia el mar Negro para frezar, el desove se realiza en junio principalmente. Los huevos se sueltan libres en el agua, en una cantidad de 420.000. Tras la freza, los bancos se disuelven en pequeños grupos. *Alimentación*: peces gregarios (sardinas, mugílidos, jureles).

bonito

caballa

Atún

Thunnus thynnus

Características: cuerpo de dorso alto y en forma de huso, cabeza larga y hocico corto y puntiagudo. Mandíbulas relativamente pequeñas que llegan sólo hasta el borde anterior del ojo. Hueso anterior e intermaxilar no extensibles; dientes pequeños, cónicos, distribuidos en una hilera en cada mandíbula. Ojos pequeños en cápsulas óseas. Escamas pequeñas, sólo el pecho está armado de escamas grandes que forman como un corsé, 2 aletas dorsales situadas muy cerca la una de la otra (la distancia entre ambas es inferior al diámetro del ojo), la primera con 13-15 radios espinosos, la segunda con 1 radio espinoso y 13-15 estructurales, 8-10 pínnulas por detrás. Aleta anal, con 11-15 radios estructurales, seguida de 8-9 pínnulas o falsas aletas. Aletas pectorales cortas (llegan sólo hasta el 12 radio espinoso de la aleta dorsal). Aleta caudal con una clara carena a lo largo de la mitad de la cola; aleta caudal en forma de media luna. *Color:* dorso negro azulado, cara ventral blanco plateado. Aletas oscuras, aleta anal y pínnulas (así como ocasionalmente también las aletas pectorales) de tono amarillo. *Longitud*: máx 3 m (no es habitual, sin embargo, que superen los 2,60 m de longitud y los 300 kg de peso). Longevidad: 15 años aproximadamente.

Distribución: Atlántico septentrional, en el este desde Noruega (raramente) hasta Sudáfrica; Mediterráneo.

Modo de vida: la madurez sexual se alcanza al final del 3-4 año de vida, con una longitud de 1-1,20 mm (16-17 kg de peso). En el período de freza, junio, los bancos se dirigen desde el Atlántico a las aguas litorales eel Mediterráneo; se conocen otros fondos de freza en regiones diferentemente cálidas del área de distribución. Los huevos (1-1,2 mm) circulan entre aguas; período de incubación unos 2 días, las larvas y los alevines crecen muy deprisa. Tras la freza, los adultos extenuados emprenden grandes migraciones en busca de alimento (desde el Mediterráneo hasta el mar del Norte y las costas noruegas). *Alimentación*: los alevines crustáceos diversos, los adultos calamares y peces (arenques, caballas, agujas, entre otros).

Albacora

Thunnus alalunga

Características: cuerpo de dorso alto y en forma de huso, cabeza larga y hocico puntiagudo. Mandíbulas relativamente pequeñas que llegan sólo hasta el borde anterior del ojo; huesos anterior e intermaxilar no extensibles; dientes pequeños y cónicos, distribuidos en una hilera en cada mandíbula. Ojos relativamente grandes, en cápsulas óseas. Escamas muy pequeñas; más grandes y gruesas sólo a lo largo de la línea lateral y en peto débilmente desarrollado. 2 aletas dorsales situadas muy cerca la una de la otra, la primera larga, con 14 radios espinosos, la segunda corta y baja, con 14-15 radios estructurales, a los que siguen 7-9 pínnulas. Aletas pectorales muy largas que se prolongan hasta por detrás de la segunda aleta dorsal. Pequeñas aletas ventrales. Eje de la cola muy delgado, con carena lateral; aleta caudal grande, en forma de media luna. *Color*: dorso entre negro azulado y broncíneo, con un brillo metálico; cara ventral blanquecina. Banda irisada de reflejos azulados a lo largo de los flancos. Primera aleta dorsal amarillo oscuro, la segunda aleta dorsal y la anal amarillo claro, pínnulas amarillo claro con ribete negro. Borde posterior de la aleta caudal claro. *Longitud*: máx 1,10 m (30 kg de peso).

Distribución: en todos los mares cálidos y templados del mundo. En el Atlántico nororiental desde las Azores y las islas Canarias hasta Irlanda (raramente hasta el norte de Escocia); Mediterráneo occidental y área septentrional del Mediterráneo oriental. Habitante de alta mar, a 0-50 m de profundidad, prefiere temperaturas del agua por encima de los 15° C y una concentración salina del 35,5 ‰.

Modo de vida: especie sociable y que realiza extensas migraciones, evita las aguas litorales. Como en las especies emparentadas, su temperatura corporal es mucho más elevada que el agua que la rodea. (Se calcularon diferencias de temperatura de hasta 18,78° C.) Período de freza en mayo y junio. Tras el desove se realizan extensos viajes en búsqueda de alimentos a áreas más elevadas. *Alimentación*: pequeños peces gregarios, quisquillas fosforescentes, calamares.

atún

albacora

Listado
Euthynnus pelamis

Características: cuerpo ovalado longitudinalmente (más alto de dorso que las especies emparentadas de túnidos), con cabeza larga y hocico corto y puntiagudo. Las mandíbulas llegan hasta la mitad del ojo; hueso anterior e intermaxilar no extensible. Ojos pequeños, cerca de la punta del hocico, en cápsulas óseas. Escamas sólo sobre el "peto". 2 aletas dorsales situadas muy cerca la una de la otra, la primera larga, con 11-15 radios espinosos, la segunda con 11-16 radios estructurales, seguida de 8 pínnulas. Aleta anal con 11-16 radios espinosos y a continuación 7 pínnulas. Aletas pectorales cortas que llegan, como máximo, hasta el 9 radio espinoso de la primera aleta dorsal. Aletas ventrales pequeñas. Carena nítida a lo largo del centro del eje de la cola; aleta caudal alta, en forma de media luna. *Color*: dorso negro azulado, cara ventral blanquecina; 4-7 tiras longitudinales oscuras por debajo de la línea lateral. Ocasionalmente una hilera más clara de bandas transversales irregulares en la zona posterior del dorso. *Longitud*: máx 90 cm, aunque sólo suelen llegar a los 65 cm (5 kg de peso).
Distribución: en todos los mares cálidos y templados del mundo. En el Atlántico nororiental, hacia el norte, hasta las islas Británicas y (muy raramente) hasta las costas noruegas; Mediterráneo occidental.
Modo de vida: peces sociables que se acercan a las capas superficiales del agua. Pelágico, sólo se aproxima ocasionalmente a las aguas litorales, especialmente en los meses de verano; prefiere temperaturas del agua más altas que sus parientes (18-20°C) y por esta razón se lo considera en el área europea un "visitante de verano" que sólo se encuentra en pequeñas cantidades. Sobre su comportamiento reproductor en las zonas europeas todavía se conoce poco; en las costas del Atlántico americanas y en el Pacífico frezan durante todo el año. *Alimentación*: peces gregarios y calamares.
Parientes: la bacoreta, *E. quadripunctatus*, se distingue por las tiras oscuras e irregulares en el dorso y las 3-6 manchas oscuras por debajo de las aletas pectorales.

Melva
Auxis rochei

Características: cuerpo ovalado longitudinalmente (más alargado que el de las demás especies de túnidos emparentadas), con cabeza larga y hocico corto y puntiagudo. Las mandíbulas llegan hasta la mitad del ojo; hueso anterior e intermaxilar no extensibles. Ojos relativamente pequeños situados muy hacia delante en cápsulas óseas; su diámetro corresponde a la 1/5-1/6 parte de la longitud de la cabeza. Presenta escamas sólo en el "peto" (corsé de escamas), que se extiende en 2 zonas, una a lo largo de la parte dorsal y la otra a lo largo de la línea lateral hasta por debajo de la segunda aleta dorsal. Línea lateral ondulada, 2 aletas dorsales muy separadas entre sí, la primera con 10-11 radios espinosos, la segunda con 11-12 radios estructurales, seguida de 8-9 pínnulas. Aleta anal con 12-15 radios estructurales, que van seguidos de 7-8 pínnulas. Carena nítida a lo largo de la mitad del eje de la cola; aleta caudal en forma de media luna. *Color*: dorso azul oscuro o verde azulado; cara ventral blanco plateado con reflejos rosados. Sobre la línea lateral y detrás del "peto" se encuentra un dibujo típico de la especie con manchas y líneas oscuras. *Longitud*: normalmente hasta 60 cm, raramente hasta 1 m de longitud.
Distribución: en todos los mares cálidos y templados del mundo. En el Atlántico nororiental aparecen cada vez con más frecuencia por la península Ibérica, aislados también delante de las islas Británicas y de la costa meridional de Escandinavia; en el mar Báltico son escasos. Mediterráneo, sobre todo a lo largo de la costa septentrional de África, ausente en el mar Negro. Una especie próximamente emparentada, el *A. thazar*, aparece sólo en el Pacífico.
Modo de vida: todavía poco conocido. La especie vive en pequeños bancos que, durante los meses de verano, también aparecen en aguas litorales, p ej, de agosto a septiembre en Vizcaya, donde resulta una presa accesoria a los pescadores de atunes y caballas. *Alimentación*: pequeños peces gregarios.

listado

melva

Tetrapterus belone

Características: cuerpo alargado y en forma de torpedo, con 2 carenas longitudinales a ambos lados del eje de la cola. Perfil cefálico recto o sólo algo cóncavo. Escamas pequeñas y profundamente incrustadas en la piel. En la mandíbula superior se encuentra una prolongación larga, en forma de espada y de corte transversal redondo; la mandíbula inferior es mucho más corta, 2 aletas dorsales, la primera larga, con la parte anterior levantada puntiaguada y 39-46 radios estructurales, la segunda muy pequeña, con 6 radios estructurales, 2 aletas anales, la primera con 11-15 radios estructurales y la segunda con 6-7. Aletas pectorales cortas. Aletas ventrales en posición muy anterior y muy delgadas. Aleta caudal en forma de hoz. Orificio anal muy por delante de la primera aleta anal. *Color*: dorso gris o azul oscuro. Flancos más claros, vientre blanquecino. *Longitud*: máx 2 m.

Distribución: Mediterráneo, en las capas cercanas a la superficie, mar en el que también aparece el *T. albidus*; su zona principal de distribución es, sin embargo, el Atlántico, desde Ciudad del Cabo hasta Vizcaya y desde Brasil hasta Cape Cod. Tiene la parte anterior elevada de la primera aleta dorsal redondeada y no puntiaguda, y las aletas pectorales largas y delgadas. El *Istiophorus platypterus* cuenta con una aleta dorsal alta, con manchas oscuras, similar a una gran vela; está muy extendido en todos los mares cálidos y aparece en el Atlántico desde Guinea hasta Marruecos (muy raramente hasta el canal de la Mancha) y desde el sur de Brasil hasta Cape Cod. El *Makaira nigricans* se encuentra en el Atlántico desde Sudáfrica hasta Vizcaya y en el oeste desde Uruguay hasta Canadá.

Modo de vida: nadador fuerte y enérgico que en mar abierto (sólo ocasionalmente en aguas litorales) captura peces gregarios (p ej caballas). Su comportamiento reproductor todavía es muy poco conocido.

Pez espada
Xiphias gladius

Características: cuerpo alargado, en forma de torpedo, con 1 carena longitudinal a ambos lados del eje de la cola. Perfil cefálico más o menos cóncavo. Piel rugosa, pero sin escamas (sólo los alevines poseen escamas diminutas). La mandíbula superior con una prolongación plana similar a una espada que, en los adultos, corresponde a 1/3 de la longitud total; mandíbula inferior mucho más corta, 2 aletas dorsales, la primera corta, se eleva en forma de hoz con 3-4 radios espinosos y 16 estructurales, la segunda, más pequeña, con 3-4 radios estructurales, 2 aletas anales, la primera grande, en forma de media luna, con 2-3 radios espinosos y 9 estructurales; en los alevines las dos aletas dorsales (al igual que las dos aletas anales) están unidas entre sí; aletas dorsales con 3-4 radios espinosos y 40 estructurales, aleta anal con 2-3 radios espinosos y 15 estructurales. Aletas pectorales largas, puntiagudas. Sin aletas ventrales. Aleta caudal en forma de hoz. *Color*: dorso gris o azul oscuro o rojo amarronado; flancos más claros con un brillo broncíneo; cara ventral blancuzca. *Longitud*: 2-3,5 m (60-150 kg), máx 4,9 m.

Distribución: en todos los mares cálidos y templados; en el Atlántico nororiental, aisladamente, hasta el canal de la Mancha, dirigiéndose hacia el mar del Norte y el oeste del mar Báltico, frontera septentrional alrededor de Islandia, Mediterráneo y mar Negro. En aguas libres, a 0-800 m de profundidad.

Modo de vida: pez pelágico solitario que se puede observar nadando, en sus extensas migraciones, cerca de la superficie del agua y deja ver sólo la primera aleta dorsal y el lóbulo superior de la aleta caudal; no obstante, puede bajar hasta los 800 m de profundidad para capturar peces pelágicos gregarios. Cuando ha distinguido un banco golpea a su alrededor con la espada mientras da vueltas para comer después a las víctimas muertas o heridas. Período de freza desde febrero hasta abril (zona meridional del mar de los Sargazos). Los huevos y las larvas permanecen en el plancton. *Alimentación*: peces gregarios.

Dalliidae

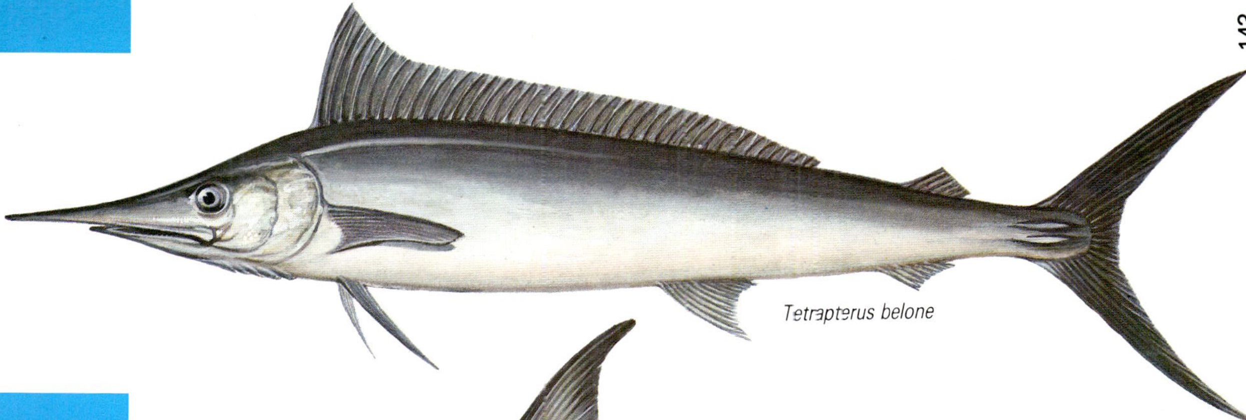

Tetrapterus belone

Xifídeos

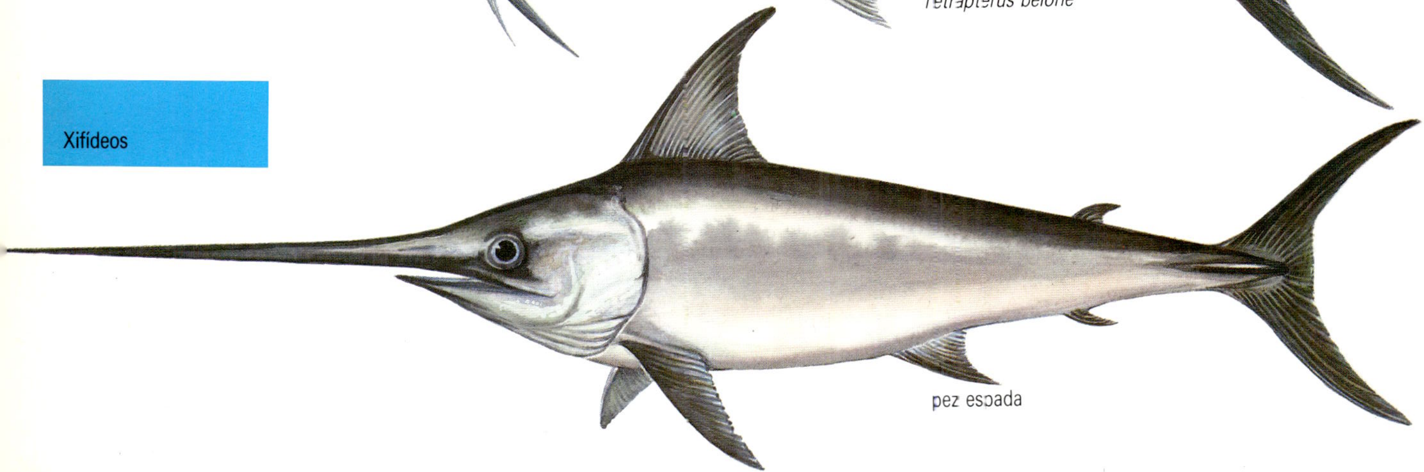

pez espada

Luvarus imperialis

Características: cuerpo ovalado longitudinalmente y aplanado por los lados. Parte frontal casi vertical. Boca muy pequeña, situada en el extremo; mandíbulas no puntiagudas, premaxilar y maxilar fuertemente unidos y no extensibles; sin dientes. Ojos muy pequeños, a la altura de la boca. Escamas diminutas. 1 carena longitudinal a ambos lados del eje de la cola. Aleta dorsal (con 13-14 radios estructurales) en posición muy posterior, la aleta anal (13-14 radios estructurales) de formación similar a la dorsal, se sitúa en el lado opuesto. Aleta caudal alta y bifurcada. Orificio anal bajo la inserción de la aleta pectoral y cubierto por las pequeñísimas aletas ventrales. 23 vértebras. Gran vejiga natatoria. *Color*: color de fondo plateado o dorado, con reflejos rosados. Parte superior de la cabeza y de la zona anterior del dorso oscilando entre el azul metálico y el negro; dorso gris, flancos azul cielo, cara ventral de brillo plateado. Hocico, aletas pectorales y aleta caudal rojo escarlata, aleta dorsal y anal amarillo rojizo. Los alevines tienen el cuerpo de un tono entre el rojo y el violeta, con manchas redondas oscuras (además se les distingue por su cabeza desproporcionadamente grande y las largas aletas dorsal, anal y ventrales). *Longitud*: máx 1,80 m.

Distribución: regiones subtropicales y templadas del Atlántico septentrional y meridional; en el Atlántico nororiental desde Madeira hasta la costa de Inglaterra (aunque muy raramente), Mediterráneo. En las capas superficiales, raramente cerca del litoral.

Modo de vida: peces de aguas libres solitarios que apenas suelen encontrarse si no es como alevines o muertos en la playa. Por esta razón no se conoce nada sobre su modo de vida. *Alimentación*: animales planctónicos, calamares, alevines.

Centrolophus niger

Características: cuerpo oval con eje de la cola largo y bajo. Perfil cefálico redondeado, con el hocico romo. Preopérculo muy finamente dentado. Ojos con párpados, boca pequeña y horizontal que llega hasta justo detrás del borde anterior del ojo; papilas faríngeas, irregulares, en forma de verruga y ordenadas en 10-20 hileras; esófago provisto de numerosos dientes córneos arqueados. Escamas muy pequeñas. Aleta dorsal larga, no dividida (su longitud equivale a un 1/3 de la del cuerpo), se prolonga desde la inserción de las aletas pectorales hasta el comienzo del eje de la cola, con 10 radios espinosos y 28-31 estructurales. Aleta anal con 3 radios espinosos y 21-22 estructurales. Inserción de las aletas dorsal y anal con escamas. Gran aleta caudal con el borde posterior hendido. *Color*: dorso marrón oscuro, de gris a negro; el color se aclara en la cara ventral. La inserción de las diminutas escamas, de ribetes oscuros, es plateada, por lo que todo el cuerpo presenta puntos plateados. *Longitud*: máx 86 cm.

Distribución: ejemplar muy extendido en mares cálidos; en el Atlántico nororiental desde Madeira y las Azores hasta Islandia (raramente) y el mar del Norte. En aguas litorales; los alevines cerca de la superficie, los adultos en las capas intermedias.

Modo de vida: pez pelágico solitario que sólo se encuentra raramente, aunque se supone que aparece muy frecuentemente en el sur y oeste de Irlanda así como en el área occidental del canal de la Mancha. Suelen observarse ejemplares aislados cuando persiguen madera flotante (o también barcos) en aguas poco profundas. Su biología reproductora no se conoce; es posible que la freza se realice en el Mediterráneo a finales de otoño. *Alimentación*: crustáceos, calamares, alevines.

Parientes: *Schedophilus medusophagus, Schedophilus ovalis* e *Hyperoglyphe perciformis*.

Luvaridae

Luvarus imperialis

Stromateoidea

Centrolophus niger

Dragoncillo
Callionymus lyra

Características: cuerpo alargado y delgado, con piel mucosa y sin escamas. Cabeza ancha y aplanada (vista desde arriba casi triangular), con hocico largo (de 1/2 a 2 1/2 veces más largo que el diámetro del ojo). Ojos grandes, situados cerca el uno del otro, están inclinados hacia arriba y sobresalen en la frente. Boca pequeña con labios carnosos; mandíbula superior prominente; dientes pequeños y puntiagudos distribuidos por las mandíbulas en varias hileras. Preopérculo con 4 espinas con puntas (sin glándulas venenosas) colocadas una detrás de la otra. Orificios branquiales redondos, muy pequeños, a lo alto. 2 aletas dorsales situadas muy cerca la una de la otra, la primera con 4 radios espinosos flexibles (en los machos, el primer radio llega hasta la inserción de la aleta caudal), la segunda (tres veces más larga que la primera) con 9 radios estructurales. Aleta anal larga, con 9 radios estructurales; esta, junto con la segunda aleta dorsal, es más baja en las hembras que en los machos. Aletas ventrales grandes, redondas y en posición muy anterior, unidas a las aletas pectorales por un pliegue cutáneo. *Color*: en los machos amarillentos o amarronado, con tiras y manchas azules también en las aletas. En las hembras marrón amarillento, con 6 manchas de un verde amarronado a lo largo de los flancos y 3 manchas de un verde amarronado a lo largo de los flancos y 3 manchas oscuras sobre el dorso como diademas; aletas de un solo color. *Longitud*: hembras hasta 20 cm, machos hasta 30 cm.

Distribución: Atlántico nororiental, desde Noruega e Islandia hasta África occidental (Marruecos), islas Canarias y Azores; mar del Norte, zona occidental del mar Báltico, Mediterráneo y mar Negro. Sobre fondos de arena y fangosos, desde zonas litorales hasta los 200 m.

Modo de vida: peces bortónicos que con frecuencia se entierran en el fondo o se esconden entre las piedras y los caparazones de los moluscos. Períodos de freza (según el hábitat) de enero a agosto; los individuos que han alcanzado la madurez sexual se dirigen a aguas someras. Los huevos y las larvas permanecen en el plancton; sólo cuando alcanzan los 10 cm de longitud aproximadamente bajan al fondo. *Alimentación*: pequeños animales del fondo.

Dragoncillo moteado
Callionymus maculatus

Características: cuerpo alargado y delgado, con piel mucosa y sin escamas. Cabeza ancha y plana, con el hocico corto (de igual longitud que el diámetro de los ojos). Ojos grandes, inclinados hacia arriba, que sobresalen en la frente. Boca pequeña con labios gruesos; mandíbula superior muy extensible; dientes pequeños y puntiagudos distribuidos en varias hileras por las mandíbulas. Preopérculo provisto de 4 espinas con puntas orientadas hacia atrás (sin glándulas venenosas). Orificios branquiales redondos, muy pequeños (a través de los cuales provocan nubes de polvo al soplar). 2 aletas dorsales situadas muy cerca la una de la otra, la primera corta con 4 radios espinosos flexibles (en los machos el primer radio se prolonga y llega hasta el final de la segunda aleta dorsal), la segunda (3 veces más larga que la primera) está provista de 9-10 radios estructurales. Aleta anal larga, con 8-9 radios estructurales. La aleta anal y las dorsales son más bajas en las hembras que en los machos. Aletas ventrales grandes, redondas y en posición muy anterior, unidas por un pliegue dérmico a las aletas pectorales. Aleta caudal redondeada. *Color*: amarillo amarronado, más oscuro en el dorso para aclararse en la cara ventral, con hileras longitudinales oscuras y puntos de un blanco perla. Aletas dorsales con unos dibujos punteados oscuros y blanco perla, sobre todo en los machos. *Longitud*: hembras hasta 13 cm, machos hasta 16 cm.

Distribución: Atlántico nororiental, desde el sur de Islandia y Noruega hasta Portugal; Kattegat (frecuentemente); mar del Norte, canal de la Mancha; Mediterráneo. Normalmente sobre un fondo de arena, lugar de preferencia en los bancos anteriores a las costas de poca profundidad, en aguas someras hasta los 300 m de profundidad.

Modo de vida: período de freza en el Atlántico nororiental desde abril hasta junio, en el Mediterráneo desde junio hasta mayo. Durante la danza nupcial el macho nada alrededor de la hembra describiendo una espiral cada vez más cerrada; para la puesta los dos suben a la superficie, casi en línea vertical, estrechamente unidos. Huevos y larvas circulan en el plancton. *Alimentación*: pequeños animales del fondo.

dragoncillo

dragoncillo moteado

Aguacioso o saltón
Ammodytes tobianus

Características: cuerpo anguiliforme, alargado y delgado, con cabeza larga y hocico en punta. Mandíbulas sin dientes, mandíbula inferior prominente, hueso intermaxilar muy extensible. Diminutas escamas redondas profundamente incrustadas en la piel y distribuidas regularmente en pliegues cutáneos diagonales. Zonas escamadas en la inserción de los lóbulos de la aleta caudal. Línea lateral sin canales transversales. Aleta dorsal muy larga, con 50-55 radios estructurales y replegables en un surco; aleta anal con 25-31 radios estructurales; ambas aletas sin hendiduras (no se aprecia ribete ondulado en la aleta). La punta de la aleta pectoral llega hasta detrás de la inserción de la aleta dorsal. Aleta caudal bifurcada, no unida a las aletas dorsal y anal. Sin aletas ventrales. La hendidura longitudinal por debajo de las aletas pectorales llega hasta detrás de la inserción de la aleta anal. Sin vejiga natatoria, 60-66 vértebras. *Color*: dorso verde amarillento o azulado, flancos amarillentos, cara ventral con reflejos plateados. Hocico claro. *Longitud*: máx 20 cm (longevidad: 4 años).
Distribución: Atlántico nororiental, desde la costa Murman e Islandia hacia el sur, hasta Gibraltar; mar del Norte, zona occidental del mar Báltico (posiblemente 2 razas que frezan una en primavera y otra en otoño); Mediterráneo (raramente). Normalmente sobre fondos de arena, a 0-30 m de profundidad. A mayores profundidades (raramente por encima de los 30 m) aparece el *A. marinus*, próximamente emparentado, con 55-67 radios estructurales en la aleta dorsal, 26-35 en la aleta anal, y 66-72 vértebras).
Modo de vida: durante el día suelen estar enterrados en la arena, para recuperar la actividad al anochecer y nadar formando pequeños bancos. Período de freza desde noviembre hasta febrero (canal de la Mancha) y de abril a agosto (en el mar del Norte). La freza se realiza con frecuencia en densos bancos y en las aguas someras litorales. Según el tamaño de las hembras se expulsan 3.800-20.000 huevos (0,7-1 mm de diámetro), que se depositan en pequeños montoncitos sobre el fondo de arena. Tras eclosionar las larvas, de 4-8 mm, viven en el plancton. *Alimentación*: animales planctónicos, gusanos, pequeños crustáceos y peces pequeños.

Anguila de arena
Gymnammodytes semisquamatus

Características: cuerpo anguiliforme alargado y delgado, con cabeza larga y hocico en punta. Mandíbulas sin dientes, la inferior prominente, hueso intermaxilar extensible. Escamas redondas diminutas sólo en la parte posterior del cuerpo e incrustadas profundamente en la piel, parte anterior del cuerpo sin escamas. Línea lateral con canales transversales cortos (1 hacia arriba y 2 hacia abajo), que transcurren en ángulo recto hacia el canal principal. Aleta dorsal muy larga, con 56-59 radios estructurales, replegables en una hendidura; aleta anal con 28-32 radios estructurales; 2 protuberancias en la aleta dorsal y 1 en la anal (con ribete ondulado). La punta de la aleta ventral no llega (o apenas) hasta la inserción de la aleta dorsal. Aleta caudal bifurcada, no unida a las aletas dorsal y anal. Sin aletas ventrales. La hendidura longitudinal por debajo de la aleta ventral es sólo un poco más larga que la misma aleta. Sin vejiga natatoria, 65-70 vértebras. *Color*: dorso dorado o marrón tirando a verde, flancos amarillentos, cara ventral con un brillo plateado. *Longitud*: máx 23,5 cm.
Distribución: Atlántico nororiental, desde el sur de Noruega y el mar de Irlanda hasta Vizcaya; canal de la Mancha, mar del Norte. Con frecuencia sobre fondos de cantos rodados con pequeñas piedras y caparazones de mejillones, a 20-200 m de profundidad, el **lanzón mediterráneo**, *G. cicerelus*, máx 16 cm de longitud, se distingue por las siguientes características; línea lateral con canales transversales inferiores muy cortos; aleta dorsal con 53-59 radios estructurales y aleta anal con 27-32. Mancha de color negro azulado sobre la cabeza.
Modo de vida: la freza se realiza en el canal de la Mancha durante los meses de invierno, en el área de distribución septentrional, según la temperatura del agua, desde primavera hasta verano. Los individuos que han alcanzado la madurez sexual se dirigen, con frecuencia en grandes bancos, hacia las aguas litorales. Los huevos se depositan sobre fondos de arena. *Alimentación*: plancton y animales del fondo pequeños.

anguila de arena

saltón

Babosa ocelada
Blennius ocellaris

Características: cuerpo alargado, relativamente alto y aplanado por los lados, con el perfil cefálico inclinado. Piel mucosa y sin escamas. Ojos en posición alta; 2 tentáculos planos y ramificados sobre el borde superior del ojo. Boca ancha, casi horizontal; en cada mandíbula 2 grandes caninos, anteriores a ellos dientes más pequeños y redondeados. Aleta dorsal larga y alta, casi dividida en dos partes por una hendidura, con 10-12 radios espinosos prolongados en forma de filamento y 14-16 radios estructurales; 2 tentáculos (filamentos cutáneos muy pequeños) a ambos lados del primer radio de la aleta dorsal. Aleta anal con 1-2 radios espinosos y 15-16 radios estructurales. Aletas ventrales grandes y fuertes. Aletas ventrales en posición muy anterior, con 1 radio espinoso corto ensanchado en la inserción y 1-3 radios estructurales con los que estos peces pueden apoyarse. Aleta caudal libre, no unida a las aletas dorsal y anal. *Color*: dorso y flancos verde amarronado o grisáceo, con 5-7 bandas transversales oscuras y anchas que se prolongan también sobre la aleta dorsal. Entre el 5 y el 8 radio espinoso de la aleta dorsal se encuentra una intensa mancha de un negro azulado con ribete blanco. *Longitud*: normalmente hasta los 14 cm, máx 20 cm.
Distribución: Atlántico nororiental, desde la costa occidental africana (Senegal) hasta el norte de Escocia; Mediterráneo y mar Negro. En el área de distribución septentrional a 10-20 m de profundidad, en el Mediterráneo hasta los 100 m.
Modo de vida: pez de fondo que suele preferir las capas relativamente profundas y que se retira a su escondrijo, en caso de peligro, con lentos movimientos serpenteantes de todo el cuerpo. Período de freza en el Mediterráneo durante los últimos meses de invierno, en el área septentrional en primavera y principios de verano. Los huevos son vigilados por los machos. Tras superar el estadio larvático en el plancton, los alevines se dirigen al cabo de unas semanas al fondo. *Alimentación*: gusanos, pequeños crustáceos y otros animales pequeños.

Parablennius gattorugine

Características: cuerpo bastante alargado y aplanado por los lados, con el perfil cefálico redondeado, piel mucosa y sin escamas. Ojos en posición alta; 2 grandes tentáculos ramificados sobre el borde superior del ojo. En el *P. tentacularis*, de igual constitución corporal, esos tentáculos se bifurcan sólo en el borde inferior. Diminutos tentáculos ramificados sobre los orificios nasales, la ancha boca llega hasta por debajo de la mitad de los ojos; en cada mandíbula se encuentra 1 hilera de pequeños dientes puntiagudos, sin caninos. Aleta dorsal larga, sólo ligeramente hendida por la mitad, con 12-14 radios espinosos y 17-20 estructurales (los posteriores más largos que los anteriores). Aleta anal con 1 pequeño radio espinoso y 20-21 estructurales. Aletas pectorales grandes, fuertes, flabeliformes, aletas ventrales en posición muy anterior y filiformes. Aleta caudal libre, no unida a las aletas ventrales y anal. *Color*: según el lugar en donde se encuentren es muy diferente, marrón amarillento, oliváceo o rojizo; con 6-7 bandas transversales oscuras que se prolongan por la aleta dorsal y la anal. Margen ocular marrón rojizo. *Longitud*: normalmente alrededor de los 18 cm, máx 30 cm.
Distribución: Atlántico nororiental, desde la costa occidental de África hasta el norte de Escocia; área oriental del canal de la Mancha (con especial frecuencia), ausente en el mar del Norte; Mediterráneo. En aguas someras sobre fondos rocosos, preferentemente en lugares con piedras de tamaño medio, en la zona de distribución septentrional también aparece en los algares; en el Mediterráneo a 1-15 m de profundidad, los alevines a 30-150 cm de profundidad en lugares expuestos al sol y ricos en algas.
Modo de vida: peces de fondo, asustadizos que, en caso de peligro, desaparece inmediatamente en las grietas y cavidades de las rocas; los huevos se depositan en grietas y bajo piedras y son vigilados por los machos. Las larvas, que eclosionan al cabo de unas 4 semanas viven entre aguas y se dirigen, ya entrado el verano, a la costa para vivir en el fondo. *Alimentación*: pequeños animales de todo tipo.

babosa orelada

Parablennius gattorugine

Babosa
Lipophyrys pholis

Características: cuerpo alargado, aplanado por los lados, con perfil cefálico inclinado (distancia punta del hocico – borde posterior del ojo = distancia borde posterior del ojo – comienzo de la aleta dorsal). Piel mucosa y sin escamas. No presenta tentáculos sobre los ojos, que se sitúan a lo alto. Boca ancha; dientes pequeños, puntiagudos, distribuidos en una hilera tras la cual se encuentran, en cada mandíbula, 2 dientes caninos o de captura. Aleta dorsal larga, claramente hendida por el medio, con 11-13 radios espinosos y 18-20 estructurales. Aleta anal con 1 radio espinoso y 17-19 estructurales. Aletas pectorales grandes, fuertes y flabeliformes. Aletas ventrales en posición muy anterior y filiformes. Aleta caudal libre, no unida a las aletas dorsal y anal. *Color*: muy variable según el lugar donde se encuentren, normalmente marrón con manchas y puntos verdosos o amarillentos; aleta dorsal con puntos oscuros. Los machos, durante el período de freza, con un color de fondo muy oscuro y labios blancos. *Longitud*: máx 18 cm; esta especie alcanza una edad bastante alta: cuando miden 15 cm de longitud los individuos cuentan con 16 años.

Distribución: Atlántico nororiental, hacia el sur hasta Portugal. En costas rocosas de aguas someras, a menudo en charcas; también en fondos de arena y fangosos en los cuales la babosa se esconde debajo de las algas.

Modo de vida: pez de fondo que durante la marea baja se suele encontrar en charcas, cavidades de las rocas y entre las algas. Período de freza a principios de verano; los huevos (1,5 mm de diámetro) se depositan bajo las piedras o en las grietas de las rocas y son vigilados por los machos, que les proporcionan corrientes de agua mediante movimientos de la cola. *Alimentación*: alimentos vegetales y animales, entre otros, algas y bellotas de mar.

Parientes: en el Mediterráneo se presenta una especie emparentada, el *Parlipophrys trigloides*, de 9 cm de longitud, en la cual la distancia entre la punta del hocico y el borde posterior del ojo es mayor que la existente entre el borde posterior del ojo y el comienzo de la aleta dorsal.

Moma
Coryphoblennius galerita

Características: cuerpo alargado, delgado y aplastado por los lados, con perfil cefálico redondeado. Piel mucosa y sin escamas. Ojos en posición alta; lóbulos dérmicos típicos triangulares sobre el borde superior del ojo, por detrás una hilera longitudinal de 3-7 pequeños pliegues cutáneos. Boca ancha, casi horizontal; en la mandíbula inferior 2 grandes dientes de captura. Aleta dorsal larga, con una clara hendidura en medio, parte anterior más baja; con 12-13 radios espinosos y 15-18 radios estructurales. Aleta anal con 1 radio espinoso y 17-18 estructurales. Aletas pectorales grandes, fuertes y en forma de abanico. Aletas ventrales en posición muy anterior y filiformes. Aleta caudal libre, redondeada, no unida a las aletas dorsal y anal. *Color*: según el hábitat gris, marrón u oliváceo, con jaspeados oscuros o bandas transversales, los alevines muestran numerosas pintas de un blanco azulado sobre la cabeza y el dorso. Los machos adultos son más oscuros y poseen los lóbulos de la cabeza, de color naranja, más desarrollados que las hembras. *Longitud*: máx 8 cm.

Distribución: Atlántico nororiental, desde la costa occidental de África (Guinea) hasta el sur de Irlanda; canal de la Mancha. Raramente en el Mediterráneo. En costas rocosas, principalmente en zonas de charcas, en el área de distribución septentrional también aparecen en la zona de algas.

Modo de vida: pez de fondo que suele encontrarse en las charcas dejadas por la marea con pocas algas; se esconde en pequeñas cavidades y grietas desde las cuales mira hacia fuera con curiosidad. Cuando el oleaje es fuerte se adhiere al fondo rocoso para no ser arrastrado por el agua. Período de freza ya entrado el verano; tras un cortejo típico de todos los blénidos (inclinación de la cabeza, extensión de las aletas), el macho empuja a la hembra para que pase a su "nido" para la puesta. Los huevos se depositan entre las grietas de la roca o bajo las piedras, donde son vigilados y defendidos por los machos. *Alimentación*: gusanos, pequeños crustáceos (especialmente pies de bellotas de mar).

babosa

moma

Babosa plateada
Clinitrachus argentatus

Características: cuerpo alargado y aplanado por los lados con diminutas escamas profundamente incrustadas en la piel. Hocico puntiagudo; boca pequeña situada en el extremo con labios carnosos. Sin tentáculos sobre la cabeza. 2 aletas dorsales, la primera pequeña, triangular, sobre el opérculo branquial y con 3 radios espinosos, la segunda larga, de altura uniforme, con 25-28 radios espinosos y 3-4 radios estructurales. Aleta anal con 2 radios espinosos y 18-20 estructurales. Aleta ventral en posición muy anterior, bifurcada y filiforme, con 1 radio espinoso y 2-3 estructurales. Aleta caudal no unida a las aletas dorsal y anal. *Color*: según el lugar que habite muy diferente; negro, oliváceo, violeta o marrón (los alevines con el color de fondo más claro); flancos con manchas claras y brillo plateado. Las aletas dorsal y anal con bandas transversales regulares oscuras. *Longitud*: máx 10 cm.
Distribución: Mediterráneo occidental (incluido el Adriático). En aguas someras de costas rocosas, entre algas y grietas de las rocas.
Modo de vida: peces de fondo sedentarios; no suelen nadar por el agua, sino que se arrastran por el fondo mediante movimientos laterales del tronco, para lo cual se apoyan en la aleta ventral. En caso de peligro huyen inmediatamente a sus grietas y orificios en las rocas. Período de freza a principios de verano. El macho construye en su zona de hábitat, aproximadamente a 1 m de profundidad, un nido de trozos de algas en el que varias hembras expulsan sus huevos. Hasta la eclosión de las larvas, el macho vigila y defiende los huevos. Las larvas se dirigen al fondo sin pasar por un estadio intermedio durante el cual naden entre aguas. *Alimentación*: pequeños animales en la vegetación de las costas rocosas.
Parientes: el *Labrisomus nuchipinnis* posee unos tentáculos cortos y ramificados sobre los ojos y en la nuca.

Moma nariguda
Tripterygion tripteronotus

Características: cuerpo alargado y delgado, con escamas salvo en el opérculo branquial. Perfil cefálico en punta (unos 67°). Boca situada en el extremo, labio inferior no caído. Tentáculos cortos y no ramificados encima de los ojos; 1 tentáculo simple junto a los orificios nasales, 3 aletas dorsales, la primera con 3 radios espinosos, la segunda con 17-18 y la tercera con 12-13 radios estructurales; la primera aleta dorsal puede enderezarse independientemente de las otras dos. En los machos adultos se encuentran 1-3 radios de la segunda aleta dorsal prolongados en forma de filamento. Aleta anal con 24-27 radios estructurales. Aletas pectorales grandes y anchas. Aletas ventrales redondeadas, bifurcadas en forma de filamento y en posición muy anterior. Aleta caudal redondeada. *Color*: machos oscilando entre el rojo y el naranja, con la cabeza oscura y bandas transversales oscuras; mejillas con puntos azul cielo, borde posterior de la primera aleta dorsal con una mancha roja tirando a negro, las aletas segunda y tercera con un ribete azul. Las hembras de color marrón amarillento, con bandas transversales oscuras; las mejillas y el cuello amarillo limón. *Longitud*: máx 8 cm.
Distribución: Atlántico nororiental, desde el norte de Francia hasta Canarias, Mediterráneo y mar Negro. En costas rocosas sombrías, a 0-12 m de profundidad.
Modo de vida: pez de fondo dinámico que en caso de peligro huye rápidamente a grandes saltos. Período de freza de mayo a julio. El macho defiende su hábitat de 1 metro cuadrado aproximadamente y corteja a las hembras que se acercan con saltitos en zigzag y las aletas extendidas. Las hembras frezan con distintos machos. *Alimentación*: plancton y pequeños animales del fondo.
Parientes: el *T. minor*, máx 5 cm de longitud, con el perfil cefálico muy puntiagudo (58° aproximadamente) y labio inferior algo caído; los individuos de ambos sexos son de color rojo, con la cabeza marrón oscuro y jaspeados blancos y con unas 5 manchas blancas sobre la espalda (Adriático, Mediterráneo septentrional). El *T. xanthosoma* (Mediterráneo occidental, a 3-25 m de profundidad).

Blénidos con escamas

babosa plateada

Blénidos con tres aletas

moma nariguda

Lepidopus caudatus

Características: cuerpo alargado y acintado, sin escamas. El perfil de la cabeza sube lentamente desde el hocico hasta el borde inferior de los ojos, para elevarse luego más hasta el comienzo de la aleta dorsal. Cabeza larga, su longitud corresponde aproximadamente a 1/7 de la longitud total del cuerpo; hocico en punta con boca ancha, mandíbula inferior prominente; mandíbula superior e inferior con una dentadura fuerte, en la parte delantera de la primera 4-6 grandes dientes de captura puntiagudos, en la segunda 1-2. Aleta dorsal larga, comienza justo detrás de la cabeza y llega casi hasta la aleta caudal, con 100-105 radios espinosos. Aleta anal, en posición muy posterior, relativamente corta (más o menos como la longitud de la cabeza), con 31-36 radios espinosos incrustados en la piel y 21-25 radios estructurales. Aletas ventrales desarrolladas como pequeñas "escamas" detrás de las aletas pectorales. Aleta caudal con el borde posterior bifurcado. *Color*: cuerpo con reflejos plateados, a menudo con una banda dorada a lo largo de los flancos. *Longitud*: máx 2 m (unos 3 kg).

Distribución: muy extendida en mares cálidos y templados (Sudáfrica, Australia, Nueva Zelanda), en el Atlántico nororiental desde las islas Canarias y Marruecos hasta Portugal, ocasionalmente hasta las islas Británicas, el sur de Islandia y la mitad de Noruega; Mediterráneo. Normalmente sobre fondos de arena, a 100-250 m de profundidad, en el talud continental hasta los 400 m de profundidad.

Modo de vida: peces de aguas libres muy rápidos que a menudo aparecen formando grupos; suelen encontrarse con especial frecuencia delante de la costa portuguesa, en donde son muy apreciados en el ámbito culinario. Su biología reproductora todavía es poco conocida; la freza se realiza en la costa occidental de África durante los últimos meses de invierno y en primavera. *Alimentación*: peces gregarios, crustáceos.

Gonela o pez mantequilla
Pholis gunnellus

Características: cuerpo alargado, delgado y aplanado por los lados con la piel muy mucosa (¡nombre!). Cabeza pequeña con hocico redondeado; boca pequeña, inclinada hacia arriba y con labios carnosos. Escamas muy pequeñas, sin línea lateral. La aleta dorsal, larga y baja, se extiende desde por encima del borde del opérculo branquial hasta la aleta caudal, con 75-82 radios espinosos. Aleta anal la 1/2 de larga aproximadamente que la dorsal, con 2 radios espinosos y 39-45 estructurales. Aletas ventrales diminutas, con 1 radio espinoso y 1 estructural. Aleta caudal pequeña y redondeada. *Color*: marrón grisáceo, con bandas transversales irregulares y oscuras en los alevines, y jaspeados oscuros en los adultos, 9-13 manchas negras ribeteadas de blanco a lo largo de la línea dorsal. Tiras oscuras desde los ojos hasta la comisura bucal. *Longitud*: máx 30 cm.

Distribución: a ambos lados del Atlántico; en el este desde el canal de la Mancha, mar del Norte y mar Báltico hasta el mar Glacial Ártico. Sobre fondos fangosos y de arena, preferentemente, sin embargo, en costas rocosas con algas, desde zonas de charcas hasta unos 100 m de profundidad.

Modo de vida: peces de fondo emparentados con los blénidos que, a los tres años y con una longitud de 17-24 cm, alcanzan la madurez sexual. El desove se realiza desde noviembre hasta marzo en nidos que (normalmente bajo piedras o en conchas vacías) están construidos en charcas o a profundidades de hasta los 25 m. Los huevos (de 2 mm), aglutinados formando una masa, son vigilados por los dos progenitores (usualmente por la hembra). Período de incubación 2 meses; durante este tiempo los progenitores interrumpen la ingestión de alimentos, las larvas, que al eclosionar miden 9 mm de longitud, viven 1/2 año en aguas libres y se dirigen al fondo con unos 3 cm de largo. *Alimentación*: gusanos, pequeños crustáceos (pulgas de mar, cochinillas), pequeños moluscos y huevas.

Triquiúridos

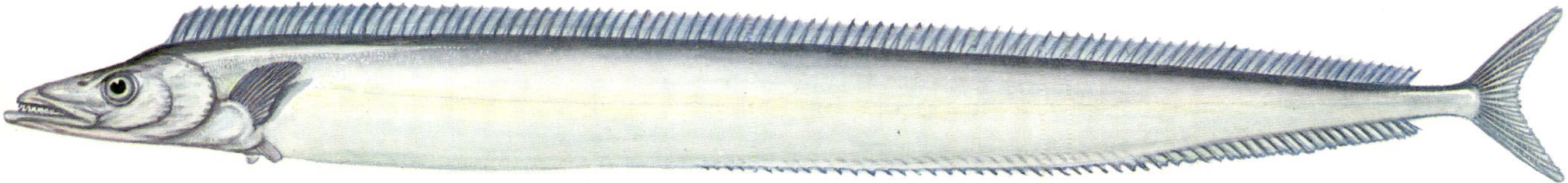

Lepidopus caudatus

Pholidae

pez mantequilla

Torillo
Chirolophis ascanii

Características: cuerpo alargado, de corte transversal redondo, de dorso relativamente elevado detrás de la cabeza para terminar en punta hasta la aleta caudal. Hocico redondeado, 2 pares de tentáculos grandes, bifurcados y dendríticos; 1 pequeño tentáculo en el borde posterior de los orificios nasales. Nuca con pequecos en los machos adultos. Aleta anal larga, con 1 radio espinoso y 35-40 estructurales. Aletas ventrales pequeñas, en posición muy anterior (más cortas que la altura de la aleta dorsal), con 4 radios. *Color*: marrón amarillento o verdoso; con bandas transversales anchas, en mcos en los machos adultos. Aleta anal larga, con 1 radio espinoso y 35-40 estructurales. Aletas ventrales pequeñas, en posición muy anterior (más cortas que la altura de la aleta dorsal), con 4 radios. *Color*: marrón amarillento o verdoso; con bandas transversales anchas, en marrón oscuro, desde el dorso hasta la cara ventral. Ojos bordeados de marrón oscuro; una tira ancha, en marrón oscuro, desde el ojo hasta la comisura bucal. *Longitud*: raramente más de 15 cm, máx 25 cm.
Distribución: Atlántico nororiental, desde la costa occidental y la meridional de Islandia (raramente), la costa noruega y el norte de las islas Británicas hasta la zona meridional del mar del Norte y el oeste del canal de la Mancha, Skagerrak, Kattegat y Eresund (raramente); en la zona limítrofe del mar Báltico sólo alevines. Costas rocosas ricas en algas, por debajo de la zona de mareas (normalmente a 10-20 m, máx a 175 m de profundidad).
Modo de vida: peces de fondo que suelen permanecer entre las algas y las hierbas marinas. Período de freza octubre y noviembre. Los huevos se depositan en pequeñas masas entre las piedras y las conchas y son vigilados por las hembras hasta la eclosión de las larvas (pasados unos 14 días). Las larvas viven en aguas libres, avanzan hasta el mar Báltico pero por lo visto mueren allí. *Alimentación*: pequeños animales del fondo.

Lumpeno
Lumpenus lampretaeformis

Características: cuerpo alargado, anguiliforme y de corte transversal redondo. Cabeza pequeña con hocico redondeado; boca estrecha y horizontal, con labios carnosos. Ojos grandes. Sin tentáculos en la cabeza. Escamas muy pequeñas, ausentes en la cabeza; línea lateral rudimentaria. Aleta dorsal larga, desde la parte posterior de la cabeza hasta la aleta caudal, con 68-76 radios espinosos, los anteriores y posteriores más cortos que los centrales. Aleta anal con 1 radio espinoso y 47-53 estructurales. Aletas ventrales pequeñas, en posición muy anterior y filiformes. Aleta caudal larga, delgada y terminada en punta. En el lumpeno moteado, *Leptoclinus maculatus*, el borde posterior de la aleta caudal está truncado. *Color*: dorso y flancos marrón, verde o azul claros, con manchas y jaspeados marrón oscuro difuminados; cara ventral amarillo verdoso, parte inferior de la cabeza y de la sección anterior del cuerpo con un brillo azulado. *Longitud*: máx 42 cm.
Distribución: Atlántico septentrional, en aguas litorales europeas, desde el mar Blanco hacia el sur de Escocia, islas Feroe, Skagerrak, Kattegat y el mar Báltico (incluido el golfo de Finlandia, probablemente lugar de freza). Sobre fondos de fango, arena y (raramente) rocosos, normalmente a 30-80 m de profundidad y, localmente, a 200 m de profundidad. La subespecie *L. l. serpentinus* aparece en la costa atlántica de Norteamérica (desde Massachusetts hasta Terranova).
Modo de vida: peces pelágicos que habitan en regiones costeras profundas. Alcanzan la madurez sexual al tercer año de vida, con una longitud de 17-24 cm. Período de freza desde diciembre hasta enero; los huevos se depositan en el fondo. Tras un estadio larvático en aguas libres que dura 3 meses, los alevines descienden gradualmente al fondo. *Alimentación*: al principio animales planctónicos, posteriormente pequeños animales del fondo (gusanos, pequeños crustáceos, equinodermos).

Stichaeidas

torillo

Regalecidae

lumpeno

Blenio vivíparo
Zoarces viviparus

Características: cuerpo anguiliforme y terminado en punta, con cabeza grande y sin escamas. Boca ancha situada en el extremo; dientes coniformes en las mandíbulas. Aletas muy pequeñas profundamente incrustadas en la piel. Aletas dorsal, caudal y anal unidas en una aleta continua. Aleta dorsal larga, delante con 72-85 radios estructurales, en el medio con 5-11 radios espinosos y detrás con 16-24 radios estructurales; una clara hendidura en el borde posterior de la aleta dorsal. Aleta anal con 90-95 radios estructurales. Aletas ventrales pequeñas, en posición muy anterior. *Color*: dorso normalmente entre verde amarillento y marrón amarillento, con manchas y bandas oscuras difuminadas (también sobre la cabeza); a lo largo de la mitad de los flancos una hilera de manchas oscuras; cara ventral entre blanquecina y gris. Aleta dorsal con bandas transversales oscuras; aletas pectorales y anal ribeteadas de amarillo o naranja y, en los machos, en el período de apareamiento, rojo brillante. Las espinas están coloreadas de verde a causa de un colorante inofensivo, la vivianita. *Longitud*: máx 50 cm.
Distribución: Atlántico nororiental, desde el mar Blanco y la costa Murman (mar de Barents) hasta el este del canal de la Mancha; zona septentrional del mar de Irlanda, islas Orcadas y Shetland; mar Báltico. En aguas someras del litoral (incluida la zona de mareas) y en aguas salobres (hasta 5 ‰ de salinidad) de las desembocaduras de los ríos, en fondos de arena y de fango, normalmente a 4-10 m de profundidad (máx 40 m). Existen varias formas locales.
Modo de vida: pez bentónico sedentario que aparece con frecuencia en los algares. En invierno se retira a capas más profundas. La madurez sexual se alcanza al final del segundo año de vida. Especie vivípara; fecundación interna de los huevos de 3 mm (época de apareamiento en agosto y septiembre). Tras un período de gestación que dura unos 4 meses, la hembra da a luz 30-400 alevines (de 3,5-5,5 cm de largo) que descienden inmediatamente al fondo. *Alimentación*: gusanos, pequeños crustáceos, pequeños moluscos y pececillos.

Licodes
Lycodes vahli

Características: cuerpo anguiliforme y terminado en punta, con cabeza grande y sin escamas. Boca ancha e ínfera con labios carnosos; dientes pequeños y cónicos en las mandíbulas. Escamas muy pequeñas profundamente incrustadas en la piel mucosa; línea lateral claramente visible. Aletas dorsal, caudal y anal unidas en una aleta continua. Extremo posterior de la aleta dorsal sin hendidura. Las aletas ventrales están muy atrofiadas y han tomado la forma de dos pequeños apéndices cortos en la zona anterior. *Color*: muy diferente según el hábitat; dorso normalmente entre marrón oscuro y verde oliva, con manchas y bandas oscuras difuminadas (también sobre la cabeza); a lo largo de la mitad de los flancos (especialmente en la parte anterior del cuerpo) se aprecia una hilera oscura de manchas; cara ventral oscilando entre el gris claro y el blanco, con reflejo plateado. Aleta dorsal con bandas transversales oscuras. La zona inferior de la aleta caudal y de la anal con un brillo rosado. Labios y comisura bucal claros. Las larvas cuentan con 8-10 bandas transversales oscuras en el cuerpo que desaparecen con el crecimiento. *Longitud*: en aguas escandinavas raramente por encima de los 20 cm, delante de Groenlandia 40 cm máx.
Distribución: Atlántico septentrional, en el este, desde la zona meridional del mar de Barents hasta el área septentrional de Kattegat. Sobre fondos fangosos a 65-500 m de profundidad (normalmente 100-365 m), con temperaturas del agua de 0 a 3°C. La especie *Lycodes* está representada por diferentes especies en los mares del Norte y su determinación precisa resulta a menudo muy difícil. Un pariente próximo, el *Lycenchelys sarsi*, aparece con frecuencia a lo largo de la costa noruega a 150-600 m de profundidad.
Modo de vida: pez bentónico que sirve como cebo para capturar otros muchos peces (halibut, halibut negro, maruca, brosmio). Período de freza de julio a octubre. Según el tamaño de la hembra, se depositan en el fondo de 30 a 90 huevos (diámetro 4,5 mm). *Alimentación*: pequeños animales de fondo.

blenio vivípero

licodes

Perro del Norte
Anarhichas lupus

Características: cuerpo alargado, cuya altura disminuye gradualmente desde la parte posterior de la cabeza hasta la aleta caudal. Cabeza grande, maciza, con hocico redondeado y boca ancha. En la zona anterior de las dos mandíbulas, dientes de captura grandes y curvados; en el paladar y en la parte posterior de la mandíbula inferior molares fuertes y redondos distribuidos en 1-2 hileras. Piel sin escamas. Aleta dorsal larga, no unida a la aleta caudal, con 69-79 radios espinosos. Aleta anal la 1/2 de larga que la aleta dorsal, con 42-48 radios estructurales. Sin aletas ventrales. Vejiga natatoria ausente. *Color*: gris, rojo amarronado o verde amarronado, con bandas transversales oscuras que se prolongan por la aleta dorsal. *Longitud*: máx 1,20 m.
Distribución: Atlántico septentrional, en el oeste, desde Groenlandia hasta Cape Cod/EUA, en el este, desde el mar Blanco hasta Vizcaya; mar del Norte, canal de la Mancha; zona occidental del mar Báltico (raramente). A 1-435 m de profundidad (alevines en aguas someras), normalmente sobre un fondo rocoso a temperaturas de −1 + 14°C.
Modo de vida: pez de fondo pelágico. La madurez sexual se alcanza al final del 6-7 año de vida y con una longitud de 50-60 m. Período de freza desde octubre hasta enero. Los huevos amarillentos, de 5-6 mm, se depositan en el fondo, en montones coniformes, a 40-200 m de profundidad y entre las algas o las piedras. Número de huevos 3.000-24.000 (según el tamaño de la hembra). Período de incubación unos 2 meses. Las larvas, que eclosionan con 1,2 cm de longitud, se alimentan en el fondo durante unos 3 1/2 meses de las reservas del saco vitelino; después nadan entre aguas durante un corto espacio de tiempo antes de pasar a vivir al fondo. *Alimentación*: los ejemplares adultos se alimentan de peces del fondo de caparazón duro (crustáceos, moluscos, equinodermos), que rompen con fuertes mordiscos. Los dientes desgastados se sustituyen, tras cada período de freza, por otros que crecen nuevos.

Perro menor
Anarhichas minor

Características: cuerpo alargado, cuya altura disminuye gradualmente desde la parte posterior de la cabeza hasta la aleta caudal. Cabeza grande y maciza, con hocico redondo y boca ancha. En la zona anterior de las dos mandíbulas dientes de captura curvados; en el paladar y en la parte posterior de la mandíbula inferior molares fuertes, algunos redondeados y otros aplanados, que se distribuyen en 1-2 hileras. Aleta dorsal larga, no unida a la aleta caudal, con 74-80 radios espinosos. Aleta anal con 45-47 radios estructurales. Sin aletas ventrales. Vejiga natatoria ausente. *Color*: dorso y flancos oscilando entre el marrón y un tono oliváceo. Cara ventral amarillenta. Adultos con manchas y puntos oscuros, distribuidos irregularmente sobre el dorso y los flancos. Alevines con líneas transversales. *Longitud*: máx 1,80 m (longevidad: unos 25 años).
Distribución: Atlántico septentrional, en el oeste, desde Groenlandia hacia el sur hasta la costa escocesa. A 25-460 m de profundidad (normalmente a 100-250 m), sobre fondos de arena y fango, a temperaturas de −1 hasta +9°C.
Un pariente, el perro azul, *A. denticulatus*, mide 1,50 m y aparece a 60-970 m de profundidad en fondos blandos del Atlántico septentrional.
Modo de vida: pez de fondo pelágico. La madurez sexual se alcanza al final del 7-10 año de vida y con una longitud de 70-90 cm. En primavera se aleja de las costas (p ej, de la zona oriental del mar de Barents hacia los bancos de unos 250 m de profundidad de Finnmark) para frezar. Los huevos (diámetro 5-6 mm) se depositan en montones esféricos en un número (según el tamaño de la hembra) de 15.000-35.000. *Alimentación*: moluscos de caparazón fino, equinodermos (erizos y estrellas de mar), también peces del fondo.
Generalidades: la piel de los peces se emplea para fabricar cuero.

perro menor

perro del norte

Gobio paganel
Gobius paganellus

Características: cuerpo bastante alargado, casi cilíndrico; eje de la cola mucho más corto que la base de la segunda aleta dorsal. Cabeza redondeada, algo aplanada, con mejillas prominentes y ojos muy cerca el uno del otro. Hocico corto; el orificio anterior de la nariz con tentáculo dividido y digitiforme de longitud variable; boca inclinada hacia arriba, 50-59 escamas en una hilera lateral, sin línea lateral, sobre la cabeza nítidas hileras de poros; nuca escamada. Dos aletas dorsales, la primera con 6 radios espinosos (los cuatro primeros igual de largos), la segunda con 1 radio espinoso y 13-14 estructurales. Aleta anal con 1 radio espinoso y 11-12 estructurales. Grandes aletas pectorales, cuyos radios superiores sobresalen por la membrana (como en todas las especies de *Gobius*). Aletas ventrales transformadas en ventosa, con el borde anterior unido por una membrana infundibular. Borde posterior de la aleta caudal redondeado. *Color*: marrón claro con jaspeados y manchas laterales oscuras; la primera aleta dorsal con una banda longitudinal clara. Los machos que han alcanzado la madurez sexual con brillo purpúreo y una banda longitudinal amarilla o anaranjada sobre la primera aleta dorsal. *Longitud*: máx 12 cm (longevidad: unos 10 años).

Distribución: Atlántico nororiental, desde la costa occidental de África hasta la costa occidental de las islas Británicas y el canal de la Mancha, Mediterráneo y mar Negro. En el Mediterráneo en aguas litorales someras, sobre fondo rocoso; a lo largo de la costa atlántica aparece frecuentemente bajo las piedras, en charcas tranquilas con muchas algas.

Modo de vida: pez de fondo voraz de las regiones someras. Período de freza según el hábitat de enero (delante de Nápoles) o abril (isla de Man/Inglaterra) hasta junio. Los huevos se depositan en el fondo, sobre algas, piedras o en caparazones vacíos y son vigilados por los machos. Tras un estadio poslarval en el plancton, los alevines se dirigen al fondo del mar. *Alimentación*: gusanos, pequeños crustáceos, moluscos, peces pequeños.

Gobio de roca
Gobius cobitis

Características: cuerpo alargado, casi cilíndrico; eje de la cola alto, claramente más corto que la base de la segunda aleta dorsal. Cabeza redondeada, algo aplanada, con mejillas prominentes y ojos grandes colocados muy cerca el uno del otro. Hocico corto; orificio anterior de la nariz con tentáculo dividido normalmente y digitiforme de longitud variable; boca casi horizontal, con labios gruesos, 59-67 escamas a lo largo de una hilera longitudinal; nuca escamada, 2 aletas dorsales separadas, la primera con 6 radios espinosos y la segunda con 1 radio espinoso y 13 (normalmente)-14 radios estructurales. Aleta anal con 1 radio espinoso y 10-12 (normalmente 11) estructurales. Grandes aletas pectorales con la parte superior provista de radios cortos y libres. Aletas ventrales transformadas en una ventosa redonda aplanada; membrana infundibular con grandes lóbulos laterales. *Color*: el color de fondo, entre amarronado y oliváceo presenta un dibujo "sal y pimienta", con jaspeados oscuros y manchas redondas a lo largo y por debajo de la mitad de los flancos (especialmente claro en los individuos más pequeños). Los adultos machos, de color oscuro, muestran un fino ribete blanco en las aletas impares. *Longitud*: máx 27 cm (es el gobio más grande del Atlántico nororiental y del Mediterráneo).

Distribución: Atlántico nororiental, desde la costa de Marruecos hasta la zona occidental del canal de la Mancha, Mediterráneo y mar Negro. En aguas someras de las costas rocosas y en praderas de vegetación marina; en la costa sudoeste de Inglaterra, principalmente en charcas (en las que el agua puede ser salobre).

Modo de vida: peces de fondo. Período de freza según el hábitat, en el Mediterráneo desde marzo hasta mayo. El macho vigila y defiende su zona y construye un nido bajo las piedras y los caparazones al que conduce a la hembra, tras un cortejo, para que deposite los huevos. Los huevos alargados (unos 0,8 mm de largo) y en forma de pera, se adhieren con ayuda de unos filamentos al nido; hasta la eclosión de las larvas los machos se encargan de su vigilancia. Cuando los alevines miden unos 9 mm se dirigen al fondo. *Alimentación*: gusanos, pequeños crustáceos, moluscos y peces pequeños.

gobio paganel

gobio de roca

Lesueurigobius friesii

Características: cuerpo alargado, casi cilíndrico, eje de la cola visiblemente más corto que la base de la segunda aleta dorsal. Cabeza redondeada, algo aplanada, con mejillas prominentes y ojos grandes, dirigidos hacia arriba y muy cerca el uno del otro. Hocico corto; boca inclinada hacia arriba, 28-29 escamas a lo largo de una hilera longitudinal; nuca con escamas, 2 aletas dorsales separadas, la primera con 6 radios espinosos alargados, la segunda con 1 radio espinoso y 13-16 estructurales. Aleta anal con 1 radio espinoso y 12-15 estructurales. Grandes aletas pectorales, sin radios libres. Aletas ventrales transformadas en una ventosa redonda aplanada. Membrana infundibular, sin vellosidades ni lóbulos laterales. Aleta caudal puntiaguda, en forma de lanza. *Color*: marrón claro, con numerosos puntos dorados en la parte superior de la cabeza, sobre el dorso, en las aletas dorsales y la aleta caudal. *Longitud*: máx 10 cm.

Distribución: Atlántico nororiental, desde la costa Ibérica hasta las aguas que rodean Irlanda y la costa meridional de Noruega, Skagerrak; Mediterráneo. A cierta distancia de la línea costera, sobre fondos de arena o fango, normalmente a 20-40 m de profundidad.

Modo de vida: poco conocido, posiblemente en comunidad con la cigala, *Nephrops norvegicus,* en cuyas cavidades probablemente se guarezcan. Período de freza de marzo a julio (en la zona de las islas Británicas).

Parientes: el *L. sanzoi*, máx 9,5 cm, con bandas transversales oscuras y amarillas; nuca escamada, 25-26 escamas laterales; los machos con los radios de la primera aleta dorsal fuertemente prolongados. *L. suerii*, máx 6 cm, con dibujos azules y amarillos sobre la cabeza, tronco y aletas; nuca con escamas, 26-28 escamas laterales.

Gobio de arena
Pomatoschistus minutus

Características: cuerpo alargado, en forma de hueso, con eje de la cola largo y bajo (tan largo como la base de la segunda aleta dorsal). Cabeza larga, con hocico corto y romo; orificio nasal anterior tubular, sin tentáculo; boca inclinada hacia arriba, 61-73 escamas a lo largo de la línea lateral, 2 aletas dorsales muy separadas, la primera, normalmente, con 6, raramente con 7, radios espinosos, la segunda con 1 radio espinoso y 10-12 radios estructurales. Aletas pectorales sin radios libres. Aletas ventrales transformadas en ventosa plana con borde no hendido. Membrana infundibular con diminutas vellosidades finas. Borde posterior de la aleta caudal redondeado. *Color*: el tono de fondo es de arena, con puntos marrón rojizo y un entramado fijo y oscuro y pequeñas manchas sobre el dorso. Los machos con una clara mancha azul oscuro en el borde posterior de la primera aleta dorsal (entre los radios 5 y 6); las dos aletas dorsales con bandas rosadas; unas 4 tiras transversales sobre los flancos y aletas ventrales oscuras (zona pectoral clara sin pigmento en las poblaciones atlánticas). *Longitud*: máx 11 cm.

Distribución: Atlántico nororiental, desde la costa Ibérica hasta Tromso/Noruega, Mediterráneo y mar Negro. En las proximidades de la costa, sobre fondos de arena a 0-20 m de profundidad; los alevines también aparecen en las aguas salobres de las desembocaduras de los ríos. Una especie de gobios próximamente emparentada, el *P. norvegicus*, máx 6,5 cm, vive lejos de las costas, en fondos de fango (30-280 m de profundidad), tanto en el Mediterráneo como en el Atlántico nororiental (hasta las Lofoten); 55-58 escamas laterales, membrana infundibular sin vellosidades.

Modo de vida: pez de fondo que a veces forma pequeños bancos. Período de freza desde marzo hasta julio (Suecia, Inglaterra). La puesta, que suele realizarse en la cara interior de las conchas vacías, es vigilada por los machos durante unos 9 días hasta la eclosión de las larvas de 3 mm de largo. Con una longitud de 1,7-1,8 cm los alevines se dirigen al fondo. *Alimentación*: pequeños animales de todo tipo.

Lesueurigobius friesii

gobio de arena

Picto
Pomatoschistus pictus

Características: cuerpo alargado, en forma de huso, con eje de la cola bajo (tan largo como la base de la segunda aleta dorsal). Cabeza larga, con hocico corto y redondo; orificio nasal anterior tubular, sin tentáculo; boca inclinada hacia arriba, 36-43 escamas a lo largo de una hilera longitudinal; nuca y región pectoral sin escamas, 2 aletas dorsales separadas, la primera con 6 radios espinosos, la segunda con 1 radio espinoso y 8-9 estructurales. Aleta anal con 1 radio espinoso y 8-9 estructurales. Aletas pectorales sin radios libres. Aletas ventrales transformadas en una ventosa plana redondeada; membrana infundibular sin vellosidades. Borde posterior de la aleta caudal redondeado. *Color:* color de fondo marrón claro, con un tosco dibujo a manera de red y grandes manchas claras sobre el dorso que llegan hasta la mitad de los flancos; a lo largo de la línea central que recorre los lados 4-5 manchas marrones, a menudo divididas en dos. Las dos aletas dorsales con grandes manchas negras en 2 hileras longitudinales; por encima bandas inclinadas rosadas. *Longitud*: máx 5,7 cm.

Distribución: Atlántico nororiental, desde el oeste del canal de la Mancha, islas Británicas y el mar del Norte hasta Tromso/Noruega; en la zona de Belt danesa, aunque no se encuentra en el mar Báltico; Mediterráneo (Adriático). En las proximidades del litoral, sobre un fondo de cantos rodados o de arena, desde la zona inferior de mareas, a veces incluso en charcas, hasta los 50 m de profundidad (máx 100 m), evita el agua salobre.

Modo de vida: pequeño pez de fondo que (como todas las especies de *Pomatoschistus*) alcanza la madurez sexual tras el primer invierno. Período de freza desde primavera hasta otoño (Isle of Man/Inglaterra; desde principios de abril hasta julio). Los huevos en forma de pera, de 1 mm de longitud, se depositan bajo las piedras, conchas, etc y son vigilados por los machos. Las larvas, que al eclosionar miden unos 3 mm de largo, viven primero en el plancton y, al alcanzar una longitud de 1,7-1,8 cm se transforman en alevines y se dirigen al fondo. Longevidad: 1-2 años. *Alimentación*: pequeños animales del fondo.

Gobio nadador
Gobiusculus flavescens

Características: cuerpo alargado y algo aplanado por los lados, con eje de la cola largo (de igual longitud que la base de la segunda aleta dorsal). Ojos situados a los lados de la cabeza, muy separados; orificio nasal anterior tubular, sin tentáculo, 34-40 escamas a lo largo de una hilera longitudinal; nuca sin escamas, 2 aletas dorsales separadas, la primera, normalmente, con 7 radios espinosos, raramente con 8, la segunda con 1 radio espinoso y 9-10 estructurales. Aleta anal con 1 radio espinoso y 9-10 estructurales. Grandes aletas pectorales, sin radios libres. Aletas ventrales transformadas en una ventosa redonda; membrana infundibular sin vellosidades. Borde posterior de la aleta caudal terminado en un corte recto. *Color*: tono oliváceo que oscila entre el rojizo y el amarronado, con un dibujo más oscuro a la manera de una red y con algunas manchas claras sobre la nuca y el dorso; numerosas manchitas en azul claro y oscuro a lo largo de la mitad de los flancos. Aletas dorsales con bandas longitudinales rojas; una gran mancha negra, con frecuencia ribeteada de amarillo, en la inserción de la aleta caudal, los machos presentan una segunda mancha similar, muy negra, detrás de la aleta pectoral y sobre la mitad del flanco. *Longitud*: máx 6 cm.

Distribución: Atlántico nororiental, desde la costa del nororeste de España hasta Trondheim/Noruega y las Feroe; al oeste del mar Báltico. En las proximidades de la costa, también en charcas ricas en vegetación, sobre el fondo del mar entre algas y sobre las hierbas marinas a 16 m de profundidad.

Modo de vida: nada entre aguas, normalmente se mantiene cerca de la superficie, en donde, formando grandes bancos toma el plancton. La madurez sexual se alcanza al final del primer año de vida, con una longitud de 6 cm aproximadamente. Período de freza desde abril hasta julio. Los huevos, piriformes y de 1 mm de longitud, suelen depositarse en las plantas; las larvas, que al eclosionar miden 2,5 mm de longitud, son arrastradas por las corrientes marinas. No suelen vivir más de 2 años. *Alimentación*: zooplancton.

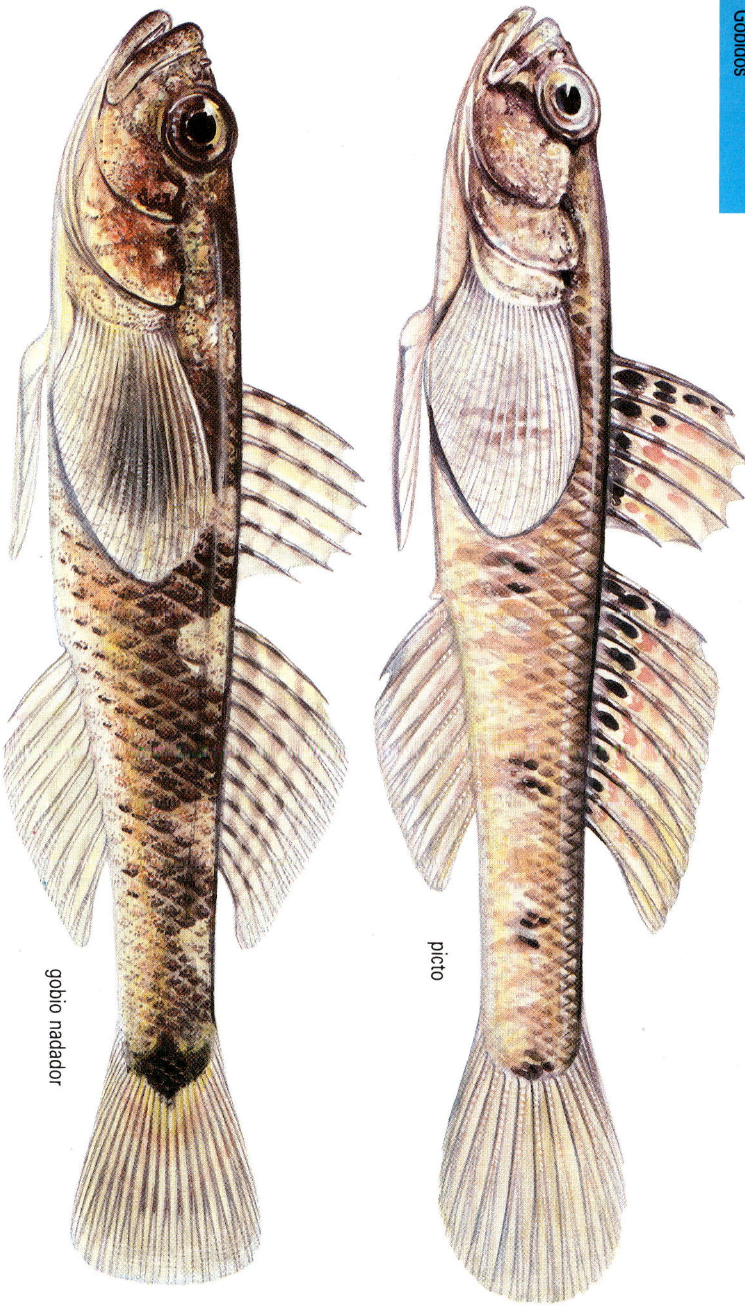
gobio nadador
picto

Chanquete
Aphya minuta

Características: cuerpo cristalino y translúcido, alargado y aplanado por los lados, con la cabeza grande. Ojos muy separados entre sí y situados a los lados de la cabeza; orificio nasal anterior sin tentáculo; boca ancha. Mandíbula inferior prominente; dientes puntiagudos, los machos adultos con grandes dientes de captura, hembras con dientes diminutos, 24-25 escamas redondas caedizas en una hilera longitudinal; nuca sin escamas, 2 aletas dorsales muy separadas, la primera con 5 radios espinosos, la segunda con 1 radio espinoso y 11-13 estructurales. Aleta anal con 1 radio espinoso y 12-14 estructurales; la aleta anal y la segunda aleta dorsal claramente más largas en los machos que en las hembras. Aletas pectorales sin radios libres. Aletas ventrales transformadas en una ventosa redonda, más grande en los machos que en las hembras; membrana infundibular sin vellosidades. Borde posterior de la aleta caudal redondeado. *Color*: transparente, con puntitos diminutos negros y pardos a lo largo de las bases de las aletas impares y sobre la cabeza. *Longitud*: hembras máx 4,6 cm, machos máx 5,1 cm.
Distribución: Atlántico nororiental, hacia el Norte hasta Trondehim/Noruega; en el área occidental del mar Báltico, Mediterráneo y mar Negro. Cerca del litoral y también en las desembocaduras de los ríos, sobre fondos de arena, fangosos y praderas de vegetación marina, desde las proximidades de la superficie hasta unos 65 m de profundidad.
Modo de vida: salvo en el período de freza, esta especie pelágica de góbidos aparece en aguas libres, normalmente formando espesos bancos. Los huevos se expulsan durante los meses de verano en la cara interna de conchas vacías. Los progenitores mueren inmediatamente después del período de freza (longevidad 1 año). *Alimentación*: pequeños animales de aguas libres.
Parientes: el *Pseudaphya ferreri*, máx 2,9 cm de largo, aparece en el Mediterráneo occidental y en el Adriático. Presenta 25-26 escamas pectinadas en una hilera longitudinal; la dentadura es igual en individuos de ambos sexos; gran mancha en la inserción de la aleta caudal.

Gobio cristal
Crystallogobius linearis

Características: cuerpo translúcido y cristalino, muy alargado y aplanado por los lados, con cabeza larga. Los ojos están muy separados entre sí y colocados a los lados de la cabeza; boca ancha; durante el período de freza se desarrollan en los machos dos grandes dientes de captura en la punta de la mandíbula inferior, que es muy extensible y está curvada, las mandíbulas de las hembras no presentan dientes o sólo algunos pequeños. Escamas pequeñas, 2 aletas dorsales separadas; la primera, en los machos, con 2 radios espinosos, en las hembras rudimentarias o, a menudo, ausentes; la segunda con 1 radio espinoso y 18-19 estructurales en los individuos de ambos sexos. Aleta anal con 1 radio espinoso y 20 estructurales. Aletas pectorales sin radios libres. Aletas ventrales transformadas en una ventosa, en los machos grande, tubular y profunda, en las hembras pequeña, plana y muy rudimentaria o ausente. *Color*: transparente, con puntitos negros y rojos a lo largo de las bases de las aletas impares, así como en la zona de la barbilla. *Longitud*: hembras máx 3,9 cm, machos máx 4,7 cm.
Distribución: Atlántico nororiental, desde Gibraltar, hacia el norte hasta las Feroe y Lofoten; Mediterráneo. A grandes distancias de la costa como el chanquete, normalmente sobre fondos de algas, arena o fango a 1-400 m de profundidad.
Modo de vida: pez gregario pelágico que se encuentra entre aguas salvo durante el período de freza. Sólo entonces, de mayo a agosto, los machos se mantienen en el fondo para vigilar los huevos que están depositados en habitáculos vacíos de gusanos tubícolas (p ej del *Chaetopterus*). Concluido el período de freza los progenitores mueren, sólo viven 1 año. *Alimentación*: animales planctónicos.

gobio cristal

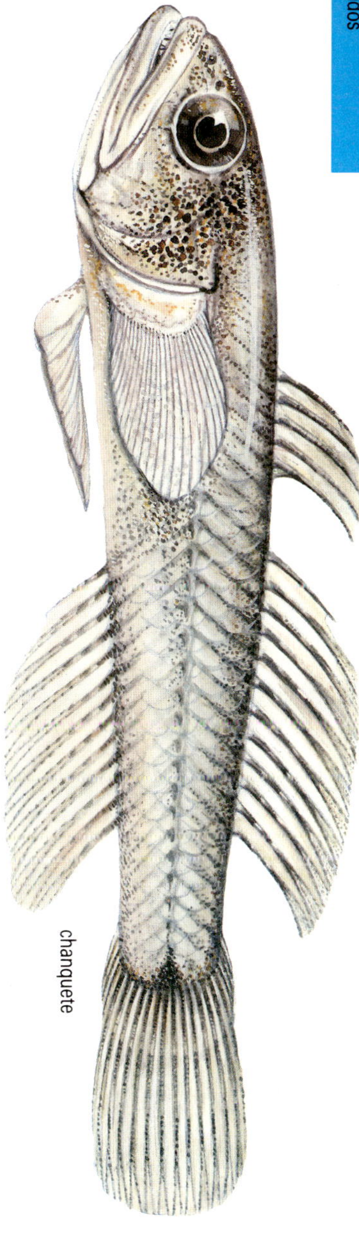

chanquete

Lucerna
Trigla lucerna

Características: cuerpo alargado y coniforme, cabeza acorazada de huesos externos de origen dérmico. Perfil cefálico ligeramente cóncavo. Punta del hocico con 2 cortas placas óseas en posición anterior. Escamas pequeñas y lisas; 70 escamas más grandes a lo largo de la línea lateral, 2 aletas dorsales, la primera con 8-10 radios espinosos, la segunda con 15-18 radios estructurales; 24-25 pequeñas espinas óseas a lo largo de las bases de las aletas dorsales. Aletas pectorales grandes, las 3 espinas inferiores sin membrana se mueven como dedos; las aletas pectorales llegan hasta el 3-4 radio de la aleta anal; espina sobre la aleta pectoral corta. Aleta anal con 14-17 radios estructurales. *Color*: muy diferente según el hábitat. Cabeza en rojo oscuro; dorso rojo, amarillento o marrón, con bandas transversales oscuras; flancos oscilando entre el rojizo y el amarillento; cara ventral rosada o blanquecina. Aletas pectorales azul oscuro con ribete azul claro; la cara inferior con puntos azules y una mancha de un negro azulado, la parte superior con puntos azul claro. Aletas ventrales, anal y caudal rojizas. *Longitud*: normalmente 25-50 cm, máx 75 cm.

Distribución: Atlántico nororiental, desde Noruega hasta Senegal; mar del Norte, canal de la Mancha, Mediterráneo y mar Negro. Sobre fondos fangosos, arenosos y de cantos rodados, a 5-300 m de profundidad. Los alevines suelen encontrarse cerca de las costas, sobre todo en las desembocaduras de los ríos o cerca de ellas (también en agua dulce). El garneo, *T. lyra*, aparece desde el norte de Escocia hasta Senegal a 100-700 m de profundidad; posee un perfil cefálico recto y una espina muy larga sobre la aleta pectoral.

Modo de vida: peces de fondo, que sin embargo también suelen dar muestras de ser buenos nadadores en aguas libres; a veces dan grandes saltos sobre la superficie del agua. Período de freza en el Mediterráneo durante los meses de invierno, en el canal de la Mancha a principios de verano. Los huevos y las larvas circulan libres por el agua. *Alimentación*: peces y pequeños crustáceos.

Trigloporus lastoviza

Características: cuerpo alargado y coniforme, cabeza acorazada con huesos externos de origen dérmico. Perfil cefálico ligeramente cóncavo. Hocico romo, sin placas óseas en posición anterior; pequeñas espinas sobre los ojos. Acanaladuras transversales finas sobre los flancos; escamas de la línea lateral no prolongada, 2 aletas dorsales, la primera con 9-11 radios espinosos, la segunda con 16-17 radios estructurales; 25 espinas óseas pequeñas a lo largo de las bases de las aletas dorsales. Grandes aletas pectorales, los 3 radios espinosos inferiores son libres y se mueven como dedos; las aletas pectorales llegan hasta el 3-7 radio de la aleta anal; la espina sobre la aleta pectoral es corta, pero con la base muy ancha. Aleta anal con 14-16 radios estructurales. *Color*: rojizo, a veces con manchas oscuras; flancos más claros, cara ventral blanquecina. Aletas dorsales rosadas; aleta anal rojiza, con ribete amarillo; aletas pectorales violeta tirando a rojo, con los radios claros y series de manchas en azul oscuro. *Longitud*: máx 40 cm.

Distribución: Atlántico nororiental, desde Inglaterra hasta Mauritania, Madeira, las Azores y las Canarias; Mediterráneo. Sobre fondos fangosos y de arena, cerca de las costas rocosas, a 30-50 m de profundidad (normalmente por debajo de los 45 cm).

Modo de vida: pez pelágico. Con sus "órganos de avance" similares a dedos (radios inferiores de las aletas pectorales libres), que están provistos de botones gustativos en los extremos, pueden "caminar" sobre el fondo como con pies y descubrir alimento. Período de freza durante los meses de verano; los huevos y larvas circulan libres en el agua. *Alimentación*: principalmente pequeños crustáceos.

Parientes: (Sin acanaladuras transversales, con grandes escamas, unas 50-60 a lo largo de la línea lateral): *Lepidotrigla cavillone*, frecuentemente en el Mediterráneo, más raramente en el Atlántico colindante (Portugal, España, Marruecos), a 35-100 m de profundidad; *Lepidotrigla dieuzeidei*, Mediterráneo occidental (frecuentemente en la costa argelina y en el golfo de Lyon).

Trigloporus lastoviza

lucerna

Perlón
Eutrigla gurnardus

Características: cuerpo alargado y coniforme, cabeza armada de huesos externos de origen dérmico. Perfil cefálico inclinado, sin hendidura. Punta del hocico con 2 placas óseas cortas en posición anterior, con 3-4 espinas a cada lado. Tronco sin acanaladura transversal, 70-77 escamas a lo largo de la línea lateral, con carena central espinosa y borde libre dentado. 2 aletas dorsales, la primera con 7-9 radios espinosos, la segunda con 18-19 estructurales; 27 espinas óseas pequeñas a lo largo de las bases de las aletas dorsales. Grandes aletas pectorales, las 3 espinas inferiores libres y con un movimiento similar al de unos dedos; las aletas pectorales no llegan hasta la aleta anal, espina sobre la aleta pectoral corta. Aleta anal con 19-20 radios estructurales. *Color*: muy variable; en la región atlántica normalmente gris, gris rojizo o marrón grisáceo, con numerosas manchas amarillas tirando a blanco sobre el dorso y los flancos, con línea lateral de un tono blanco amarillento y una mancha negra sobre la primera aleta dorsal; en el Mediterráneo frecuentemente rojo o marrón rojizo, con una mancha oscura sobre la primera aleta dorsal. *Longitud*: máx 30 cm (Mediterráneo), hasta 50 cm en el Atlántico.

Distribución: Atlántico nororiental, desde Noruega e Islandia hasta la costa occidental de África (Marruecos); canal de la Mancha, mar del Norte, zona occidental del mar Báltico, Mediterráneo y mar Negro. Sobre fondos de arena (o entre rocas sobre un fondo blanco), normalmente a 10-150 m de profundidad (máx 200 m).

Modo de vida: pez pelágico (normalmente en grupos) que con frecuencia también se encuentra en aguas libres. Durante los meses de verano se dirige hacia las costas, a aguas someras, y pueden aparecer en esta época también en las aguas salobres de las desembocaduras de los ríos. Período de freza de enero hasta septiembre (según el hábitat). Los huevos de unos 1,4 mm (cantidad, según el tamaño de la hembra 200.000-300.000) circulan libres en el agua, así como las larvas, de 3-4 mm de longitud, que eclosionan a los 8-10 días. *Alimentación*: pequeños crustáceos, pequeños animales del fondo.

Cuco
Aspitrigla cuculus

Características: cuerpo alargado de forma cónica, cabeza bien armada de huesos externos de origen dérmico, perfil cefálico inclinado, ligeramente cóncavo. Punta del hocico con 3-4 pequeñas espinas a cada lado. Tronco sin acanaladura transversal; 65-70 escamas altas osificadas (sin carena central) a lo largo de la línea lateral, disminuyendo su tamaño de delante hacia atrás; forman "costillas" transversales que llegan hasta las aletas dorsales. 2 aletas dorsales, la primera con 8-10 radios espinosos, la segunda con 17-18 radios estructurales; 26-28 espinas óseas pequeñas a lo largo de las bases de las aletas dorsales. Grandes aletas pectorales, las 3 espinas inferiores libres y movibles como dedos; las aletas pectorales llegan hasta el 3 radio de la aleta anal; la espina sobre la aleta pectoral fuerte, pero corta. Aleta anal con 16-18 radios estructurales. *Color*: cabeza, dorso y flancos rojizos, con bandas transversales oscuras irregulares; cara ventral blanquecina. Aletas pectorales gris, rosa o amarillento, con bandas oscuras anchas; aleta caudal con la inserción clara y el borde posterior oscuro; aleta anal con un ribete claro. *Longitud*: máx 45 cm.

Distribución: Atlántico nororiental, desde la costa occidental de África (Mauritania), Madeira y las Azores hasta Escocia, ocasionalmente hasta Noruega; canal de la Mancha; área meridional del mar del Norte; Mediterráneo. Sobre fondos de arena, algas, cantos rodados y rocas (con bancos de arena entre medio); en el Atlántico a 5-200 m de profundidad, en el Mediterráneo normalmente a 100-250 m, eventualmente se encuentra también en aguas someras (alrededor de los 30 m de profundidad) de la región litoral. Una especie emparentada, el arete oscuro, *A. obscurus*, aparece desde Inglaterra hasta Marruecos, así como en el Mediterráneo.

Modo de vida: poco conocido. Período de freza desde primavera hasta verano. Los huevos y las larvas circulan libres en el agua. *Alimentación*: principalmente pequeños crustáceos y también peces del fondo.

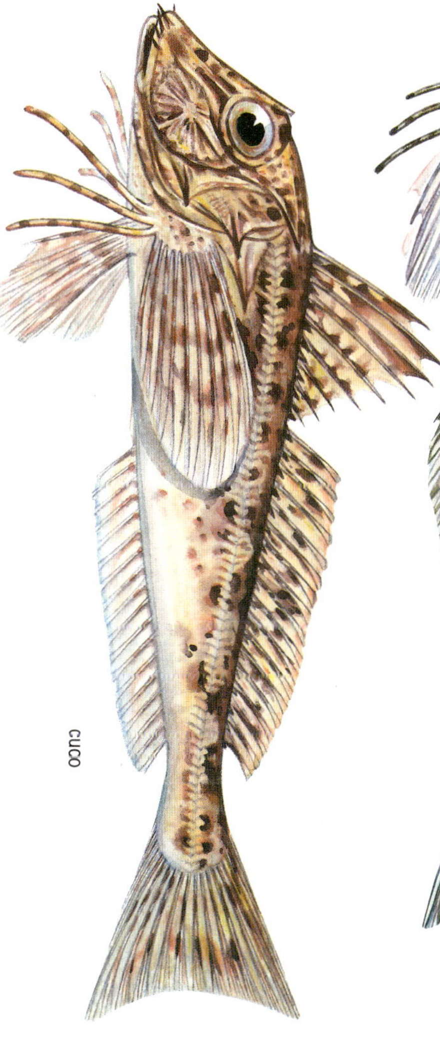

cuco

perlón

Armado
Peristedion cataphractum

Características: cuerpo alargado y delgado; cabeza armada de huesos externos de origen dérmigo. Hocico largo y puntiagudo con 2 placas óseas planas. Boca ínfera. Mandíbula inferior con barbillones grandes y bifurcados. Tronco armado con grandes placas óseas, 27-31 a lo largo de los flancos (con una cresta longitudinal que conduce hasta una espina puntiaguda). 2 aletas dorsales, la primera con 7-8 radios espinosos, la segunda con 18-19 radios estructurales; en los machos los radios de la primera aleta dorsal se prolongan en forma de filamentos (en los últimos 2/3 sin membrana). Grandes aletas pectorales, los 2 radios inferiores libres y movibles como dedos. Aleta anal baja, opuesta a la algo más larga segunda aleta dorsal, con 18-21 radios estructurales. *Color*: cabeza y dorso entre rojo oscuro y rosado, los flancos se aclaran, con cara ventral plateada. Las aletas dorsales y la anal con manchas grises, aleta anal normalmente con un ribete oscuro. *Longitud*: principalmente hasta 30 cm, máx 40 cm.
Distribución: Atlántico nororiental, desde la costa occidental de África (Senegal) hasta la zona sur de Vizcaya (muy raramente hasta el área occidental del canal de la Mancha); Mediterráneo (frecuentemente). Preferentemente sobre fondos de arena, a 50-500 m de profundidad.
Modo de vida: pez bentónico. Como sus parientes los tríglidos puede hacer vibrar la vejiga natatoria con ayuda de sus músculos y producir ronrones cuya función todavía se desconoce. Período de freza, según el hábitat, desde primavera hasta verano. Los huevos (1,7 mm de diámetro) circulan libres por el agua; tras unos 3 días eclosionan las larvas transparentes con una longitud de unos 4,3 mm. Cuando alcanzan los 4-5 cm de largo los alevines bajan al fondo. *Alimentación*: pequeños animales del fondo, como gusanos, pequeños crustáceos, pequeños moluscos; también peces del fondo pequeños.

Dactylopterus volitans

Características: muy parecido por la forma de su cuerpo alargada a los tríglidos, con escamas firmes. Cabeza grande, con un corsé de placas óseas que se extiende hasta la parte anterior del cuerpo. Boca pequeña, semiredonda, en las mandíbulas dientes formando una especie de pavimento. Ojos grandes. Orificios branquiales muy pequeños, preopérculo provisto de fuertes aguijones. Opérculo sin espina. 2 aletas dorsales, delante de la primera (con 4 radios espinosos) se encuentran 2 espinas largas aisladas, la segunda aleta dorsal con 2 radios espinosos y 8 estructurales. Aleta anal con 6 radios estructurales. Grandes aletas pectorales, la parte anterior corta, con 6 radios estructurales, la parte posterior se agranda como un abanico, sólo unida por las bases a la parte anterior. A ambos lados del eje de la cola 2 escamas con carena. *Color*: cabeza, dorso y flancos en gris o amarronados, frecuentemente con puntos y manchas oscuros entre los que se encuentran también puntos claros. Cara ventral blanco rojizo. Aletas pectorales marrones, con puntos en azul claro y tiras que están distribuidas formando un dibujo irregular. *Longitud*: máx 50 cm.
Distribución: Atlántico oriental, desde Angola hasta las islas Británicas, Mediterráneo. Normalmente a 10-30 m de profundidad.
Modo de vida: habitante de fondos arenosos o fangosos que, con ayuda de sus ''alas'' extendidas, puede volar por el agua; los animales que yacen en el fondo suelen plegar las aletas pectorales hacia atrás; asustado, las vuelve a extender tras unos rápidos movimientos de la cola y se desliza con ellas por el agua. Período de freza durante los meses de verano. *Alimentación*: pequeños animales del fondo, preferentemente pequeños crustáceos.

Tríglidos

armado

Dactilopteridae

Dactylopterus volitans

Rascacio
Scorpaena porcus

Características: cuerpo robusto, algo aplanado por los lados con cabeza acorazada de espinas ancha. Ojos grandes y ovales; tentáculos encima de los ojos largos y filiformes; con 2 tentáculos más pequeños sobre los orificios nasales anteriores. Boca muy ancha, mentón sin apéndices. Escamas pequeñas, más de 55 a lo largo de la línea lateral. 1 aleta dorsal, la parte de radios espinosos, 12 (con glándulas venenosas en las bases de las espinas) está separada por una ligera hendidura de la parte de radios estructurales, 9-10, que es corta. Aleta anal con 3 radios espinosos y 5-6 estructurales. Aletas pectorales grandes y anchas. Aletas ventrales en posición muy anterior. Sin vejiga natatoria. *Color*: normalmente oscila entre el marrón y el marrón rojizo, con bandas y manchas irregulares. *Longitud*: máx 25 cm.

Distribución: Atlántico nororiental, desde Vizcaya (sólo raramente llegan hasta el canal de la Mancha) hasta el noroeste de África (Marruecos), junto a las islas Canarias y las Azores, Mediterráneo y mar Negro. En costas rocosas, a 0-800 m de profundidad, normalmente en aguas someras.

Modo de vida: pez solitario y bentónico que cuenta con un buen camuflaje. Durante el día permanece inmóvil en los lugares sombríos entre grietas de rocas con algas (frecuentemente muy cerca de la superficie del agua); suele cazar principalmente al atardecer (y se supone que también durante la noche). Tan pronto ha percibido una víctima propicia se dirige a ella en un abrir y cerrar de ojos para desgarrarla con su gran boca. Período de freza desde junio hasta agosto. Los huevos se depositan en bandas y montones mucosos transparentes. Las larvas viven en el plancton; con una longitud de 3 cm aproximadamente los alevines se dirigen al fondo. *Alimentación*: quisquillas, crustáceos y pequeños peces del fondo.

Generalidades: como sus parientes este escorpénido posee la capacidad de mudar de piel; cada 4 semanas aproximadamente se desprende de su vieja piel, en partes de la cual han crecido algas.

Cabracho
Scorpaena scrofa

Características: cuerpo robusto, algo aplanado por los lados, con cabeza grande, ancha y acorazada de espinas. Ojos ovales, relativamente pequeños (de tamaño inferior a los del *S. porcus*); tentáculos supraoculares pequeños, muy cortos, 2 pequeños tentáculos sobre los orificios anteriores de la nariz. Boca muy ancha, mentón con numerosos apéndices (en el cuerpo, por el contrario, menos que el *S. porcus*). Escamas bien grandes, 35-40 a lo largo de la línea lateral. 1 aleta dorsal, la parte con radios espinosos (12), con glándulas venenosas está separada por una clara hendidura de la parte corta de radios estructurales (9-10). Aleta anal con 3 radios espinosos y 5-6 estructurales. Aletas pectorales grandes y anchas. Aletas ventrales en posición muy anterior. Sin vejiga natatoria. *Color*: muy diferente según el hábitat, normalmente marrón rojizo con jaspeados oscuros y claros. En el centro de la aleta dorsal suele aparecer una mancha negra. La muda de piel se realiza periódicamente, a menudo varias veces al mes. *Longitud*: 20-26, máx 50 cm.

Distribución: Atlántico nororiental, desde las islas Británicas hasta Senegal, junto a las islas Canarias, Madeira y las Azores; Mediterráneo. Principalmente sobre fondos rocosos a 0-500 m de profundidad.

Modo de vida: pez bentónico indolente que, asustado, escapa a toda prisa para esconderse de nuevo a corta distancia. Captura a sus presas al atardecer y por la noche. Período de freza a finales de primavera y en verano. Los huevos se depositan en montones gelatinosos. *Alimentación:* crustáceos, moluscos y peces.

Parientes: escórpora, *S. notata*, máx 18 cm; sin apéndices en el mentón; ojos grandes y redondos; cuerpo rojo ladrillo, con una mancha negra entre el octavo y el décimo radio de la aleta dorsal. Aparece desde Vizcaya hasta Senegal; las Azores, Madeira y las Canarias; a 30-700 m de profundidad. *S. loppei*, desde Portugal hasta Mauritania; Mediterráneo, a 100-200 m de profundidad.

cabracho

rascacio

Gallineta
Helicolenus dactylopterus

Características: cuerpo robusto y de dorso alto, muy parecido al de los merillos. Cabeza (con filetes óseos planos) y cuerpo sin apéndices. Ojos grandes; sin tentáculos supraoculares. Boca ancha, casi horizontal; mandíbula inferior prominente; dientes en la mandíbula, vómer y paladar, la mandíbula superior llega hasta el borde posterior del ojo. Preopérculo con 5 aguijones, opérculo con 2 espinas en el borde posterior. Pequeñas escamas pectinadas, 26-30 a lo largo de la línea lateral. Aleta dorsal larga, sólo ligeramente hendida, con 11-13 radios espinosos y 11-14 estructurales. Aleta anal con 3 radios espinosos y 5 estructurales. Aleta ventral con 16-21 (normalmente 19) radios; los 2 superiores y los 8 inferiores más cortos que el resto y con el extremo libre. Aletas ventrales sólo algo más cortas que las aletas pectorales. Borde de la aleta caudal ligeramente escotado, casi de corte recto, 24 vértebras. Sin vejiga natatoria. *Color*: dorso rojo, flancos rosados, cara ventral blanquecina, 5-6 bandas transversales sobre el tronco; cabeza y aletas con algunas manchas rojo amarronado; frecuentemente se presenta una mancha oscura al final de la parte de radios espinosos de la aleta dorsal. Cavidad bucal y peritoneo negro azulado. *Longitud*: máx 30 cm (Mediterráneo), hasta 46 cm (Atlántico).
Distribución: Atlántico, en el oeste, desde Nueva Escocia hasta Venezuela, en el este, desde Noruega, las Feroe, Escocia e Irlanda hasta Sudáfrica; Mediterráneo. La subespecie *H.d. lahillei* aparece desde Uruguay hasta Argentina. Sobre fondos de arena y duros de la plataforma continental, a profundidades de hasta 960 m, normalmente de 100 a 500 m.
Modo de vida: pez gregario que vive en las capas profundas, por lo que su biología se ha estudiado poco aunque se aprecia su valor culinario y se vende en los mercados locales. Período de freza en invierno. Los huevos, diminutos y de apenas 1 mm, se depositan en montones gelatinosos. Las larvas viven en el plancton. *Alimentación*: pececillos invertebrados.

Gallineta nórdica
Sebastes marinus

Características: cuerpo aplanado por los lados y con ojos grandes. Boca ancha y situada en el extremo; pequeños dientes en las mandíbulas; mandíbula inferior lisa. Opérculo con espinas orientadas hacia atrás, preopérculo con varios aguijones. Escamas pectinadas 80-90 a lo largo de la línea lateral, 16-21 entre la línea inclinada que va del borde posterior de la aleta anal y la línea lateral. Aleta dorsal larga, la parte de radios espinosos, 12-15, está separada por una hendidura de la parte de radios estructurales (11-13). Aleta anal con 3 radios espinosos y 6-8 estructurales. Aletas pectorales con 1 radio espinoso y 5 estructurales. *Color*: rojo intenso, cara ventral blanco rojizo. Cavidad bucal rojo claro. *Longitud*: máx 1 m (15 kg aproximadamente, por encima de los 60 años).
Distribución: Atlántico septentrional, en el este, desde el mar Blanco hasta Escocia y zona occidental de Noruega, junto a Spitzberg, Islandia y las Feroe. Tanto en la región lateral, cerca del fondo (preferentemente sobre fondos rocosos) como en aguas libres a 30-200 m de profundidad. La *S. mentella* se encuentra a 300-1.000 m de profundidad y posee ojos más grandes y un apéndice coniforme en la mandíbula inferior.
Modo de vida: pez gregario vivíparo. Período de apareamiento de octubre a noviembre (área septentrional del mar de Barents). Las hembras se dirigen durante los meses de invierno a sus lugares de freza (Lofoten, Islandia, Terranova), en donde dan a luz entre abril y junio a 350.000 alevines a 200-500 m de profundidad. *Alimentación*: animales planctónicos, los adultos preferentemente arenques y capelines.
Parientes: el *S. viviparus*, de longitud media 20-30 cm, posee 70-80 escamas a lo largo de la línea lateral y 11-13 entre el borde posterior de la aleta anal y la línea lateral. Vive en fondos rocosos a ambos lados del Atlántico septentrional, a 50-300 m de profundidad (desde Islandia y Noruega hasta la costa atlántica irlandesa).

gallineta

gallineta nórdica

Escorpión común
Myoxocephalus scorpius

Características: cuerpo de forma cónica, con cabeza grande y ancha (con crestas craneanas longitudinales). Boca ancha, en el extremo, sin barbillones. Preopérculo con 3 espinas pequeñas, la más superior es más corta que el diámetro del ojo. Hendiduras branquiales anchas; las membranas branquiostegas (sobre el lado inferior de la cabeza) unidas entre sí. Piel lisa y sin escamas. 2 aletas dorsales, la primera con 7-11 radios espinosos y la segunda con 14-17 radios estructurales. Aleta anal, opuesta a la segunda aleta dorsal, con 10-14 radios estructurales. Aletas ventrales en forma de abanico, en los machos, durante el período de freza, con aguijones en forma de gancho en la parte posterior de los radios. Aletas ventrales con 1 radio espinoso y 5 estructurales. Sin vejiga natatoria. *Color*: según el hábitat gris o amarronado con manchas oscuras sobre la cabeza y el dorso; flancos con manchas entre el amarillo y el blanco; cara ventral amarillenta en los machos y anaranjadas en las hembras. Los machos adultos con manchas cobrizas y blancas en la cara ventral. *Longitud*: máx 60 cm (regiones árticas).

Distribución: Atlántico nororiental, mar de Barents y mar Blanco hasta Vizcaya; mar del Norte, canal de la Mancha; mar Báltico. Sobre fondos blandos, de algas y cantos rodados, también en praderas de vegetación marina; a 2-25 m de profundidad en el área de distribución meridional, hasta los 250 m de profundidad en el norte. Se encuentra también en aguas salobres y en desembocaduras de los ríos.

Modo de vida: pez de fondo que en verano se acerca más a las orillas que en invierno, su buen camuflaje le resulta útil para acechar a sus presas. Período de freza de octubre a marzo. Tras el acoplamiento (durante el cual el macho mantiene asida a la hembra con sus aletas pectorales y ventrales) y una fecundación interna, los huevos (2-2,5 mm) se depositan sobre piedras o algas en pequeños montones y son vigilados por los machos. Período de incubación unas 5 semanas. Con una longitud de 2 cm aproximadamente las larvas se dirigen al fondo. *Alimentación*: crustáceos, larvas y huevas de peces, alevines.

Escorpión marino
Taurulus bubalis

Características: cuerpo robusto y de forma cónica con la cabeza grande y ancha (con crestas craneanas longitudinales). Boca ancha y en posición extrema, comisura bucal con 1-2 barbillones muy pequeños y carnosos. Preopérculo con 3-4 espinas, la superior es más larga que el diámetro del ojo. Hendiduras branquiales estrechas; membranas branquiostegas separadas. Piel lisa, sin escamas; línea lateral rugosa, cubierta de 32-35 pequeños escudos óseos. 2 aletas dorsales, la primera con 7-9 radios espinosos, la segunda con 10-14 estructurales. Aleta anal con 8-10 radios estructurales. Las aletas ventrales se agrandan en forma del abanico, los individuos de ambos sexos están provistos de pequeños aguijones sobre la cara posterior de los radios. Aletas ventrales con 1 radio espinoso y 3 estructurales. Papila genital, mucho más larga en los machos que en las hembras. Sin vejiga natatoria. *Color*: variable, normalmente marrón, con grandes manchas verdes o amarillentas; cara ventral amarillenta o con un reflejo plateado (especialmente en los machos adultos). El color del fondo puede ser en ocasiones rojizo. *Longitud*: machos 8-12 cm, hembras 10-25 cm.

Distribución: Atlántico nororiental, desde el mar Blanco hasta la costa meridional y la occidental de Islandia, hacia el sur hasta Vizcaya; mar del Norte, área occidental del mar Báltico, canal de la Mancha. En aguas someras entre rocas cubiertas de algas y praderas de vegetación marina, sólo raramente por debajo de los 30 m de profundidad.

Modo de vida: pez de fondo que cae repentinamente sobre sus víctimas. Los machos alcanzan la madurez sexual a partir de los 10 cm y las hembras con 14 cm a finales del segundo año de vida. Período de freza de enero a mayo. Los huevos, de 1,5-1,75 mm, se depositan en las piedras formando pequeños montones y son vigilados por los machos. Período de incubación 3 semanas aproximadamente. Las larvas, que al eclosionar sólo miden 5-6 mm de largo, permanecen en el plancton; con una longitud de 1,3-1,4 cm los alevines se dirigen al fondo. *Alimentación*: crustáceo, gusanos y huevas.

escorpión común

escorpión marino

Escorpión enano
Taurulus lilljeborgi

Características: por la forma de su cuerpo es muy parecido al escorpión marino. Comisura bucal con 1 pequeño barbillón. El diámetro del ojo de igual longitud que el hocico. Preopérculo con 4 espinas, la superior alcanza una altura máxima igual al diámetro del ojo. Hendiduras branquiales estrechas; membranas branquiostegas separadas. Piel lisa y sin escamas; línea lateral rugosa, con escudos óseos; paralela a la línea lateral transcurre una segunda hilera de escudos óseos. 2 aletas dorsales, la primera con 9 radios espinosos, la segunda con 12 estructurales. Aleta anal con 8 radios estructurales. Aletas pectorales flabeladas. Aletas ventrales con 1 radio espinoso y 2 estructurales. Sin vejiga natatoria. *Color*: dorso y flancos oscilando entre el marrón claro y el amarillento con 4 bandas transversales irregulares en gris oscuro sobre el tronco, 1 banda transversal similar sobre la cabeza. Los machos, en el período de freza, muestran una banda roja detrás de la cabeza y manchas rojas sobre los flancos. *Longitud*: máx 6 cm.

Distribución: Atlántico nororiental, desde la mitad de Noruega hasta el área occidental de Islandia, hacia el sur, hasta las islas Británicas, Skagerrak, Kattegat, zona septentrional del mar del Norte. Sobre fondos de cantos rodados, localmente sobre fondos de arena y fango, a 25-100 m de profundidad (normalmente bajo regiones de hierbas marinas).

Modo de vida: poco conocido, período de freza, en el área de distribución meridional, durante la primavera, en el norte durante los meses de verano. En la región del mar del Norte se encuentran los huevos en abril asidos a colonias de pólipos. Las larvas viven en el plancton y son arrastradas por las corrientes hacia el Norte (hasta la costa Murman). *Alimentación*: pequeños animales de fondo.

Parientes: el *Icelos bicronis* presenta una aleta anal con unos 15 radios estructurales, el diámetro del ojo es inferior a la longitud del hocico; el *Triglops pingeli*, con una aleta anal de 20 radios estructurales aproximadamente, el diámetro del ojo es igual a la longitud del hocico.

Agono
Agonus cataphractus

Características: cuerpo alargado, totalmente acorazado por fuertes escudos óseos de bordes dentados. Cabeza ancha y plana; boca ínfera; parte inferior de la cabeza con numerosos barbillones cortos. Perfil cefálico cóncavo sobre la frente y el hocico. Hocico con 2 pares de espinas en la punta, 2 aletas dorsales, la primera con 5-6 radios espinosos, la segunda con 6-8 estructurales. Aleta anal con 6-7 radios estructurales. Las 2 aletas dorsales, la anal y las ventrales son mucho más grandes en las hembras que en los machos. Las aletas ventrales, en posición muy anterior, debajo o casi por detrás de las grandes aletas pectorales, están muy cerca una de la otra y poseen 1 radio espinoso y 2 estructurales. *Color*: oscila entre el marrón claro y el rojizo, con 4-5 manchas oscuras colocadas como diademas sobre el dorso. Cara inferior blanquecina, aletas pectorales claras, entre amarillentas y anaranjadas. *Longitud*: 12-15 cm, máx 20 cm.

Distribución: Atlántico nororiental, desde el mar Blanco hasta el canal de la Mancha; zona occidental del mar Báltico. Sobre fondos de fango, arena o cantos rodados, a 5-200 m de profundidad (máx 500 m).

Modo de vida: pez bentónico, normalmente enterrado en el fondo o escondido entre las piedras. En su zona de distribución meridional también aparece con frecuencia durante los meses de invierno en las desembocaduras de los ríos. Período de freza desde febrero hasta abril. Los huevos amarillos (1,8-2,2 mm de diámetro) son depositados en pequeños montones, con frecuencia entre los órganos de adhesión bifurcados de las algas marrones. A los 10-11 meses las larvas de 6-8 mm eclosionan y viven en el plancton hasta alcanzar una longitud de 2 cm. *Alimentación*: gusanos, pequeños crustáceos, equinodermos y pequeños peces del fondo.

ágono

escorpión enano

Ciclóptero
Cyclopterus lumpus

Características: cuerpo redondo y macizo, con pequeñas protuberancias óseas y 4 hileras longitudinales de grandes aguijones; la primera a lo largo de la línea dorsal, la segunda desde el ojo hasta la aleta caudal, la tercera desde la comisura bucal hasta la aleta caudal y la cuarta desde la base de la aleta pectoral hasta la aleta anal. Los alevines con 2 aletas dorsales; la primera con 6-8 radios estructurales, la segunda con un radio espinoso y 10 estructurales. En los adultos la primera aleta dorsal está cubierta de una gruesa cresta carnosa cutánea; en las hembras esta cresta es más alta (y aletas pectorales más pequeñas) que en los machos. Aletas ventrales transformadas en una ventosa ancha. Aleta anal con 1 radio espinoso y 10 estructurales. Sin vejiga natatoria. *Color*: amarronado, azulado o gris; verdoso en los alevines. Los machos, durante el período de freza, con la cara ventral entre anaranjada y rojo ladrillo. *Longitud*: los machos alcanzan hasta los 50 cm, las hembras 60 cm.
Distribución: Atlántico septentrional, en el este hacia el sur hasta Portugal. Sobre fondo rocosos, desde aguas someras hasta los 300 m de profundidad aproximadamente.
Modo de vida: pez bentónico que con ayuda de su ventosa se fija al fondo. A finales de invierno y de primavera (desde febrero hasta mayo) los peces van a frezar a las aguas someras de la zona litoral. Los huevos, en un principio de un color rojo amarillento y posteriormente verdoso (unos 200.000 por hembra) son depositados en montones. Hasta la eclosión de las larvas, que tienen forma de renacuajo y miden 6-7 mm de longitud (período de incubación 1-2 meses) los machos se encargan de su vigilancia y defensa. Las hembras vuelven a aguas más profundas después del desove. Las larvas viven en el plancton y los alevines en regiones de algas durante el verano. Con el comienzo de la estación fría, se dirigen a mayores profundidades. *Alimentación*: crustáceos, alevines y ctenóforos.

Liparis común
Liparis liparis

Características: cuerpo con forma de renacuajo, cabeza ancha y de hocico romo. Piel blanda sin escamas y mucosa. Aleta dorsal con 33-36 radios estructurales y aleta anal con 27-29, unidas a la aleta caudal mediante una membrana. Las aletas pectorales redondeadas llegan hasta debajo de la cabeza. Las aletas ventrales se hallan transformadas en una ventosa redonda. Sin vejiga natatoria. *Color*: varía según el hábitat, normalmente amarillento, amarronado o rojizo, ocasionalmente con líneas difusas. *Longitud*: suele alcanzar los 12 cm, raramente llega a los 18 cm.
Distribución: Atlántico septentrional, en el este, hacia el sur, hasta el canal de la Mancha; mar Báltico. Desde aguas someras hasta profundidades alrededor de los 100 m.
Modo de vida: pez de fondo que suele encontrarse en las aguas someras de los algares y en las desembocaduras de los ríos. El período de incubación dura 6-8 semanas, según la temperatura del agua. *Alimentación*: pequeños animales de todo tipo, especialmente pequeños crustáceos.
Parientes: en el liparis menor, *Lipars montagui*, la aleta dorsal y la anal no están unidas a la aleta caudal. No suele alcanzar más de 9 cm y sólo ocasionalmente llega a los 12 cm de largo. Se encuentra preferentemente en aguas más someras (desde charcas hasta los 30 m de profundidad aproximadamente) que sus parientes. Freza en primavera y a principios de verano.

Cicloptéridos

ciclóptero

Liparinae

liparis común

Rodaballo

Psetta maxima

Características: cuerpo casi circular; los ojos se encuentran en la parte izquierda del cuerpo, el ojo inferior en posición algo anterior al superior. El perfil encefálico con una hendidura plana al comienzo de la aleta dorsal. Boca grande y terminal; mandíbula inferior prominente. Cara oculada sin escamas, pero con prominencias óseas grandes y distribuidas irregularmente. La aleta dorsal comienza antes del ojo superior, los primeros radios con bifurcaciones cortas y con las puntas de los radios libres; la aleta dorsal (57-72 radios estructurales) y la anal (43-56 radios estructurales) no llegan hasta la aleta caudal. Aletas ventrales asimétricas. *Color*: la cara ocular varía según el hábitat, desde el marrón grisáceo hasta el chocolate oscuro, con puntos amarillentos, marrón claro o marrón oscuro, negruzcos o verdosos. Las aletas están salpicadas de oscuro. La cara desprovista de ojos es de color blanquecino. *Longitud*: normalmente hasta 80 cm, máx 1 m.

Distribución: Atlántico nororiental; mar del Norte, área occidental del mar Báltico; Mediterráneo. Un pariente próximo, la *P. maeotica*, aparece en la zona oriental del Mediterráneo y en el mar Negro. Sobre fondos de arena, fango o piedras, desde aguas someras hasta una profundidad de unos 80 m, también en aguas salobres.

Modo de vida: pez de fondo, los alevines se encuentran más en las aguas someras del litoral. Período de freza en primavera y verano. En las aguas del norte de Europa los huevos se depositan sobre un fondo pedregoso a 10-80 m de profundidad. Los huevos permanecen en el plancton; a los pocos días eclosionan las larvas que todavía muestran una forma "normal" (constitución simétrica del cuerpo) y que aún permanecen en las capas superiores del agua. Con el comienzo de su transformación en pez plano, con una longitud de 2,5 cm y a los 4-6 meses de vida; los alevines bajan al fondo. *Alimentación*: crustáceos, músculos, pequeños peces del fondo.

Rombo

Scophthalmus rhombus

Características: cuerpo oval, más delgado que el del rodaballo, ojos en el lado izquierdo del cuerpo, el inferior en posición algo más anterior que el superior. Perfil cefálico recto. Escamas pequeñas y lisas, sin protuberancias óseas. La aleta dorsal comienza antes del ojo superior, los primeros radios libres están claramente bifurcados; la aleta dorsal (73-83 radios estructurales) y la anal (56-62 radios estructurales) no llegan hasta la aleta caudal. Aletas ventrales asimétricas. *Color*: varía notablemente según el hábitat, normalmente de color arena, entre el marrón claro y el oscuro, con numerosas manchas claras y oscuras distribuidas de forma irregular. Aletas de color claro, sólo la aleta caudal está ligeramente punteada. La cara ciega es blanquecina, a veces con manchas oscuras. *Longitud*: máx 70 cm. En la tapadera, *Zeugopterus punctatus*, las escamas de la cara ocular cuentan con finos apéndices similares a cerdas que recuerdan al tacto a una piel áspera. La aleta dorsal y la anal llegan hasta por detrás del eje de la cola, en donde forman lóbulos; las aletas ventrales están unidas a la aleta anal; detrás de la curva de la línea lateral se encuentra una mancha oscura y a partir del ojo transcurre una línea oscura hasta el borde del cuerpo.

Distribución: Atlántico nororiental, desde la región mediterránea hasta Escandinavia (64° N); mar del Norte, canal de la Mancha; área occidental del mar Báltico. Sobre fondos de arena, fango o piedras, desde regiones de aguas someras hasta unos 70 m de profundidad, también aparecen en aguas salobres.

Modo de vida: los animales adultos, más grandes, viven más en las aguas profundas, los alevines preferentemente en aguas someras. La freza se realiza en el Atlántico, en el mar del Norte y en el canal de la Mancha durante los meses de primavera y de verano, en el Mediterráneo desde febrero hasta marzo. *Alimentación*: crustáceos, pequeños peces del fondo.

rodaballo

rombo

Phrynorhombus regius

Características: cuerpo alto y oval. Los ojos, en el costado izquierdo, son grandes y están situados o bien uno encima de otro o con el inferior algo más hacia delante que el sueprior; entre los ojos se halla un tabique óseo. Perfil cefálico con una hendidura clara. Boca terminal y ancha; mandíbula inferior prominente. Las escamas de la cara ocular con apéndices finos similares a cerdas, las de la cara ciega lisas; 78-80 escamas a lo largo de la línea lateral. La aleta dorsal comienza justo después de la hendidura anterior a los ojos; el primer radio de la aleta dorsal se prolonga; la aleta dorsal (78-80 radios estructurales) y la anal (60-68 radios estructurales) llegan hasta detrás del eje de la cola en donde forman un lóbulo. *Color*: cara ocular marrón rojizo con puntos y manchas oscuras; la parte posterior de la línea lateral cuenta con unas manchas redondas cuyo centro suele ser claro. En la aleta dorsal y la anal se hallan distribuidos, más o menos regularmente, unos puntos oscuros. *Longitud*: máx 20 cm. Su pariente próximo, la limanda noruega, *Ph. norvegicus*, mide sólo 12 cm de largo; el perfil cefálico de su cuerpo ovalado longitudinalmente no está curvado; aparece desde Islandia hasta el canal de la Mancha.

Distribución: Atlántico nororiental, desde el área mediterránea hacia el norte, hasta las islas Shetland. Tanto sobre fondos de arena como rocosos, a 9-55 m de profundidad, en el Mediterráneo a 100-300 m de profundidad.

Modo de vida: pez bentónico que suele estrecharse contra el fondo, por lo que permanece camuflado gracias a su coloración. Período de freza en primavera y principios de verano; los alevines se dirigen al fondo cuando alcanzan 1,8 cm de longitud. *Alimentación*: gusanos, pequeños crustáceos, huevas.

Gallo
Lepidorhombus whiffiagonis

Características: cuerpo ovalado longitudinalmente, delgado y translúcido. En el costado izquierdo, ojos grandes, ovales, muy juntos, sólo separados por un tabique óseo; el ojo inferior algo más adelantado que el inferior. Boca ancha en posición terminal, con la mandíbula inferior prominente y provista en la punta de una prominencia ósea. Escamas pequeñas en la cara ciega, lisas, 95-109 a lo largo de la línea lateral. Comienzo de la aleta dorsal aproximadamente en el punto medio entre la punta del hocico y el ojo superior; aleta dorsal (80-94 radios estructurales) y aleta anal (61-74 radios estructurales) llegan hasta justo por debajo del eje de la cola, sin lóbulo. *Color*: cara ocular clara de color arena y con manchas oscuras. Iris amarillo verdoso y pupila ribeteada de amarillo claro. Cara ciega blanca. *Longitud*: máx 60 cm. El *L. boscii*, que aparece desde la región mediterránea hasta las islas Orcadas presenta las siguientes características: 2 manchas oscuras al final de la aleta dorsal y de la anal; mandíbula inferior sin prominencia ósea; ojos muy grandes; 87-93 escamas a lo largo de la línea lateral; aleta dorsal con 72-87 radios estructurales, aleta anal con 60-69. Pez de fondo, de un máximo de 40 cm de largo, que sólo raramente puede encontrarse por encima de los 100 m.

Distribución: Atlántico nororiental, desde Islandia hasta Marruecos; mar del Norte, área occidental del canal de la Mancha; Mediterráneo occidental. Sobre fondos de arena a 10-600 m de profundidad, en el Atántico normalmente a partir de los 50 m, en el Mediterráneo a partir de una mayor profundidad; sólo en contadas ocasiones se encuentra en aguas someras o cerca del litoral.

Modo de vida: pez de fondo que ocasionalmente también se encuentra nadando en aguas libres. Período de freza de marzo hasta junio, a 50-200 m de profundidad. Los alevines se dirigen al fondo cuando alcanzan una longitud de 1,9 cm aproximadamente. *Alimentación*: pequeños peces del fondo y crustáceos.

Phrynorhombus regius

gallo

Bothus podas

Características: cuerpo oval redondeado. Los ojos, en el costado izquierdo, están muy separados el uno del otro, el inferior está situado mucho más adelante que el superior; en las hembras, sin embargo, el espacio interocular es más reducido y los ojos se encuentran casi uno encima del otro. Boca pequeña; los machos están provistos de una espina delante del ojo inferior y sobre la punta del hocico. Escamas pequeñas, 82-91 a lo largo de la línea lateral. La aleta dorsal, que comienza delante de los ojos, con 85-94 radios estructurales, la aleta anal con 65-70. *Color*: la cara oculada varía según el hábitat, normalmente gris, marrón con manchas claras o lisa de un marrón oscuro, 1-2 manchas oscuras sobre la parte posterior de la línea lateral. Cara ciega blanco azulado, en la parte anterior jaspeados o tiras de color carne. *Longitud*: máx 20 cm.
Características: la forma primitiva *(B. p. podas)* aparece en el Mediterráneo; la subespecie *B. p. maderensis* se encuentra en el Atlántico oriental desde Angola hasta las Azores, con especial frecuencia alrededor de Madeira y de las islas Canarias. La especie *B. pantherinus*, Indopacífico occidental, que a través del canal de Suez ha pasado al Mediterráneo, ha sido observada varias veces en la costa israelí.
Modo de vida: pez de fondo que vive principalmente en aguas someras, normalmente sobre fondos de arena. Período de freza durante los meses de verano. Su biología todavía se ha estudiado muy poco. *Alimentación*: pequeños peces del fondo.

Peluda
Arnoglossus laterna

Características: cuerpo de lado oval, parecido al de los lenguados y translúcido. Ojos, en el costado izquierdo, separados por un tabique óseo, el inferior en posición algo más anterior que el superior. Boca pequeña. Escamas ligeramente erizadas y sueltas, que caen fácilmente al tocarlas, 51-56 a lo largo de la línea lateral. La aleta dorsal comienza delante de los ojos y los primeros radios están desprovistos de membrana en sus extremos. Aleta dorsal con 84-98 radios estructurales y aleta anal con 63-75. Delante de la aleta anal se encuentra un aguijón curvado hacia atrás. Aleta ventral de la cara ciega mucho más pequeña que la de la cara oculada. Aleta caudal redondeada longitudinalmente. *Color*: cara oculada de color arena o gris, con manchas oscuras. Las aletas suelen estar punteadas de oscuro. *Longitud*: normalmente alrededor de los 10 cm, en el mar del Norte alcanza los 19 y en el Mediterráneo los 25 cm.
Distribución: Atlántico nororiental, desde Marruecos hasta Trondheim/Noruega; mar del Norte, canal de la Mancha; Mediterráneo, mar Negro. Sobre fondos fangosos y de arena; en el Atlántico, canal de la Mancha y mar del Norte a 10-200 m de profundidad, en el Mediterráneo a 40-1.000 m (normalmente a 100-300 m).
Modo de vida: poco estudiado. El período de freza abarca desde mayo hasta agosto, en el Mediterráneo probablemente también de diciembre a enero. *Alimentación*: pequeños animales del fondo, sobre todo gusanos, crustáceos y moluscos, alevines.
Parientes: *A. kessleri* (Mediterráneo oriental, mar Negro), *A. rueppelli* (Mediterráneo occidental), *A. thori* (de Senegal hasta Irlanda del Norte, zona occidental del canal de la Mancha), *A. imperialis* (de Angola a Escocia, Mediterráneo occidental).

Bothus podas

peluda

Limanda
Limanda limanda

Características: cuerpo oval; normalmente con los ojos en el costado derecho. La longitud de la cabeza equivale a 1/4 parte de la longitud del cuerpo. Boca en posición terminal, que llega hasta el tercio anterior del ojo. Preopérculo con borde libre. Escamas de la cara oculada con el borde dentado, ásperas; línea lateral con un arco semicircular sobre la aleta ventral. La aleta dorsal comienza sobre el ojo superior; aleta dorsal con 65-81 radios estructurales, aleta anal con 50-64. *Color*: cara oculada marrón amarillento, frecuentemente con manchas difuminadas y puntos pequeños y oscuros, a menudo también con puntos naranjas distribuidos irregularmente; aleta pectoral naranja. Cara ciega blanquecina. *Longitud*: normalmente hasta 20 cm, máx 40 cm.
Distribución: Atlántico nororiental, desde el mar Blanco hasta Vizcaya; mar del Norte, área occidental del mar Báltico. Preferentemente sobre fondos arenosos, desde aguas someras hasta los 200 m de profundidad aproximadamente.
Modo de vida: una de las especies de peces planos más frecuentes, sobre todo en el mar del Norte. Período de freza desde enero hasta agosto (cuanto más hacia el sur más temprano) junto a las costas; no se conocen fondos de freza especiales. Las larvas (unos 2,5 mm de largo) eclosionan de los huevos pelágicos (sin gotas de aceite) a los 7-14 días, su constitución todavía es simétrica y miden 2,5 mm de largo. Cuando alcanzan una longitud de 1,4 cm aproximadamente bajan a vivir al fondo. *Alimentación*: pequeños peces del fondo; principalmente crustáceos aunque también alevines. Al contrario de la falsa limanda, captura sus presas atacándolas de abajo hacia arriba describiendo una trayectoria inclinada; este método de captura es más apropiado para cazar animales que naden entre aguas que aquellos que se fijan al fondo, como por ejemplo los gusanos marinos.

Solla
Pleuronectes platessa

Características: cuerpo oval; normalmente con los ojos en el costado derecho. Boca terminal que llega hasta el tercio anterior del ojo. Preopérculo con el borde libre. Escamas pequeñas y lisas; sin verrugas espinosas a lo largo de las bases de la aleta dorsal y anal (al contrario de la platija), una cresta de prominencias óseas (4-7 verrugas) desde los ojos hasta el comienzo de la línea lateral (sólo ligeramente curvada sobre la aleta pectoral). La aleta dorsal, que comienza encima del ojo superior, con 65-79 radios estructurales, la anal con 48-59. *Color*: cara oculada marrón, con manchas rojizas o amarillo anaranjado y ribete claro en los individuos adultos. Cara ciega blanca, en ocasiones con manchas oscuras. *Longitud*: 25-40 cm, máx 90 cm.
Distribución: Atlántico nororiental, desde el mar Blanco hasta el área meridional de Portugal, mar del Norte; Mediterráneo occidental. Normalmente sobre fondos de arena y algas, en el Atlántico nororiental desde la zona de playa hasta unos 200 m de profundidad, en el Mediterráneo occidental hasta los 400 m de profundidad aproximadamente. Cuando busca alimento se interna incluso en las aguas salobres de la desembocadura de los ríos y en las lagunas. En las zonas de corrientes de marea coloca la cabeza contra el sentido de la corriente y fija las aletas dorsal y anal contra el fondo. Período de freza durante los meses de invierno y de primavera; el desove se realiza dentro del área de distribución en fondos muy limitados de freza. Los huevos circulan libres por el agua; tras unas 3 semanas eclosionan las larvas que, al cabo de 1-2 meses, con una longitud de 1,2-1,4 cm pasan a habitar el fondo de las aguas someras de las zonas litorales; al alcanzar el segundo año de vida y con una longitud de 15 cm aproximadamente, se dirigen a capas más profundas. *Alimentación*: gusanos, pequeños crustáceos, los adultos preferentemente poliquetos, moluscos de concha fina y pulgas de mar.

limanda

solla

Falsa limanda
Microstomus kitt

Características: cuerpo oval y ancho, carnoso, con los ojos normalmente en el costado derecho. Cabeza pequeña, su longitud corresponde a 1/5 parte de la del cuerpo. Boca pequeña, que no llega hasta el borde anterior del ojo; mandíbula inferior no prominente. Preopérculo con el borde libre. Escamas con el borde liso, sin verrugas espinosas; piel mucosa, línea lateral casi recta. Sin aguijón anal. La aleta dorsal, que comienza sobre el ojo superior, con 85-97 radios estructurales, la anal con 69-76. *Color*: cara oculada desde un marrón rojizo hasta un marrón amarillento, con jaspeados marrón oscuro, amarillo oscuro o naranja oscuro. Cara ciega blanca, *Longitud*: máx 70 cm; en el mar del Norte a los 5 años alrededor de 20-30 cm.
Distribución: Atlántico nororiental, desde el mar Blanco hasta Vizcaya; mar del Norte, canal de la Mancha. Sobre fondos de arena, pedregosos y rocosos, a 20-150 m de profundidad.
Modo de vida: la falsa limanda alcanza la madurez sexual a los 3-4 años. El período de freza dura desde marzo hasta septiembre, cuanto más al sur más temprano; se desconoce un fondo de freza claramente limitado; el desove se realiza a unos 100 m de profundidad. Ya al poco tiempo de incubación eclosionan las larvas, 4,5-5,5 mm de longitud, que circulan libres por el agua hasta el otoño. Con una longitud de 1,5-1,6 cm se inicia la transformación en pez plano, pero hasta que no han alcanzado los 3 cm de longitud no se dirigen a zonas más profundas para vivir en el fondo. *Alimentación*: poliquetos, bellotas de mar, moluscos. La falsa limanda está especializada en absorber a los poliquetos de sus tubos y arrancar las partes blandas de los crustáceos y moluscos. En cuanto ha divisado a su víctima endereza la parte anterior del cuerpo y permanece, casi inmóvil, en esta posición; en cuanto un gusano o el tubo de respiración de un molusco se deja ver, cae sobre él en un abrir y cerrar de ojos.

Mendo
Glyptocephalus cynoglossus

Características: cuerpo largo y oval; normalmente con los ojos en el costado derecho. Cabeza con cavidades planas sobre la cara ciega. Boca pequeña, en posición terminal, que llega hasta el borde anterior del ojo. Preopérculo con el borde libre. Diámetro del ojo mayor que la longitud del hocico. Línea lateral casi recta. La aleta dorsal, que se inicia sobre el ojo superior, con 97-115 radios estructurales, aleta anal con 85-90; con aguijón anal. Aleta caudal redondeada. *Color*: cara oculada de un solo color marrón grisáceo, cabeza a veces algo más oscura. Aleta pectoral de la cara oculada con la punta oscura. Cara ciega blanca. *Longitud*: máx 55 cm (2,5 kg de peso).
Distribución: Atlántico septentrional, en el este, desde el mar Blanco hasta Vizcaya; mar del Norte (no se encuentra en la zona meridional del mar del Norte ni en el canal de la Mancha), sobre fondos blandos, a 20-800 m de profundidad (normalmente entre 100 y 400 m). Aparece en grandes cantidades en los fiordos noruegos y alrededor de las Feroe y a lo largo del canal de Noruega.
Modo de vida: alcanza la madurez sexual al 4-5 año de vida; período de freza de mayo a septiembre, no se conocen migraciones para realizar la freza. Los alevines viven como los adultos en grandes profundidades. En las aguas del litoral escandinavo los mendos se dirigen a buscar alimento, durante los meses de invierno, hacia aguas someras; en las aguas costeras de Escocia, la ingestión de alimento aumenta en enero y alcanza su primer punto culminante en marzo/abril y el segundo entrado el verano. Contrariamente a la falsa limanda caza con el cuerpo en posición casi horizontal. *Alimentación*: poliquetos, crustáceos, moluscos y pequeños equinodermos.

falsa limanda

mendo

Platija americana
Hippoglossoides platessoides

Características: cuerpo oval y largo, normalmente con los ojos en el costado derecho. Boca ancha, en posición terminal, que llega hasta debajo de los ojos. Preopérculo con el borde libre. Diámetro igual o mayor que la longitud del hocico. Línea lateral casi recta, sólo algo arqueada sobre la aleta pectoral. Escamas con el borde dentado, lo que le da aspereza. La aleta dorsal, que comienza sobre el ojo superior, con 78-98 radios estructurales, la aleta anal con 60-79. Aleta caudal redondeada. *Color*: cara oculada marrón grisáceo o rojizo, a veces con muchos puntos y jaspeados oscuros. Cara ciega blanca. *Longitud*: máx unos 50 cm. Las hembras alcanzan los mayores tamaños.
Distribución: Atlántico nororiental, desde el mar Blanco hasta Irlanda; área septentrional del mar del Norte. Sobre fondos de arena y fango, en la zona de distribución septentrional desde las aguas someras de la costa hasta unos 400 m de profundidad. A menudo se interna en las aguas salobres de las desembocaduras de los ríos. Una subespecie, la *H.p. limandoides*, aparece en el Atlántico noroccidental.
Modo de vida: según el hábitat la freza se realiza en primavera o a principios de verano, cuanto más al norte más tarde (de enero a mayo en el mar del Norte, de marzo a julio en el mar de Barents). El desove se realiza en toda el área de distribución, no se conocen lugares determinados. Los 50.000-300.000 huevos (según el tamaño de la hembra), que circulan libres por el agua, se depositan a 150-200 m de profundidad y miden 1,3-3,2 mm, las larvas viven en el plancton hasta alcanzar una longitud de 2-3 cm y se dirigen al fondo, antes de haber terminado su transformación en peces planos, a profundidades entre los 40 y los 100 m. En el mar del Norte la platija americana alcanza la madurez sexual a los 2-3 años, en el mar de Barents a los 7-12. *Alimentación*: gusanos, crustáceos, moluscos, pequeñas ofiuras y pequeños peces del fondo (gádidos, lanzones, etc.).

Halibut
Hippoglossus hippoglossus

Características: cuerpo largo y carnoso, con los ojos en el costado derecho. Boca en posición terminal que llega hasta la mitad del ojo. Preopérculo con el borde libre. Escamas pequeñas y lisas; línea lateral muy arqueada sobe la aleta pectoral. La aleta dorsal, que comienza sobre el ojo superior, con 98-106 radios estructurales, la anal con 73-80. Borde de la aleta caudal recto. *Color*: cara oculada gris o gris oliváceo; cara ciega blanca. *Longitud*: máx 3,7 m (unos 300 kg). Es la especie más grande de los peces planos.
Distribución: Atlántico nororiental, desde el mar Blanco hasta Vizcaya; área septentrional del mar del Norte, mar Báltico (raramente). Sobre fondos de arena, piedras y rocas, 50-2.000 m de profundidad; en contadas ocasiones algunos ejemplares aislados migran durante los meses de verano a las aguas someras; el halibut prefiere concentraciones altas de sal y temperaturas de 2,5-8° C y con temperaturas más altas se dirige a profundidades mayores.
Modo de vida: pez bentónico voraz que aparece también entre aguas cuando busca alimento. Período de freza desde diciembre hasta abril. Número de huevos 2-3,5 millones; tamaño de los huevos 3-4 mm. Los huevos circulan a grandes profundidades y las larvas, de 6,5-7 mm de largo, no eclosionan hasta pasados 9-16 días. Con una longitud de 30-35 cm concluye la transformación en pez plano, junto a las costas los alevines de 4 cm de largo pasan a vivir al fondo. Los primeros 2-4 años se mantienen a 30-100 m de profundidad. *Alimentación*: preferentemente peces, también calamares y crustáceos.
Parientes: el halibut negro *(Reinhardtius hippoglossoides)*, con cara ciega amarronada o azulada, aparece en las regiones árticas a 200-2.000 m de profundidad; es menos asimétrico que los demás peces planos (el ojo izquierdo se desplaza sólo hasta el borde superior de la cabeza), la aleta dorsal comienza detrás del ojo superior y la línea lateral es casi recta; nada en posición normal y con frecuencia se encuentra entre aguas.

Pleuronectidae

platija americana

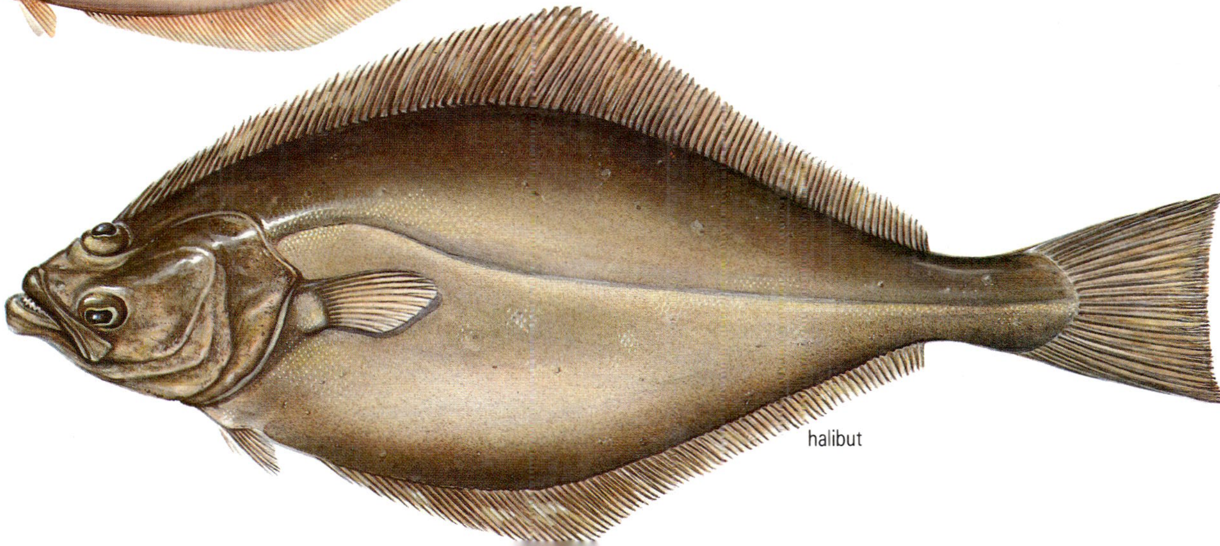

halibut

Acevia
Buglossidium luteum

Características: cuerpo largo y oval, con cabeza redondeada y con escamas; ojos en el costado derecho. Boca pequeña, ínfera, arqueada en forma de semicírculo; mandíbula superior prolongada ligeramente en forma de pico (diámetro del ojo superior menor que la longitud del hocico). El borde del preopérculo está unido a la piel de la cabeza. A lo largo de la línea lateral 55-70 escamas (el lenguado: 116-165). La aleta dorsal, que comienza por delante del ojo superior, con 65-78 radios estructurales, aleta anal con 50-63, ambas unidas al eje de la cola mediante un pliegue cutáneo. Aletas pectorales muy pequeñas sobre la cara ciega, notablemente rudimentarias. *Color*: suele ser amarillento o marrón claro, frecuentemente con manchas y puntos oscuros. Aletas dorsal y anal de color arena, cada 5 y 6, a veces cada 4-7 radios, aparece uno de color negro. *Longitud*: máx 13 cm (es el más pequeño del grupo de los lenguados).
Distribución: Atlántico nororiental, desde la región mediterránea hasta Escocia; mar del Norte, canal de la Mancha. A 5-250 m de profundidad (normalmente 5-20 m) sobre fondos de arena.
Modo de vida: los machos alcanzan la madurez sexual con 6-7 cm de longitud y las hembras con 7-8 cm. Período de freza de marzo a julio (en el Mediterráneo durante la primavera y en el canal de la Mancha a principios de verano). Los huevos, de 1 mm aproximadamente, circulan entre aguas. Período de incubación 5-6 días. Las larvas que acaban de eclosionar sólo miden 2 mm de largo. Con una longitud de 1-1,2 cm los alevines pasan a vivir en el fondo. *Alimentación*: animales y plantas planctónicos, los adultos preferentemente gusanos pequeños y crustáceos.
Parientes: ***Microchirus ocellata***, con 4-5 manchas redondas con un ribete blanco; *Microchirus hispidus*, cara ciega sin aleta pectoral.

Lenguado
Solea vulgaris

Características: cuerpo largo y oval, con cabeza redondeada y con escamas; ojos en el costado derecho. Boca ínfera, pequeña y arqueada en forma de semicírculo. El borde del preopérculo está unido a la piel de la cabeza. Orificios nasales en la cara ciega pequeños y muy separados entre sí. La aleta dorsal comienza en el punto medio entre la punta del hocico y el ojo superior. Aleta dorsal con 75-93 radios estructurales, aleta anal con 58-79, ambas unidas a la aleta caudal mediante un pliegue cutáneo. Aleta ventral de la cara ciega algo más pequeña que la de la cara oculada. *Color*: cara oculada marrón o marrón grisáceo, con manchas grandes, oscuras e irregulares. Aleta pectoral de la cara oculada con la punta negra. Aleta dorsal y aleta anal ribeteadas de blanco. Cara ciega blanquecina. *Longitud*: 30-40 cm, máx 60 cm (3 kg, más de 20 años de edad).
Distribución: Atlántico nororiental, desde Trondheim/Noruega hasta Senegal y las islas Canarias; mar del Norte, canal de la Mancha; zona occidental del mar Báltico; Mediterráneo. Sobre fondos de arena y fango hasta 180 m de profundidad (normalmente 70-130 m), en aguas alejadas de la costa.
Modo de vida: pez bentónico que se encuentra sobre el fondo o semienterrado en él. Sobre todo durante el atardecer y por la noche va en busca de alimento. Período de freza desde febrero (Mediterráneo) hasta julio (mar del Norte). El desove se realiza en las aguas someras litorales, con una temperatura del agua de 6-12° C. Número de huevos 100.000-150.000. Los huevos (1,13-1,5 mm) entre aguas. Período de incubación unos 10 días (a 9-10° C). Con una longitud de 1,2-1,5 cm los alevines se dirigen al fondo. *Alimentación*: pequeños animales del fondo, también peces.
Parientes: lenguado de arena, *S. lascaris*, aleta pectoral con una mancha negra ribeteada de blanco, 1 orificio nasal en la cara ciega con forma de rosetón; *S. kleini*, aleta pectoral negra, con ribete naranja y blanco, aleta dorsal y anal con borde oscuro.

acevía

lenguado

Rémora
Remora remora

Características: cuerpo alargado y cubierto de diminutas escamas redondas. Cabeza grande y aplanada, con boca ancha; dientes pequeños y puntiagudos distribuidos por hileras en las mandíbulas, el vómer y el paladar. La primera aleta dorsal está transformada en una gran ventosa sobre la parte superior de la cabeza y la parte anterior del dorso; es casi el doble de larga que de ancha y cuenta con 17-19 varillas transversales. (El *Echeneis naucrates*, un pariente próximo está provisto de una ventosa el triple de larga que de ancha, con 20-24 varillas transversales.) La segunda aleta dorsal y la anal son casi de igual tamaño y se oponen en su colocación; la segunda aleta dorsal con 24-27 radios estructurales y la aleta anal con 23-25. Aleta caudal ligeramente curvada (borde posterior de la aleta caudal recto o ligeramente curvado en el *Echeneis naucrates*). Aletas ventrales redondeadas (en el *Echneneis naucrates* puntiagudas). Sin vejiga natatoria. *Color*: marrón oscuro o grisáceo uniforme. Aletas pectorales más claras. Longitud: máx 64 cm.
Distribución: en mares tropicales y templados de todo el mundo. En el Atlántico oriental (es el representante que aparece con más frecuencia de su familia), hacia el norte hasta Escocia; Mediterráneo.
Modo de vida: con su ventosa se unen a los grandes animales marinos, como tiburones y tortugas y se dejan "transportar" a menudo durante extensos trayectos. Mientras se alimentan de los pequeños crustáceos parasitarios que están en la piel de sus "medios de locomoción", pero también toman otros crustáceos y alevines entre aguas dando saltos laterales de vez en cuando. La freza se realiza en el Atlántico Central a principios de verano, en el Mediterráneo a finales de verano y durante el otoño. Los alevines viven en el plancton; con una longitud de unos 3 cm se agarran ya a los animales que los transportan.

Pez ballesta
Balistes carolinensis

Características: cuerpo alto, aplanado por los lados y oval, con escamas fuertes y distribuidas en forma de mosaico. Boca pequeña y prominente, con labios carnosos; dentadura fuerte, los dientes están colocados en cavidades de los huesos de las mandíbulas. Orificio branquial pequeño, situado sobre la aleta pectoral; 2 grandes espinas óseas anchas detrás del orificio branquial. 2 aletas dorsales, la primera con 3 radios espinosos, que forman juntas un mecanismo de bloqueo (la cabeza de la articulación del primer radio encaja en una cavidad de la segunda espina; sólo al volver hacia atrás la tercera espina, una banda tendinosa retira también la segunda espina con lo que se deshace bloqueo), la segunda aleta dorsal (27-28 radios estructurales) de igual constitución que la aleta anal (25-27 radios estructurales). Los radios superiores e inferiores de la aleta caudal se prolongan en forma de filamento. Aletas pectorales pequeñas; aletas ventrales rudimentarias transformadas en una espina elevable. *Color*: variable, normalmente verdoso, gris o marrón amarillento con puntos brillantes verdes, azules o violetas sobre el dorso. La segunda aleta dorsal y la anal cuentan a veces con puntos claros, violetas o azulados. *Longitud*: máx 40 cm.
Distribución: Atlántico, en el este hacia el norte hasta la zona occidental de Irlanda y el canal de la Mancha; Mediterráneo, mar Negro (raramente). Aguas litorales, preferentemente sobre fondos rocosos, a 10-100 m de profundidad.
Modo de vida: pez solitario que se distingue inmediatamente por su forma de nadar; las pequeñas aletas pectorales y la caudal sirven de timón, mientras que las grandes aletas dorsales y anal de forma lobulada realizan movimientos ondulatorios. El período de freza se inicia en el Mediterráneo a principios de verano (a partir de los 21°C). El montón de huevos se deposita en una cavidad arenosa plana y es vigilado y defendido por los progenitores. Período de incubación unos 2 días. *Alimentación:* pequeños crustáceos y moluscos, alevines.

Echeneidae

rémora

Balístidos

pez ballesta

Diplecogaster bimaculata

Características: cuerpo de corte transversal redondeado, sólo aplanado lateralmente por el eje de la cola, con cabeza grande y plana. Ventosa grande, con numerosas papilas (aletas ventrales aplanadas) en la parte inferior de la zona anterior del cuerpo, situadas justo por detrás de la cabeza. Perfil cefálico recto desde la punta del hocico hasta la parte posterior de la cabeza. Hocico puntiagudo, boca ancha. Mandíbula superior algo prominente; dientes pequeños, puntiagudos, ordenados por zonas. Orificio nasal anterior con pequeño apéndice dérmico en el borde posterior. Aletas dorsal y anal situadas muy hacia atrás y separadas de la aleta caudal; aleta dorsal con 5-7 radios estructurales, aleta anal sólo con 4-6. Sin vejiga natatoria. *Color*: muy variable, según el hábitat. Dorso y flancos normalmente rojizos, con puntos amarillos, azules o marrones, los amarillos pueden formar dibujos. Los machos con manchas redondas de color púrpura ribeteadas de amarillo detrás de la aleta ventral. *Longitud*: hasta 5 cm.
Distribución: aguas litorales europeas, hacia el norte, hasta Noruega; área occidental del canal de la Mancha, Mediterráneo y mar Negro. En las aguas litorales británicas hasta los 55 m de profundidad, en el Mediterráneo hasta los 100 m.
Modo de vida: pez bentónico pequeño, similar al fondo, que se encuentra principalmente entre la vegetación marina y las algas. Período de freza durante los meses de la primavera y del verano. Los huevos se depositan en montones bajo las conchas o las piedras y son vigilados por los machos. *Alimentación*: pequeños animales de todo tipo.

Chafarrocas
Lepadogaster lepadogaster

Características: cuerpo delgado y aplanado por los lados, con cabeza plana y triangular. Ventosa grande, con papilas, en la parte inferior de la zona anterior del cuerpo. Perfil cefálico ascendente, con la parte del dorso curvada. Hocico puntiagudo, boca ancha, mandíbulas prolongadas en forma de pico, mandíbula superior prominente, labios carnosos. Orificio nasal anterior con un gran apéndice carnoso en el borde posterior. Alta dorsal y aleta anal situadas atrás y unidas por una membrana a la aleta caudal; aleta dorsal larga con 16-19 radios estructurales, aleta anal con 9-10. Sin vejiga natatoria. *Color*: según el hábitat muy variable, normalmente amarillento, rojizo, amarronado con puntos marrones distribuidos irregularmente. Sobre la parte posterior de la cabeza 2 manchas redondas azul claro, que están ribeteadas en marrón oscuro, rojo o negro. *Longitud*: hasta 8 cm.
Distribución: Mediterráneo oriental y central (hasta Mónaco). Desde la zona de mareas hasta 1 m de profundidad aproximadamente). La subespecie *L. l. purpurea* aparece en el Mediterráneo occidental (a partir de Cap Roux) y en el Atlántico nororiental (desde las islas Shetland hasta Dakar/Senegal).
Modo de vida: pez bentónico pequeño, similar al fondo, frecuentemente en charcas y entre la hierba marina. Período de freza durante los meses de primavera y de verano. Los huevos, dorados, se depositan en montones por las piedras y son vigilados por los machos. *Alimentación*: pequeños animales del fondo.

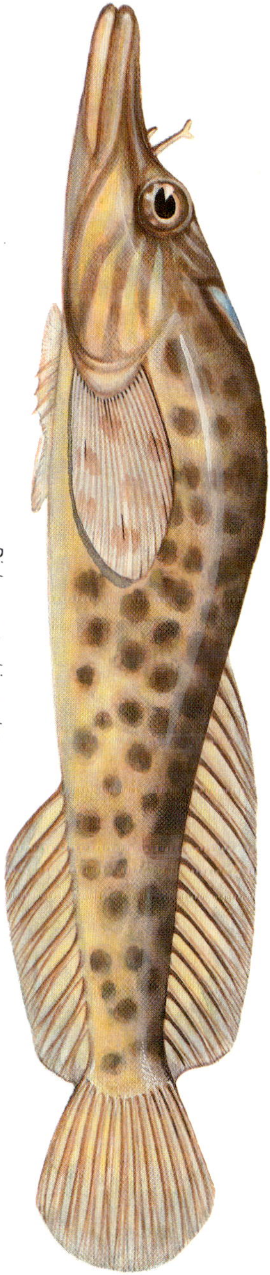

Diplecogaster bimaculata

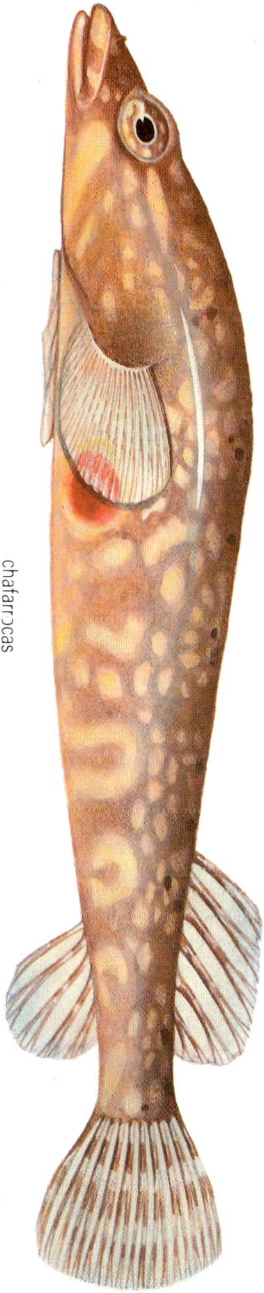

chafarrocas

Rape
Lophius piscatorius

Características: cuerpo aplanado y comprimido por la parte posterior lateralmente, cabeza plana. Boca ancha, en forma de semicírculo; mandíbula inferior prominente; dientes curvados. Ojos muy pequeños. Los orificios branquiales forman 2 pequeñas fisuras justo por detrás de las aletas pectorales. Piel blanda, sin escamas, numerosos apéndices dérmicos en el borde del cuerpo. La primera aleta dorsal con radios espinosos; el primero alargado, con apéndice carnoso y en forma de lóbulo; el segundo, más corto, con franjas cutáneas; el tercero, algo alejado de los dos primeros radios, también con franjas cutáneas; los últimos 3 radios están unidos con una membrana baja. La segunda aleta dorsal con 10-13 radios estructurales se opone a la aleta anal (9-11 radios estructurales). Aletas pectorales grandes y anchas; aletas ventrales pequeñas en la cara inferior de la cabeza. *Color*: dorso amarronado, marrón verdoso o rojizo, con manchas oscuras. Cara inferior blanca, a excepción de los bordes posteriores de las aletas pectorales que son negros. Peritoneo claro (al contrario de su pariente próximo, la *L. bugadessa*, que posee un peritoneo oscuro y la 3 espina de la aleta dorsal más corta). *Longitud*: hasta 1,98 m.
Distribución: Atlántico septentrional, en el este, desde el Mediterráneo hasta las islas Británicas; mar del Norte, canal de la Mancha; mar Báltico. A 18-55 m de profundidad.
Modo de vida: pez bentónico que se encuentra por encima o semienterrado en fondos de arena y fango, también entre algas y grietas rocosas. La freza se realiza a finales de invierno y en la primavera (a profundidades de hasta 180 m). Los huevos se depositan en bandas gelatinosas que alcanzan hasta 9 m de longitud y 90 cm de anchura. Los alevines bajan al fondo con una longitud de 5-6 cm. *Alimentación:* peces, que apresan con sus aletas ventrales similares a brazos.

Pez luna
Mola mola

Características: cuerpo plano y en forma de disco, sin eje de la cola, con piel sin escamas, coriácea y rugosa. El esqueleto muy cartilaginoso. Boca pequeña, mandíbulas en forma de pico, cada una con una placa dental para morder. Pequeña ranura branquial situada justo por delante de la aleta pectoral. Aleta dorsal corta y alta, con 16-20 radios estructurales; aleta anal corta y alta, con 14-18 radios estructurales; en los individuos adultos el cuerpo se trunca por detrás de las aletas dorsal y anal lobuladas. La aleta caudal forma un ribete ondulado que está unido a la aleta dorsal y a la anal. *Color*: parte dorsal, aleta dorsal y aleta ventral, así como la inserción de la aleta caudal en color gris, amarronado o verdoso; flancos y cara ventral claros. *Longitud*: hasta 3 m (unos 1.400 kg).
Distribución: en los mares tropicales y templados de todo el mundo; a finales de año aparece como visitante errático en el mar del Norte y en Skagerrak.
Modo de vida: propio de alta mar, el pez luna yace a menudo de lado, se deja arrastrar por la superficie del agua o nada normal tan cerca de la superficie que su aleta dorsal sobresale del agua; se supone sin embargo, que son animales viejos o agonizantes, mientras que los ejemplares sanos se mantienen a mayores profundidades. Sobre el comportamiento reproductor se conoce poco; uno de los lugares de freza es el mar de los Sargazos. Número de huevos más de 300 millones. Las larvas están provistas de largas espinas y de un eje de la cola con aleta caudal totalmente desarrollados que, más tarde, desaparecen, mientras que las aletas dorsal y anal aumentan su altura. *Alimentación:* algas, zooplancton, calamares, pequeños peces de aguas profundas, larvas de anguilas.

rape

pez luna

CONTENIDO DEL APÉNDICE

I El mar

El origen de los mares

En su estado original la tierra era una esfera de líquido incandescente de materia solar. Con el tiempo la fuerza de la gravitación separó las materias ligeras de las pesadas. Mientras que la mayor parte de las últimas se concentraban en el interior del planeta, la materias relativamente ligeras subieron a la superficie.

La tierra tiene la misma edad que el conjunto del sistema solar del que forma parte como planeta, unos cinco mil millones de años. Poco después de que la joven superficie terrestre se enfriara, lo que debió durar aproximadamente 500 millones de años, empezaron a formarse a partir de compuestos químicos simples, materias existentes en el agua, en la atmósfera y sobre la tierra, unas moléculas de estructura más complicada. A continuación, hace más de tres mil millones de años, aparecieron en las lagunas marginales del protoocéano las primeras células vivas. De éstas no dejaron de desarrollarse nuevas y más complejas formas con facultades y sistemas de adaptación sorprendentes.

El aspecto de la tierra se transformó ininterrumpidamente desde que se realizaron los procesos de solidificación por enfriamiento de las capas externas. Las masas sólidas de la corteza terrestre, que en un principio todavía era muy fina, se sumergieron en el líquido y aparecieron otras nuevas. El calor del interior y el enfriamiento de la superficie provocaron corrientes de convección en la masa fluida que condujeron a un continuo movimiento de ascenso y de descenso y, con ello, a la aparición de formas siempre nuevas en la superficie. Sólo con el enfriamiento progresivo y la solidificación de la corteza terrestre, también en mayores profundidades, su transformación se fue haciendo más lenta.

Los bloques continentales flotan y se desplazan, incluso en nuestros días, como grandes islas, sobre las capas externas del manto terrestre, que reaccionan plásticamente. Por esto se ha comprobado que el área del mar del Norte continuamente rebaja su nivel, mientras que Escandinavia lo eleva desde el último período glaciar. Los Alpes y muchas regiones montañosas medias siguen ascendiendo anualmente por milímetros. La tierra, que nos parece ya configurada, tiene un pasado turbulento y sus procesos de movimiento se prolongan hasta nuestra era.

La mediciones más recientes, realizadas con ayuda de rayos láser reflejados por satélite, han mostrado que América y Europa se separan cada año 1,5 centímetros aproximadamente.

Si en este contexto comparamos la línea costera oriental de América con la occidental de Europa y África, veremos que ambas masas de tierra se ajustan, efectivamente, como las piezas de un rompecabezas gigante. Alfred Wegener, meteorólogo e investigador polar, no fue el primero en percatarse de la similitud de las líneas costeras. Pero sí fue el primero, en 1912, que tuvo el valor de presentar a debate la teoría de la deriva de los continentes. Su idea no gozó en su época de una gran aceptación. Hoy en día se encuentra brillantemente justificada en la forma moderna de la tectónica de bloques.

Se considera a Wegener el pionero de las ciencias geológicas modernas. Nuevos descubrimientos en el ámbito de la investigación han confirmado que hace unos 200 millones de años todos los continentes actuales se hallaban concentrados en una masa de tierra firme rodeada de agua. "Pangea" el continente primigenio de Wegener, se dividió en varias partes: los continentes actuales. Cada una de las partes de la corteza se desplazaron con el transcurso de millones de años sobre las capas del manto terrestre hasta adoptar su posición actual.

Día a día las aguas que transcurren por la tierra transportan al mar unos ocho millones de toneladas de masa de tierra erosionada que el viento, la lluvia, la nieve y el hielo han ido desprendiendo de las montañas y las planicies. Estas cuantiosas masas se depositan en las grandes cuencas de los océanos. En relación al volumen de la capacidad de los océanos se trata sólo de pequeñas cantidades de materias sólidas. Las fuerzas erosivas desencadenadas por el viento, el hielo y el agua rebajan a su vez las alturas y rellenan las depresiones. Por esta causa, la isla de Sylt en el mar del Norte disminuye continuamente. En otras zonas, como delante de Amrum, las masas de arena vuelven a depositarse por efecto de la lixivación. En mapas antiguos puede observarse cómo la arena de las islas de Frisa oriental se ha ido almacenando en otros lugares durante decenios.

El núcleo de la tierra hasta ahora líquido, incandescente con una temperatura de unos 6.000°C aproximadamente —la misma que la de la superficie del Sol—, tiene un diámetro de unos 6.000 kilómetros. Alrededor de este núcleo se extiende una corteza de casi 3.000 kilómetros de espesor, el manto terrestre. Aunque en comparación con el núcleo esta capa está solidificada, no lo está hasta el punto de carecer de movimiento. Su estado equivale más bien al de un asfalto muy viscoso. Sobre esta capa de reacción plástica se encuentra la delgada corteza terrestre con sus mares y continentes. En relación al diámetro total de la tierra es más delgada que una cáscara de huevo. Por esto resulta comprensible que todavía hoy las fuerzas del interior de la tierra puedan producir movimientos en la corteza. En su mayor parte éstos se realizan tan lentamente que apenas serían percatados sin instrumentos de medición.

Allí donde las placas chocan entre sí o se abren ranuras por el manto de la tierra, se produce una compensación de fuerzas. Terremotos, erupciones volcánicas o desplazamientos repentinos son signos visibles de los movimientos y transformaciones de la corteza terrestre. Entre los ejemplos más recientes de tales catástrofes naturales se cuentan la formación de la isla de Surtsey, en el Atlántico septentrional, delante de Islandia (1963), las erupciones del Mount St. Helens, en el estado americano de Washington, en el año 1980, y las del volcán colombiano Nevado del Ruiz, a mediados de noviembre de 1985. Las zonas con movimientos de placas forman las típicas regiones de terremotos de la tierra. Desde hace tiempo se intentan encontrar sistemas de alarma para prevenir a las poblaciones allí habitantes de la catástrofe que se prepara. Cada día se producen cientos de ligeros temblores de tierra.

Los deslizamientos tectónicos repentinos también se producen con frecuencia en las grandes cuencas oceánicas. Especialmente en los bordes del océano Pacífico, en el centro de la cuenca atlántica y en el océano Índico se experimentan enérgicos movimientos de la corteza terrestre. A lo largo del litoral del área indopacífica se encuentran las fosas abismales más importantes. Transcurren normalmente no lejos de las costas circundantes de la cuenca del océano Índico y junto al continente australiano y continúan en la fosa de las Marianas que, con unos 11.034 metros es el lugar más profundo de los océanos. El sistema de fosas corre a lo largo de las islas Sunda, las Filipinas y Japón y se prolonga —dejando la costa rusa— hasta delante de las costas de Alas-

Fosas y dorsales oceánicas

ka y de América. En estas fosas abisales se producen grandes desplazamientos de placas continentales.

Un movimiento inverso aparece en las dorsales mediooceánicas. Estas montañas submarinas corren con bastante precisión por el medio de las grandes cuencas oceánicas. La más grande y larga de este tipo es la dorsal atlántica, una cadena montañosa de más de 12.000 kilómetros de longitud. Las crestas mediooceánicas y las fosas que forman profundas depresiones a lo largo de los lugares más altos se forman como consecuencia del deplazamiento de los continentes que afecta también a parte del fondo oceánico. En las zonas de rotura de la corteza oceánica, en el Atlántico entre Europa/África y América, debe formarse de la profundidad un nuevo material para configurar la corteza. El magma incandescente suministra este material. No es por azar que Islandia, nacida del fuego, se encuentre justamente sobre la dorsal atlántica. Tanto la sumersión de la corteza terrestre como la emersión del nuevo material provoca fuertes movimientos submarinos, maremotos y erupciones volcánicas que, a su vez, originan olas. Estas olas, conocidas con el nombre japonés de "tsunami" ("gran oleaje en el puerto"), se extienden en forma de anillos. Mientras se mueven en el mar abierto, se desplazan con la altura aparentemente inofensiva de unos 50 centímetros, pero con una velocidad de 700-800 kilómetros por hora, y pasan desapercibidas. En las aguas someras y en las costas se convierten, mediante el efecto de frenado del fondo, en olas enormes que alcanzan hasta 30 metros de altitud y que arrasan y destruyen todo lo que encuentran en su camino. Las costas de Japón y China se ven asoladas por estas catástrofes naturales con especial frecuencia. El último tsunami conocido alcanzó la costa de Japón en mayo de 1983. En el año 1883 la erupción del volcán Krakatoa tuvo una violencia tan increíble que aún hoy circulan partes de sus masas de polvo por la estratosfera. Este volcán se encuentra en un punto débil, especialmente amenazado, del estrecho de Sunda, al noroeste de Australia, un área de terremotos muy activa del océano Pacífico. Aquí chocan directamente dos placas continentales. El Krakatoa aparece como una isla que es sólo la punta de una montaña submarina. Las olas tsunami de la erupción se

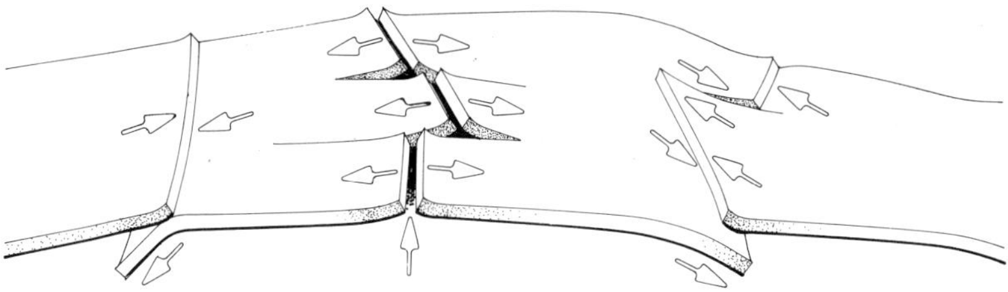

Movimiento de placas en la dorsal mediooceánica

amontonaron hasta los 36 metros de altitud y provocaron importantes destrucciones en las costas de Java y de Sumatra. Tras 40 años de calma el Krakatoa volvió a sufrir una erupción de gran violencia en 1923 y todavía hoy permanece activo.

La vida fuera del agua

La tierra es un planeta de mares: el 71 % de su superficie está ocupado por los océanos.

Dimensión de los océanos:

Océano Pacífico	181,34 millones de km²
Océano Atlántico	106,57 millones de km²
Océano Índico	74,12 millones de km²
En total	362,03 millones de km²

Sólo el océano Pacífico es mayor que todas las superficies de tierra de nuestro planeta. Los mares europeos, como el del Norte, el Báltico y el Mediterráneo, se cuentan entre los mares marginales del océano Atlántico.

¿Cómo aparecieron las mares, las grandes cuencas almacenadoras de agua de la tierra, que casi contienen el 98 % de todas las aguas? Las placas continentales que en el tiempo primigenio de la tierra se formaron de la emersión de las materias ligeras de una masa líquida incandescente surgieron como icebergs por encima de la corteza todavía caliente. En esa época la tierra estaba rodeada de una espesa cubierta de vapor de agua y otros gases. Con el transcurso del tiempo se enfrió por las radiaciones térmicas existentes en el espacio. El vapor de agua se condensó en agua y volvió a caer en forma de lluvia sobre la Tierra para evaporarse de nuevo inmediatamente. En la evaporación y la condensación apareció un ciclo del agua. En aquellos tiempos debió llover ininterrumpidamente. Las nubes oscurecían siempre la tierra al igual que sucede hoy en el planeta vecino Venus. Este estado se prolongó hasta que la superficie de la tierra se enfrió lo suficiente como para que el agua pudiera permanecer sobre ella. Las primeras lagunas, charcos y lagos se formaron en las zonas más profundas y se fueron llenando con el agua que no se evaporaba. La cubierta de nubes se quebró. Probablemente fuera ese el momento de la historia de la creación al que la Biblia hace referencia con las palabras: "... y la luz se hizo". Los movimientos de la corteza terrestre continuaron, las líneas costeras se transformaron, emergieron nuevos continentes y otros desaparecieron; se erigieron montañas y volvieron a caer. Todavía hoy sucede así. No hay reposo. La existencia de masas de agua líquida, como las que alberga la tierra, es una excepción en el universo que hasta ahora conocemos. Ningún otro planeta de nuestro Sistema Solar contiene tanta agua que permanezca líquida con la temperatura ambiental dominante. Pues en el universo reina un frío de muerte. Sin agua líquida no habría vida sobre la tierra.

Todos los mares contienen agua salada. Los minerales disueltos en el agua de mar, que forman su concentración salina, proceden en su mayor parte de las rocas de la corteza terrestre. La erosión desprende los minerales de las rocas, las aguas superficiales corrientes recogen estas materias y los ríos las acarrean finalmente al mar. El agua caliente que emerge de los manantiales profundos y que a su vez contiene muchos minerales, suma materias al mar en forma de disolución.

Todos los elementos que de modo natural aparecen en el sistema periódico están contenidos en el agua marina; la mayoría como oligoelementos. Los componentes principales de la sal marina son el cloro y el sodio (85 %), que en compuesto químico originan la sal común que también se obtiene en grandes cantidades del agua del mar (salinas). Los elementos más importantes que forman el 15 % restante de la sal marina son el magnesio, el azufre, el calcio, el potasio, el bromo, el carbono y el oxígeno. Incluso el oro se encuentra disuelto en el agua del mar, pero sólo en algunas milésimas de miligramos por metro cúbico.

La concentración salina del agua del mar varía espacial y temporalmente. El agua marina contiene una media de 35 ‰ de sal disuelta (= 35 gramos por litro). Según el grado de evaporización y de dilución por el agua dulce que penetra este valor varía. Las aguas alrededor de los polos tienen una concentración salina de 32-35 ‰ a causa del hielo que se funde, algo más baja de la media. Por el contrario el contenido de sal en las aguas tropicales aumenta hasta el 38 ‰ a causa de la elevada evaporización por efecto del sol. Con 43 ‰ el mar Rojo posee la concentración salina más elevada y el mar Báltico, con sólo el 7 ‰, la más baja. El contenido de sal llega a descender en el área oriental de la cuenca del mar Báltico hasta menos del 1 ‰.

Sobre el fondo de los mares se encuentran las llanuras más extensas de la tierra. Acertadamente puede clasificárselas de verdaderas llanuras abisales, pues se encuentran en los lugares más profundos de la corteza terrestre. A partir de ellas se elevan las cumbres proporcionalmente más altas. El Mauna Loa, en Hawai, asciende a 4.169 metros sobre el nivel del mar, su zócalo alcanza 5.000 metros más hasta llegar al fondo del mar. La mayor diferencia de alturas entre dos puntos vecinos de la superficie terrestre se encuentra delante de los Andes chilenos.

Los continentes no suelen caer directamente sobre el fondo abisal. Entre la tierra firme y el fondo se encuentran las regiones de la plataforma, que se extienden como anchos cinturones alrededor de los continentes. El suelo de las plataformas se hunde a menudo a lo largo de amplias extensiones con una inclinación reducida. Las plataformas se extienden por una media de 70-80 kilómetros desde la costa hacia el mar hasta el borde continental, donde el suelo cae de forma abrupta por el escarpe continental hasta el fondo abisal. La plataforma más extensa, con 1.500 kilómetros, se extiende delante de la costa de Siberia oriental.

Toda la vida que en la actualidad se presenta en múltiples modos sobre la tierra se ha desarrollado, según las teorías modernas, a partir de formas de vida marinas. Hace más de 3.500 millones de años la vida pudo formarse en las aguas marinas en forma de protocélulas todavía simples. Esta teoría se apoya en el hecho de que los fósiles más antiguos que hasta ahora se han encontrado pertenecen claramente a seres que vi-

vían en el mar. Según las concepciones científicas el proceso de transformación de una protocélula en una fauna y flora marinas diferenciadas debió durar al menos 600 millones de años más. Hace unos 400 millones de años surgieron los primeros habitantes de la tierra. La edad geológica de los organismos que habitan la tierra, y a partir de los cuales debieron desarrollarse los hombres, es todavía joven considerada desde el punto de vista de la historia de la tierra. Todavía existe otro indicio de que, efectivamente, toda la vida partió del mar. El agua marina y la sangre son muy similares en su composición. La sangre de los mamíferos, o sea, también la sangre humana, así como los líquidos orgánicos (linfa y lágrimas) contienen los mismos iones que el agua del mar, además, en proporciones casi iguales. Por ejemplo, cuando se ha sufrido una gran pérdida de sangre los médicos emplean una solución de sal común fisiológica como sustituto del plasma sanguíneo. De todos modos posee un contenido de sal mucho más reducido que el agua del mar, el 9 ‰ aproximadamente. Los mares de la plataforma son regiones marinas biológicamente muy activas. Atravesadas por la luz del sol y abastecidas de las aguas de los ríos ricas en materias que desembocan en ellas, allí se desarrolla una variada vida vegetal y animal.
Las cadenas alimentarias comienzan con las algas. Precisan compuestos de nitrógeno y de fósforo como materias nutritivas que existen ahí en abundancia. De ellas se alimentan muchas especies de peces.
Lamentablemente los mares de la plataforma son los que más amenazados se encuentran porque recogen las materias tóxicas que transportan los ríos procedentes de las aguas residuales. Tanto el mar del Norte como el Báltico y el Mediterráneo están sobrecargados.

cargados.
Contrariamente a lo que sucede en los mares ricos en materias nutritivas de la plataforma o las regiones de las costas occidentales de los continentes, las regiones superiores de los mares tropicales y subtropicales escasean en compuestos de nitrógeno y de fósforo. En ellas casi no se realiza ningún intercambio digno de mención entre la capa superior caliente y la fría capa, rica en materias nutritivas, inferior, por lo que los alimentos de la capa superior se consumen con bastante rapidez. Las fuerzas del viento no son suficientes para remover una capa que llega hasta unos 80 metros de profundidad (tan gruesa es la capa superior). El bello color azul de los océanos tropicales es un signo de su pobreza alimentaria. Las regiones tropicales de aguas claras que están lejos de las costas son desiertos biológicos. En los mares de la plataforma las condiciones también son negativas durante el verano. Pero cuando en invierno la capa caldeada superior se enfría se produce un nuevo intercambio y las aguas superficiales se ven de nuevo enriquecidas con sustancias nutritivas. Por esta razón los mares de la plataforma son, con mucho, las regiones más productivas para la economía pesquera.

Los océanos determinan el clima

Puesto que casi las tres cuartas partes de la superficie de la tierra están cubiertas de agua, los mares reciben la mayor parte de los casi 4.000 billones de kilovatios por hora de energía solar (4.000.000.000.000.000) que llegan diariamente a la tierra procedentes del Sol. Bajo el efecto de esta intensa radiación solar se evaporan grandes cantidades de agua que, normalmente invisibles, suben como vapor de agua y en las capas del aire más altas y frías se condensan. Aparecen las

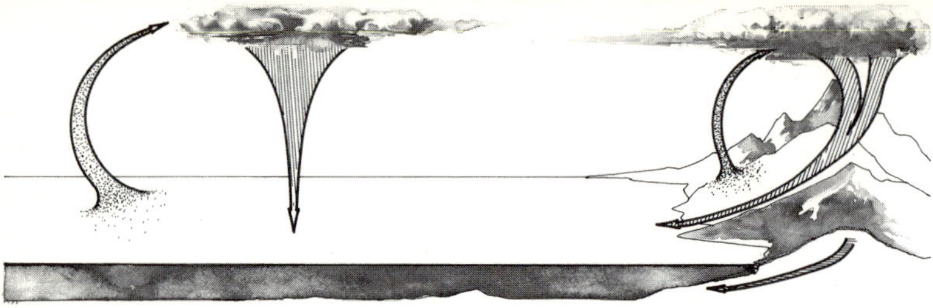

Actividad climática de los océanos

nubes, que son arrastradas por los vientos a distancias y alturas suficientes para que se empapen suficientemente de humedad. El agua cae en forma de lluvia otra vez a la tierra.

La lluvia se concentra, a no ser que llueva directamente en el mar, en arroyos y ríos que la conducen al mar. Una parte del agua de lluvia se infiltra en el suelo. Las plantas la toman de allí y la devuelven parcialmente a la atmósfera. El agua no consumida continúa infiltrándose hasta topar con capas impermeables de arcilla, por ejemplo, y forma depósitos en el nivel de aguas subterráneas. Una parte del agua de lluvia subterránea también vuelve al mar. Así aparece un ciclo de agua que hace de la tierra un lugar habitable.

Los mares, junto con la atmósfera, hacen las veces de un sistema de aclimatación del mundo. Se encargan de que mediante las corrientes y los vientos llegue el calor almacenado en ellos a los lugares que reciben pocas radiaciones solares. Por ello Europa debe su invierno relativamente suave a una gran corriente de agua caliente del Atlántico, la corriente del Golfo, que, procedente del Caribe, atraviesa el Atlántico como un gran río caliente. Sus ramales conducen agua caliente hacia el sur, a lo largo de la costa francesa por el canal de la Mancha, y hacia el norte, alrededor de Irlanda y Escocia hasta el mar del Norte. Además, el agua de la corriente del Golfo llega hasta el mar Glacial Ártico. Por esta razón el puerto ruso de Murmansk, que se encuentra tan al norte, carece de hielo en sus aguas. Otra corriente marina inversa posibilitó a Cristóbal Colón su descubrimiento de América. La "corriente de Canarias" condujo su pequeña flota hacia el oeste por el Atlántico hasta el Nuevo Mundo. Pero no sólo las corrientes calientes suavizan el clima de las zonas más frías. La misma atmósfera y el agua que contiene se encargan, junto con las corrientes de aire, de la distribución del contenido energético del agua. Puesto que el agua es uno de los mejores almacenadores de calor un 70 % de la energía térmica sobrante se reparte con el aire cargado de humedad por las regiones menos favorecidas. Ocasionalmente caen en nuestras latitudes lluvias de verano con arena clara o rojiza. Las masas de aire húmedo que se han elevado sobre el norte de África han retenido el polvo levantando por las tormentas de arena y lo han transportado hacia el norte para dejarlo caer en regiones más frías, como en Centroeuropa. El polvo del desierto del Sáhara sobre la pintura de los coches europeos es un ejemplo comprensible de cómo las masas de aire húmedas y calientes conducen a estas latitudes el calor y la humedad del sur.

El mar reemplaza mediante las masas de aire húmedo que se elevan ininterrumpidamente el agua que vuelve a sus cuencas de almacenamiento por los ríos y bajo la superficie de la tierra. Anualmente se transportan por la atmósfera miles y miles de kilómetros cúbicos desde el mar a la tierra. Si esta cantidad se repartiera uniformemente por todos los continentes el agua se levantaría 20 centímetros por encima de la tierra. Pero las precipitaciones se reparten de forma muy irregular sobre la tierra. En determinadas regiones (por ejemplo en Europa occidental y septentrional) llueve mucho y en otras partes (como la zona del Sahel) se padece una sequía permanente.

Flujo y reflujo

Quien haya pasado más de medio día en una orilla del mar Negro conoce el fenómeno: donde antes había agua, se extienden ahora, tras haber pasado unas pocas horas, bancos de arena mojada, charcos y arroyuelos. El mar retrocede, es la bajamar. Unas horas más tarde el agua vuelve de nuevo y no tarda en alcanzar su nivel máximo ¿Cómo sucede esto?
Este fenómeno, conocido con el nombre de mareas, se origina por el dinamismo de la tierra, la luna y el sol. La luna recorre una órbita invariable alrededor de la tierra. Para dar una vuelta precisa un mes, mientras que la tierra da una vuelta sobre sí misma cada 24 horas. Ambos cuerpos celestes giran juntos alrededor del sol una vez al año. Podemos omitir aquí a los demás planetas que dan vueltas alrededor del sol en nuestro sistema. La gravitación y la fuerza centrífuga mantienen en equilibrio el sistema solar, pero influyen en las grandes masas de agua de la tierra, en los océanos. Puesto que la luna se halla mucho más cerca de la tierra que el sol su influencia en la aparición de las mareas prevalece frente a la de éste último, cuya masa es mucho más importante. La fuerza de atracción de la luna concentra el agua móvil de los océanos en los lugares de la tierra que le son más próximos. En las regiones costeras alejadas la marea baja porque grandes cantidades de agua fluyen en dirección a la luna. Pero también en la parte alejada de la luna se forma una marea, pues las masas de agua que permanecen son atraídas con menos fuerza por la reducida gravitación, por así de-

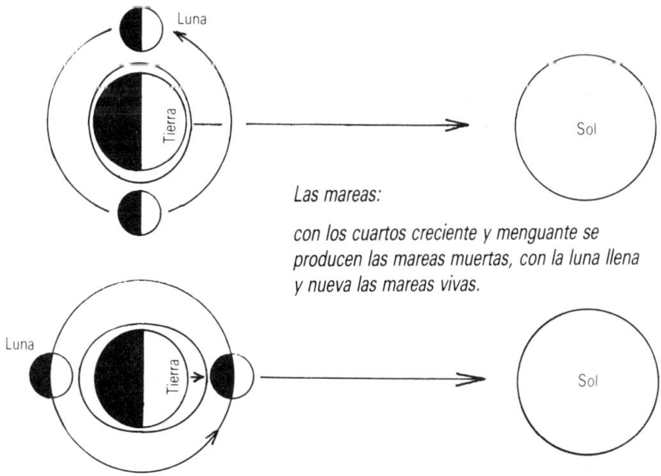

Las mareas:

con los cuartos creciente y menguante se producen las mareas muertas, con la luna llena y nueva las mareas vivas.

cirlo, se derraman.

El ascenso del nivel del agua en los mares y en las costas del punto más bajo, la bajamar, al nivel más alto, pleamar, se llama flujo; el paso de la pleamar a la bajamar recibe el nombre de reflujo. Flujo y reflujo forman juntos las mareas. Si la tierra, la luna y el sol se disponen en línea se suman las fuerzas que producen las mareas. Se acentúan los niveles de la bajamar y la pleamar. Las mareas especialmente fuertes se llaman "mareas vivas". Si la tierra, el sol y la luna forman un ángulo recto, las fuerzas de atracción de la luna y el sol se anulan parcialmente. En este momento las mareas son especialmente débiles y se habla de "mareas muertas". Por esta causa, cuando hay luna nueva y luna llena aparecen mareas vivas y durante el cuarto creciente y el cuarto menguante mareas muertas.

La tierra da una vuelta sobre sí misma en el espacio de 24 horas. Cada punto de la tierra se encuentra en el transcurso de 24 horas una vez de cara a la Luna y una vez de espaldas a ella, o sea, en dos posiciones en las que aparece una onda de marea: por atracción de la luna y por liberación de su fuerza de atracción. Al mismo tiempo, sin embargo, la luna avanza en su órbita. La tierra debe hacer pues algo más de una rotación completa para que un determinado punto de referencia vuelva a estar justo debajo de la Luna, para que la vaya alcanzando. Esta diferencia de tiempo equivale a 1/28 de un día o a unos 50 minutos. La marea se retrasa este espacio de tiempo cada día. Puesto que diariamente se producen dos mareas, su duración es de 12 horas y 25 minutos, la experiencia muestra que al cabo de unas seis horas después de la pleamar. empieza a bajar la marea.

Las ondas de marea no transcurren uniformemente por la esfera terrestre. Esto se debe a que las grandes cuencas oceánicas están rodeadas de masas terrestres. Como consecuencia de ello los cambios de oscilaciones no se producen simultáneamente por todo el mundo. Incluso en un mar como el del Norte se producen grandes diferencias. En él se introducen dos ondas de marea, desde el Norte y a través del canal de la Mancha. Precisan para realizar este recorrido más de 10 horas. Ambas ondas se superponen. Si las ondas de mareas topan con regiones planas de la plataforma el agua alcanza niveles considerables. La diferencia más alta entre bajamar y pleamar se localiza en la "Fundy-Bay", entre las provincias canadienses de New Brunswick y Nova Scotia. La diferencia máxima del nivel del agua en ese lugar llega a los ¡13 metros!

Los vientos que azotan la tierra desde el mar, unidos a las mareas vivas y la pleamar pueden tener efectos temibles en las costas.

Fundy Bay

Espacios vitales marinos

El mar es, con una superficie de unos 360 millones de kilómetros cuadrados, una profundidad media de 3.800 m y un volumen de agua de 13.000 millones de metros cúbicos, el espacio vital más grande de la tierra. Casi todos los habitantes del mar tienen una forma de vida "tridimensional". En relación a los seres que viven en la tierra, que deben sostener su propio peso frente a la gravitación, lo tienen más fácil: el agua los arrastra y circulan por el elemento, casi sin peso, sin un desgaste de energía especial. Por esta causa la musculatura principal de los peces no les sirve de apoyo, sino que está en función del mero desplazamiento.

En el mar se encuentra una multitud increíble de organismos, desde algas unicelulares, pasando por pequeños invertebrados microscópicos (plancton), larvas y peces hasta los seres más grandes, los mamíferos de más de 30 metros de longitud. Sin contar los insectos que no aparecen en el mar, la mayoría de las especies animales de la Tierra viven allí.

La riqueza de las especies marinas debe atribuirse principalmente, junto al gran elemento vital que existe a su disposición, a su estructuración en espacios vitales totalmente diferentes con distintas condiciones biofísicas y bioquímicas. En ningún otro lugar, si no, encuentran los animales tantas áreas vitales que se limiten mutuamente de forma ecológica. En ningún otro lugar, si no en el mar, podrían desarrollarse, los vertebrados especialmente, en tantas especies diferentes. El grupo de los peces, que pertenece a los vertebrados, abarca con casi 20.000 especies, el 60 % aproximadamente de todos los animales vertebrados. La mayoría de las especies de peces aparecen, a su vez, en el mar. Según cálculos fidedignos el tamaño de algunas poblaciones de especies pelágicas, es decir, que circulan libres (por ejemplo los boquerones) alcanza un billón de individuos. La cifra media de individuos marinos, es decir, de especies de peces que viven en el mar se sitúa en unos 10 mil millones de ejemplares, el de los peces de aguas dulces en los 10 millones por especie.

La estructura ecológica claramente diferenciada de los mares en distintos espacios vitales se presentará a continuación. Básicamente el mar puede dividirse en dos grandes zonas vitales: regiones litorales y batiales.

Las aguas litorales

Se inician en las costas. Cubren el zócalo coantinental hasta unos 200 m aproximadamente y están todavía fuertemente influidas por la tierra. Se diferencian distintas zonas en proximidad directa con la costa: la zona *supralitoral*, la *eulateral* y la *sublitoral* (hasta el límite de la plataforma).

Zona supralitoral

Los dos primeros espacios vitales, sobre todo, se caracterizan por las fuertes oscilaciones de sus

Costa rocosa (Bretaña)

condiciones ambientales. Habitantes típicos de la zona supralitoral, que se distinguen especialmente por las costas rocosas y escarpadas con un enérgico rompiente, son los pequeños crustáceos, como la cochinilla marina *(Ligia oceanica)* o el saltón de playa *(Orchestia gammarella)*, moluscos, como el bígaro chato *(Littorina neritoides)* o diferentes especies de lapas *(Patellaceae)*, que se nutren con las algas de las rocas. Los saltones *(Ammodytidae)* pueblan esta zona, o diferentes góbidos pequeños *(Gobiidae)*, cótidos *(Cottidae)*, blénidos *(Blenniidae)* y otros que se han especializado en las charcas. Todos estos animales deben sobrevivir con concentraciones salinas muy variables (entre 0 y unos 35 ‰, según la porción de agua de lluvia o de mar y el grado de evaporización), temperaturas de agua muy diferentes (en nuestras latitudes de +3 hasta +20° C), y contenidos variables de oxígeno. El que desee cambiar lentamente de lugar no debe perder humedad, por esto muchas especies se cogen al fondo rocoso. Las bellotas de mar, típicas de la zona de mareas, cierran sus caparazones calcáreos para poder resistir las intensas radiaciones solares incluso cuando ha bajado la marea.

Zona eulitoral (zona de mareas)

Esta zona se encuentra, tal como indica su nombre, bajo el efecto del flujo y reflujo. Las superficies de esta zona son rociadas de agua y abandonadas por ella con un compás de doce horas y media. También aquí las condicones ambientales varían con frecuencia. La diferencia entre marea alta y marea baja y la inclinación variable del fondo condicionan las diferentes extensiones de las superficies dejadas al descubierto. En la costa francesa del canal la diferencia entre las mareas asciende a 13 m; en el mar Báltico y en el Mediterráneo existen, por el contrario, pocos centímetros. En el área meridional del mar del Norte, la diferencia oscila entre los dos y tres metros (aunque en las desembocaduras del Weser y del Elba es bastante más). Delante de la costa el reflujo deja unos 5.000 km² de superficie al descubierto.

La naturaleza del suelo desempeña una función determinante para la población de la zona supralitoral y eulitoral, pues también los seres vivos de estas regiones corren continuamente el peligro de arrastrarse a la deriva. En el fondo rocoso dominan las formas que pueden sujetarse, como moluscos, bellotas de mar, anémonas y otras. Preominan en la zona de mareas los moluscos como el bígaro común *(Littorina littorea)*, la *Nucella lapillus*, la peoncilla *(Gibbula cineraria)*, el mejillón *(Mytilus edulis)*, y crustáceos que se fijan como las bellotas de mar *(Balanus balanoides)*.

En los suelos arenosos y cenagosos, por el contrario, aparecen formas que temporal o permanentemente se entierran en el fondo, como las arenícolas *(Arenicola marina)*, poliquetos tubícolas *(Serpula, Protula)*, diferentes especies de moluscos como la arola marina *(Mya arenaria)* o el marolo *(Cardium)*, así como la lanceta *(Branchiostoma)* o el saltón *(Ammodytes tobianus)*. Especies más grandes de peces, como las anguilas, caballas, corcones y otros suelen visitar las zonas de mareas sólo temporalmente, van y vienen con el flujo y el reflujo. Los peces planos permanecen en ocasiones en la arena mojada durante bajamar, se retiran en las aguas bajas del mar del Norte y se entierran en el fondo arenoso camuflados. Además todos los habitantes de esta zona están sometidos a movimientos del agua con frecuencia violentos y deben estar protegidos para no ser lanzados o estrellados. Ar-

Nivel de las aguas en la marea alta (Poul Roudon)

Nivel de las aguas en la marea baja (Poul Roudon)

maduras consistentes, un caparazón que puede cerrarse y capacidad de sujeción al suelo o de retirarse rápidamente en rincones seguros o escondrijos hacen posible su supervivencia.

La zona sublitoral (de la plataforma)

Entre el límite de aguas bajas y una profundidad de 200 m se encuentra la zona de la plataforma (sublitoral). La flora y fauna de los mares de la plataforma, entre los que también se cuentan el mar del Norte, el Báltico, el canal de la Mancha y el Mediterráneo, pertenecen a las comunidades más ricas en peces y en intercambios dentro de los océanos. Especialmente sobre suelos duros, desde la región de aguas litorales hasta donde alcanza la luz, existe una vegetación espesa. Especialmente las algas (verdes, rojas y marrones) determinan la imagen de esta vegetación peculiar. Con ayuda de la fotosíntesis, las algas tienen la capacidad de producir a partir de la energía solar, el dióxido de carbono y el agua, substancias orgánicas con la liberación de oxígeno. Con ello facilitan de forma esencial reservas alimentarias en este espacio vital. Otra base alimentaria todavía más importante es la constituida por numerosas microalgas, sobre todo las pequeñas diatomeas microscópicas que habitan tanto en los fondos duros, como en los fangosos o arenosos y aparecen también entre aguas. Estas sirven de alimento a los animales más pequeños del mar, el zooplancton, que se nutre de plantas.

Finalmente, el plancton forma la base alimentaria para todos los organismos animales más desarrollados, incluidos los grandes peces cartilaginosos y óseos. La especie más grande de tiburones conocida vive exclusivamente de plancton.

El desarrolo de las plantas de esta zona depende de mucho de las radiaciones solares. La luz del sol puede penetrar en aguas claras hasta los 100 m de profundidad y aún más. En las aguas turbulentas de la costa el límite inferior al que llegan los rayos del sol se sitúa en los 30-40 metros; en el mar del Norte, por la región de Helgoland, a unos diez metros.

Por el color de las aguas litorales y de alta mar puede conocerse el contenido de alimentos: el agua litoral rica en sustancias alimentarias es verdosa y turbia, el agua de alta mar, pobre en alimento, es azul y clara.

En toda la zona de la plataforma se efectúa un animado intercambio de materias entre la superficie y el fondo. Los restos orgánicos se reúnen en el cieno del fondo, las bacterias los desintegran y mediante el movimiento del agua se reincorporan al ciclo alimentario como elementos básicos. Los seres más diminutos (el fito y zooplancton) aprovechan la abundante oferta alimentaria y, a su vez, sirven de alimento a numerosas especies animales en estado larvático, también a larvas de peces y alevines que forman bancos delante de la costa antes de haber crecido lo suficiente para dirigirse a aguas libres (formas pelágicas).

Puesto que las regiones de la plataforma, contrariamente a las de la zona de mareas, se encuentran continuamente cubiertas por el agua, existen condiciones de desarrollo más estables y positivas. Junto a la gran oferta alimentaria y de oxígeno que acompaña directa o indirectamente la abundante presencia de plantas, los extensos bosques de algas y las praderas de hierbas marinas ofrecen buenas condiciones de freza. Las huevas y los alevines encuentran aquí alimento y protección antes sus perseguidores. Arenques, caballas, bacalaos, aglefinos y sollas

Rompiente en la Côte Sauvage (Bretaña)

aparecen frecuentemente en los mares europeos de la plataforma. Los mares de la plataforma son por doquier los fondos pesqueros más importantes. Aquí se consigue más del 90 % del total de la pesca. Hasta ahora el mar del Norte y otros mares europeos de la plataforma han sido los más productivos, lamentablemente los beneficios retroceden cada vez más porque las condiciones de vida han empeorado de forma dramática, sobre todo en el mar del Norte, a causa de la contaminación durante los últimos años.

Alta mar

A las regiones costeras y de la plataforma se une, marcada por la pendiente abrupta del escarpe continental que baja hasta el mar abisal, la región de alta mar. Ofrece en general unas condiciones ambientales más regulares que las otras regiones, pero menos sustancias nutritivas. El factor determinante es en primer lugar la radiación solar. En la región cercana a la superficie, hasta unos 200 m de profundidad (zona eufótica) las algas producen con ayuda de la energía solar del día más sustancias orgánicas (biomasa) que la que ellas mismas pueden consumir durante la noche. Este exceso de producción está a disposición de los otros organismos en la cadena alimentaria.

A esta zona clara le sigue entre los 200 y 800 m de profundidad la región entre dos luces. Si bien existe aquí todavía algo de luz ya no es suficiente para un balance positivo de la producción de biomasa. A continuación, y hasta el fondo marino, se encuentra una región de oscuridad en la que no penetra la luz del sol. Sólo algunos órganos luminosos de seres abisales irrumpen de vez en cuando en la oscuridad. El crecimiento de las plantas y de los animales depende tanto de la luz como de la temperatura del agua. Esta desciende de forma irregular durante la estación cálida del año desde unos 18°C en la región próxima a la superficie hasta los 5°C a unos 1.000 m de profundidad (estos valores sirven para el mar del Norte y el Atlántico septentrional en agosto). Allí la temperatura desciende fuertemente entre la superficie y las aguas abisales (temoclina).

Entre los 1.000 m y el fondo del mar la temperatura sigue descendiendo de forma insignificante. Con el aumento de la profundidad asciende la presión hidrostática por cada 10 metros de columna de agua un bar (una atmósfera = 1 kilopondio por cm^2). Esto quintuplica ya a 50 m de profundidad la presión atmosférica y en el fondo marino se alcanza una presión media de casi 400 bar. A esto se añade la dificultad de intecambiar gases con la presión creciente.

Todos estos factores físicos afectan a las cadenas alimentarias que se desarrollan en alta mar. El ciclo alimentario caracteriza las formas de vida de las distintas zonas de profundidad: como el sistema litoral, también en el sistema batial es la radiación solar el factor energético determinante. Los organismos autótrofos (que viven de materias inorgánicas), como las diatomeas que también aparecen en la zona de alta mar, pueden transformar esta energía de los rayos en energía química (sustancia orgánica) con ayuda de la fotosíntesis. Este proceso, a partir del cual se construyen todas las cadenas y redes alimentarias siguientes, se limita principalmente a los primeros 100 m de profundidad. Las plantas planctónicas (fitoplancton), que realizan esta importante tarea de síntesis, abarcan especies que suelen ser inferiores a 1 mm. Los organismos planctónicos vegetales son "plantas verdes" de alta mar y sirven primordialmente de base alimentaria al zooplancton y a animales más grandes con capacidad de filtración. Estos últimos habitantes marinos disponen de órganos filtradores, como el *Calanus*, algunos tunicados y pequeños animales como salpas. Algunas especies de peces también se alimentan de plancton, como el *Engraulius rigens* sudamericano.

Los segundos eslabones de la cadena alimentaria son pues los herbívoros que se alimentan del fitoplancton. Los terceros son las formas de vida que acechan a los herbívoros. Entre ellos se cuentan todos los que filtran el zooplancton, por ejemplo las medusas, muchas especies de serpientes y quisquillas. También el arenque *(Clupea)* vive principalmente del *Calanús*, al igual que los misticetos que se alimentan del krill, *(Euphasia)* una especie de pequeños crustáceos.

El cuarto eslabón y el más alto en la pirámide alimentaria es el de las formas depredadoras de alta mar, como la mayoría de las especies de tiburones, el bacalao, el atún y las gallinetas, aunque también los calamares, *Odontoceti* y aves marinas.

La transmisión de la energía alimentaria en un principio transformada en biomasa por las algas va unida a una pérdida de energía en cada paso a los eslabones siguientes de la cadena alimentaria. Sólo puede transmitirse entre el 10 y 20 % de un nivel a otro. Las "pérdidas" hacen posible el desarrollo de los animales que forman las cadenas alimentarias. Consumidores, como por ejemplo los boquerones, que filtran el fitoplancton y se sitúan en los primeros puestos de la cadena alimentaria, producen la menor pérdida energética.

Los depredadores, los miembros finales de la cadena alimentaria, tienen una demanda especial-

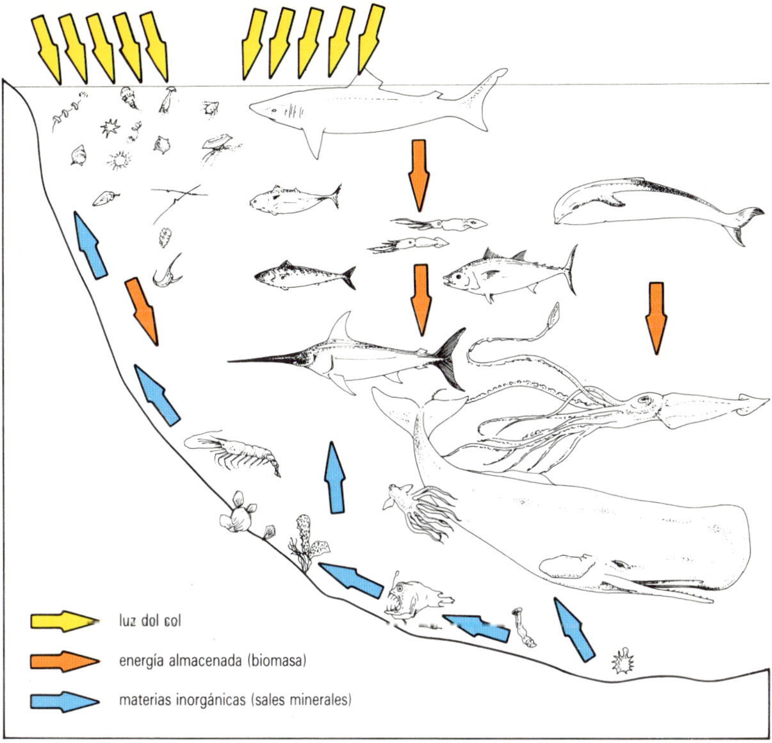

El ciclo de las materias

mente elevada. Para producir un kilogramo de atún se precisa ¡una tonelada de fitoplancton! Las bacterias y otros microorganismos se incluyen en la cadena alimentaria como encargados de degradar la materia orgánica. Descomponen los cuerpos de animales y los excrementos que caen, en sustancias inorgánicas (sales alimenticias), que se disuelven en el agua y son empleadas por las plantas como sales alimenticias.

Este esquema somero de la estructura de una cadena alimentaria en el mar está muy simplificado. En realidad no se trata de una mera sucesión lineal de eslabones, sino de una red tridimensional de las relaciones de intercambio de la producción de biomasa, su distribución mediante las cadenas alimentarias y su retorno a las plantas.

La creciente contaminación, también en alta mar, plantea un problema de una dimensión inusitada. Si el alcance de las materias tóxicas es cada vez mayor se dificulta, o incluso se rompe en el primer eslabón, el curso del ciclo y toda su estructura puede quebrarse.

Dunnet-Head (Escocia)

II La pesca deportiva en los mares atlánticos

Abundan las especies que pueden pescarse en los mares europeos: peces planos, caballas, tiburones, congrios y truchas mariscas, bacalao y eglefino; también peces grandes como los marrajos, las rayas, los halibuts, el atún y el espetón o los marlines. No obstante, para echar el anzuelo a las últimas especies mencionadas hay que viajar hasta Gran Canaria, Portugal o Madeira, aunque no requiere poco esfuerzo hacerse con los peces "pequeños", como el bacalao, la caballa y el pez plano.

La pesca en el mar es un deporte que año tras año gana más adeptos. Por una parte se trata de pescadores de río experimentados que se sienten atraídos por el mar y, por otra, de veraneantes aburridos que esperan experimentar un emocionante cambio al tomar la caña en una embarcación o hacer un lanzamiento sobre el rompiente. La libertad y la movilidad que ofrece este deporte no es menos importante a la hora de estimar el número creciente de sus aficionados. Apenas existen —salvo pocas excepciones— normativas y restricciones, escasean las zonas prohibidas y por lo general no se precisan licencias. La excepción la forman determinadas reservas, como las de Dinamarca, donde se protegen truchas mariscas, o las zonas militares. Allí está absolutamente prohibida cualquier actividad particular. En caso contrario cualquiera puede pescar, donde, cuando y como quiera.

La pesca en el mar se practica actualmente durante todo el año. En algunas regiones se consigue pescar, incluso exclusivamente en invierno, especies determinadas de peces. Las técnicas y aparejos modernos permiten este ejercicio aun en las condiciones más adversas.

En las costas de Inglaterra el bacalao y el merlán se capturan en cantidades mucho mayores durante el invierno que durante la primavera o el verano; lo mismo es válido para la solla y las platijas, que en Alemania, por ejemplo, aparecen en mayores proporciones a lo largo del verano.

El bacalao, uno de los peces más "deportivos" en cuanto a su tamaño y cualidades se encuentra durante los meses de verano en el mar del Norte a grandes profundidades. Por el contrario, en el mar Báltico, es un pez principalmente de invierno, que se mantiene en las cercanías de la costa. Entonces también puede obtenerse cómodamente con una caña de lanzado sobre el rompiente. La lubina, la caballa y el corcón rondan delante de las costas buscando alimento en los meses de verano y no es difícil que piquen. Con el invierno migran a alta mar y a aguas más cálidas, siguen a los bancos que forman los peces de los que se alimentan, o permanecen, como los corcones, allí donde el agua caliente permite que crezca el plancton en cantidades suficientes.

El abadejo, un pez del orden de los gádidos, caza en invierno en determinadas áreas, preferentemente cerca de la costa, pero en otras regiones es un declarado pez de verano.

Los peces planos, la caballa, la aguja, el bacalao y la anguila resultan prometedores para los principiantes. Las caballas, sobre todo, brindan buenas oportunidades. Los ejemplares suelen estar tan apretados en los bancos que un páter-noster con varios anzuelos extrae un pez en cada uno.

Existen más tiburones y rayas de lo que nos imaginamos, sobre todo en el mar del Norte frente a Alemania y alrededor de la isla de Helgoland.

Pesca desde la costa-Períodos de captura

	Invierno	Primavera	Verano	Otoño
Lubina		----	----	----
Espáridos				----
Carbonero	----			----
Bacalao	----			----
Congrio	----	----	----	----
Limanda	----	----	----	----
Cazón	----	----	----	----
Platija	----	----	----	----
Aguja	----	----	----	----
Corcón	----	----	----	----
Eglefino	----	----	----	----
Caballa	----	----	----	----
Solla	----	----	----	----
Abadejo	----	----	----	----
Galludo	----	----	----	----
Raya común	----	----	----	----
Merlán	----	----	----	----
Lábridos	----	----	----	----

Pesca desde embarcación-Períodos de captura

	Invierno	Primavera	Verano	Otoño
Perro del Norte	----	----	----	----
Lubina	----	----	----	----
Espáridos	----	----	----	----
Tintorera	----	----	----	----
Rombo	----	----	----	----
Carbonero	----	----	----	----
Bacalao	----	----	----	----
Congrio	----	----	----	----

(continuación)	Invierno	Primavera	Verano	Otoño
Limanda				
Cazón				
Eglefino				
Halibut				
Maruca				
Caballa				
Marrajo				
Pez ángel				
Solla				
Abadejo				
Marrajo de Cornualles				
Besugo del Norte				
Galludo				
Raya común				
Pez zorro				
Musola				
Rodaballo				
Merlán				
Lábridos				

Pesca desde arrecifes en Sagres (Portugal)

Desde allí se organizan en verano numerosas excursiones con balandras para practicar la pesca deportiva.

El fondo determina de forma decisiva qué, dónde y en qué época del año puede pescarse: los arrecifes no son de gran utilidad durante el invierno. Por el contrario, los fondos cubiertos de fango, arena o piedras deparan buenas pescas invernales de bacalaos y merlanes. Las sollas, que en verano frezan en fondos arenosos o fangosos cercanos al litoral, buscan en primavera los grandes bancos de arena del Mar del Norte. A partir de mediados de mayo, los rombos y rodaballos aparecen para frezar en los bancos de arena del canal de la Mancha y en otras aguas alrededor de Gran Bretaña con la calidad de terreno adecuada. En esa época también se encuentran en el mismo lugar lubinas y espáridos que se dan la buena vida con las huevas. Los pescadores amantes de arrecifes disfrutan, en países de costas escarpadas como Inglaterra, Irlanda y Noruega, de la mejor época en junio y julio, cuando los abadejos, carboneros, marucas y espáridos se encuentran allí.

Para los que practican el deporte de la pesca, todo el año es temporada, sólo deben estar en el lugar preciso en la época justa. Sin embargo la mayoría de las especies marinas europeas no se encuentran en nuestras costas. Aunque en Europa, donde los viajes organizados están a la orden del día, la pesca de especies exóticas entra en el ámbito de lo posible.

El equipo

Sin un equipo adecuado es inviable obtener buenos resultados. Los aparejos para pescar en aguas dulces son inservibles a la larga porque los materiales no soportan la corrosión a que les somete el agua marina.

Al poco tiempo, las partes de aluminio se cubren de una capa blanca, la laca de los carretes se desprende y se oxidan las piezas de hierro. La sal se cristaliza en los sedales y en el mecanismo de los carretes. Además de la acción fuertemente corrosiva del agua del mar, los objetos del equipo de pesca están sometidos a mayores exigencias que los de agua dulce. Por ello es mejor emplear un equipo especial para practicar este deporte en el mar.

Con este objeto existen cañas ya preparadas para las arduas tareas de la pesca sobre rompientes y en alta mar. Las cañas de fibra de carbono que se utilizan para pescar en rompientes pueden costar hasta 60.000 pesetas, y las buenas cañas para pescar desde embarcación no les van a la zaga. Pero en un principio no es necesario ir tan lejos.

También los carretes están construidos especialmente para la pesca en el mar. Se emplean para ello materiales reputados, como los de acero especial resistentes al agua marina. Estos carretes son obras maestras de la técnica y tienen grantizado su empleo sin problemas durante años (siempre que se les dé el cuidado adecuado). Incluso los mejores aparatos deben limpiarse a fondo con agua dulce tras haber pescado con ellos con el fin de que se mantengan en condiciones. Las piezas de metal, como los anillos de la caña y el carrete, precisan como cuidado adicional la aplicación de vaselina sin ácido. Existen aparatos baratos de buena calidad. Lo mejor es dejarse aconsejar durante la compra y montaje del equipo por un especialista que tenga experiencia propia.

También los catálogos de los fabricantes incluyen una serie de consejos y sugerencias que pueden ser de ayuda en el momento de tomar una decisión. Gracias a ellos uno tiene la posibilidad de componer su equipo con calma y comparar precios, sobre todo, para que la compra no se convierta en una aventura. También resulta recomendable leer las revistas especializadas en la pesca deportiva.

¿De qué se compone un equipo de pesca deportiva? En primer lugar debe saberse cómo y dónde pescar. Las diferentes técnicas de pesca en el mar exigen aparejos distintos.

Básicamente se distinguen los siguientes ámbitos

- Pesca desde la orilla y pesca sobre el rompiente.
- Pesca desde la embarcación:
  - pesca de superficie
  - en aguas medias
  - de fondo.
- Además: pesca de altura denominada BIG GAME.

Cañas para la pesca desde la orilla y sobre el rompiente

La pesca desde la orilla precisa de otro equipo diferente al utilizado en la pesca desde embarcación. La mayor diferencia reside en la misma

Caña terciada para pescar sobre rompiente. A la derecha: las cañas para la pesca sobre rompiente deben ser largas.

caña. Mientras que para pescar desde una embarcación se necesita una caña que, por lo general, no supere los dos metros como máximo, porque no se necesita realizar lanzamientos, el pescador está forzado a lanzar desde la playa lo más lejos posible; no son raros los lanzados de más de 100 metros.

Con este objeto la caña debe ser lo más larga posible para que pueda tomarse mucho impulso y que el cebo cubra una amplia trayectoria. Naturalmente las longitudes de las cañas están supeditadas a limitaciones, pues una caña demasiado larga no sería manejable. En la actualidad son corrientes las cañas para pescar sobre rompiente de 4,00 a 4,50 m como máximo. Están fabricadas de resistentes materiales modernos de fibra de carbono o de vidrio.

Por qué equipo decidirse depende también del bolsillo, pues en los precios no existen casi fronteras hacia arriba. Una caña de fibra de vidrio hueco bien construida de un precio bajo o medio es tan eficaz y recomendable como una de fibra de carbono, que resulta mucho más cara. Pero si el empleo de cañas de vidrio macizo, muy baratas, todavía es posible para pescar desde embarcación, resultan sencillamente inservibles en la pesca sobre rompiente.

En lo que respecta a las cañas para pescar sobre rompiente, existen dos categorías diferentes: las cañas desmontables y las cañas que funcionan como la antena de un coche o telescópicas. Estas últimas se han impuesto en la pesca en aguas dulces; por el contrario, los pescadores de mar prefieren las desmontables, pues después de la pesca cada una de las piezas por separado pueden desprenderse más fácilmente de la sal y la arena.

Una buena caña "Allround" de 4,00 a 4,50 metros de longitud, con la que pueden realizarse lanzamientos con pesos entre los 80 y los 150 gramos, satisface en los comienzos todas las exigencias. También permite al principiante, con un

poco de ejercicio, llegar e incluso cruzar muy pronto la mágica frontera de los 100 metros de lanzado.

Bien entendido: para el comienzo y para "curiosear" sirven las cañas de luvio y de carpas de alrededor de los 3,50 metros. Por otra parte, con estas cañas el peso de lanzado y su alcance topa muy pronto con unos límites que el pescador no puede cruzar sin echar a perder la caña. En general no se pueden lanzar pesos superiores a los 50 gramos sin destrozar el material.

Quien tome afición y vea cómo otros pescadores lanzan sus cebos lejos de la playa con ayuda de unas cañas de más de 4 metros, no tardará en querer comprarse, de todos modos, un aparejo similar.

Todas las partes de metal de la caña deben ser totalmente resistentes a la corrosión. El carrete debe estar bien asegurado en el soporte, que se colocará entre 70 y 90 centímetros de distancia del extremo de la caña.

Los anillos para las cañas de pescar en mar suelen estar fabricados de alambre duro bañado de cromo y las superficies deslizantes están revestidas de óxido de aluminio. Este material es muy duro. Protege eficazmente a los anillos del rozamiento del sedal al lanzar.

Al comprar una caña debe observarse especialmente la colocación correcta de los anillos y que queden bien fijados a la caña. La envoltura debe estar lo mejor lacada que sea posible para que el agua de mar no penetre en las espiras. Esto nos dejaría sin caña al poco tiempo.

Cañas para pescar desde la embarcación

Las cañas para pescar desde embarcación se fabrican, al contrario de las que se utilizan sobre rompiente, de 2 metros de longitud. Su construcción es robusta para soportar los plomos pesados y los peces grandes. Emplear cañas más largas en las embarcaciones es un obstáculo pues, normalmente, son varios pescadores que se encuentran en ellas y se perturbarían unos a otros fácilmente. Por otra parte, una caña larga no resulta práctica a la hora de recoger la pieza. Cuanto más larga es la caña, más lejos de la embarcación está el pez. En este caso debería sostenerse la caña casi vertical, lo que no resulta muy ventajoso.

Cañas cortas y carretes multiplicadores pequeños.

Embarcaciones de alquiler para practicar la pesca delante de las costas escocesas.

Calibres pesados para el método de pesca Big Game.

En realidad sólo existen en la embarcación dos ocasiones en las que se emplean cañas más largas (por lo general de unos 3 metros): en los lanzados con flotador y en los lanzados con señuelos pesados.

También las cañas para la pesca desde embarcación se presentan en calidades y precios distintos. Las más caras no siempre son las mejores. Las eficaces cañas de fibra de carbono son las que más cuestan, pero las más baratas, de vidrio hueco, bastan para capturar todos los ejemplares que pueden pescarse en Europa. Quien aun así desee o tenga que ahorrar, puede recurrir a las de fibra de vidrio macizo, que para la pesca desde embarcación también son aceptables.

Todo lo que hemos indicado respecto a la fabricación y presentación de los soportes y anillos de las cañas de pesca sobre rompiente puede aplicarse al caso que nos ocupa. La fabricación de una caña barata también deber ser verdaderamente buena, si no, salen perjudicadas su función y duración.

Quien adquiera una caña para su manejo desde embarcación debe observar que el extremo del asidero esté provisto de un tope de metal. Desempeña una función determinada; los pescadores tienen que contar con que en algún momento toparán con un pez verdaderamente grande. Existen oportunidades suficientes en los mares de Europa de que esto suceda, pues en muchos lugares hay congrios, tiburones, rayas, halibuts y otros peces de gran tamaño. Al luchar con tales ejemplares el mango pierde su función porque el tirón es demasiado fuerte. En algún lugar el pescador tiene que apoyar la caña para quebrar la fuerza. Lo mejor es colocar el extremo de la caña contra el vientre o el muslo, pero esto no es una solución cuando la lucha es larga y pesada. Por esta razón los pescadores que saben que van a enfrentarse con presas fuertes llevan un aguante especial. Se trata de un cinturón que se anuda alrededor del cuerpo y que cuenta con un portacañas redondo que aguanta el extremo de la caña durante la torsión y mediante una travilla transversal que garantiza una resistencia adicional.

Carretes para pescar sobre rompiente

Al pescar desde la costa, es importante la distancia a la cual se lanza el cebo. La caña, como prolongación del brazo, se ocupa con su fuerza elástica de transportar el cebo, el peso, el anzuelo y el sedal al lugar de pesca. Esto obliga a que el carrete procure considerables longitudes de sedal. Primeramente fueron modelos muy sencillos los que se encargaron de esta tarea. Los llamados carretes de eje, precursores de los carretes multiplicadores. Sin embargo con ellos no es posible realizar lanzamientos amplios. Con el transcurso del tiempo se fueron perfeccionando técnicamente y así aparecieron los carretes actuales altamente tecnificados.

En lo que respecta a su construcción se dispone para la pesca marina de distintos tipos de carretes:

– una forma moderna de los antiguos carretes de eje.
– carretes multiplicadores.
– Carretes de tambor fijo.

Para pescar desde la costa se emplean casi exclusivamente los dos últimos tipos. Los carretes de eje, cuando se utilizan, se emplean para pescar desde embarcación o desde costas escarpadas en donde el pescador puede dejar caer el se-

Carretes para la pesca de mar: multiplicadores y de tambor fijo.

dal directamente por debajo del lugar en que se encuentra sin necesidad de efectuar lanzamientos.

Los carretes de tambor fijo son los más extendidos entre los pescadores sobre rompiente. Aunque en su concepción son algo más complicados que los carretes multiplicadores, con ellos los pescadores menos experimentados pueden lanzar más fácilmente. A la larga, no obstante, los multiplicadores resultan la mejor alternativa. El conocedor puede lanzar con ellos más lejos, pero exigen más práctica, concentración y habilidad. Los carretes de tambor fijo y los multiplicadores se diferencian en un punto esencial:

– En los carretes de tambor fijo la bobina con el sedal está colocada en sentido transversal a la dirección del lanzamiento. Por esta causa el sedal debe curvarse sobre el arco de seguridad. Este es también el punto débil del sistema, pues el sedal se rompe más fácilmente cuando la carga es pesada.

– En los carretes multiplicadores el sedal corre, sin torcerse, recto en dirección a la punta de la caña y el lugar de pesca. Soporta más tensión cuando la carga es pesada.

Para el lanzador ejercitado suele ser igual qué tipo de carrete utiliza; con ambos sale victorioso y realiza lanzamientos amplios. Sólo en el campo de alcance hacia arriba el carrete multiplicador permite, en manos del conocedor, lanzamientos más extensos. ¿Cuál es la razón de ello? En los carretes de tambor fijo la bobina está rígida y, durante el lanzamiento con el arco de seguridad abierto, el sedal se tiende desde la bobina sometido al rozamiento del borde de la misma que, con un relleno menor, es decir, cuanto más lejos se ha efectuado el lanzamiento, más actúa sobre el resto del sedal que queda en la bobina. El efecto de frenado sobre el sedal que corre es por ello mayor. Además, una vez abandonado el carrete, el sedal empieza a vibrar en el primer tramo a causa de la rotación alrededor de la bo-

Freno de contacto en un carrete multiplicador.

bina y él mismo se frena al transcurrir por el primer anillo de la caña, pues también aquí aparece rozamiento.

En los carretes multiplicadores, por el contrario, el sedal corre sin obstáculos en dirección a la punta de la caña y el lugar de pesca, sin desarrollar rotación propia. No existe un rozamiento con el borde de la bobina, como en el carrete de tambor fijo. Por esto es posible efectuar lanzamientos más amplios.

Importante en la compra y montaje del equipo: si va a emplearse un carrete de tambor fijo, el primer anillo después del carrete debe estar situado lo más lejos posible en dirección a la punta de la caña. Esto sirve especialmente para la pesca sobre rompiente, en la cual los carretes de tambor fijo están sujetos a grandes diámetros de bobinas. Al emplear un carrete multiplicador el primer anillo no precisa, por las razones antes mencionadas, tener un diámetro tan grande, pues el sedal corre aquí sin obstáculos y recto desde la bobina sin vibrar.

Los carretes multiplicadores con los que se desee realizar lanzamientos buenos necesitan indispensablemente un freno de fuerza centrífuga. Al realizar una adquisición para pescar sobre rompiente debemos preguntar si el modelo que nos presentan dispone verdaderamente de un freno de fuerza centrífuga.

¿Por qué? Al lanzar con un carrete multiplicador la bobina gira en la primera fase del lanzamiento a una velocidad enorme al ser arrastrada por el peso que cuelga del sedal. (Se denomina "multiplicador" porque cada giro de la manivela corresponde a varios giros de la bobina. El giro de la manivela "se multiplica".) Cuando los lanzamientos no son correctos el peso del sedal se mueve primero a sacudidas; la bobina adquiere un empuje adicional y gira más de prisa de lo que puede correr el sedal en los anillos. El resultado es que la bobina se adelante a sí misma, por expresarlo de alguna forma, y se forma un enredo

Pescadora con caña, carrete, tirantes, portacaña y el congrio capturado.

en el sedal difícil de solucionar.
Otra razón para la posible aparición del temido enredo surge al disminuir el diámetro de la bobina con el alejamiento progresivo del peso durante el lanzamiento. Cuanto más reducido es el diámetro, más rápidamente gira la bobina. El resultado es el mismo que en el caso anterior.
¿Qué hacer? Para evitar que la bobina gire más aprisa de lo que debe se reduce su velocidad con el frenado de fuerza centrífuga.
Dentro del tambor cerrado en el accionamiento del carrete multiplicador corren pequeños pesos móviles sobre varios mandriles de acero que desde el eje de la bobina se orientan hacia afuera, cuando la bobina gira, la fuerza centrífuga empuja el peso contra la pared externa de la caja de freno; rozan allí y frenan. Cuanto más alto es el número de las revoluciones más grande es la fuerza centrífuga, y con ella la fuerza de frenado de los pequeños pesos.
Otra regulación de precisión es la formada por el pulgar del lanzador, que ejerce un control más o menos fuerte al presionar ligeramente sobre la bobina que gira.
Todavía debemos mencionar otro consejo respecto al frenado en relación a los carretes: el freno por rozamiento cuya fuerza de frenado puede establecerse manualmente en los dos tipos de carretes. Sobre todo en la tensión ejercida por grandes peces se ocupa de que el sedal no se rompa. En un carrete multiplicador está construido en forma de una estrella grande y colocado entre la manivela y la caja de frenado. En los carretes de tambor fijo, por el contrario, se encuentra por encima de la cubierta de la bobina o está colocado en la parte inferior del accionamiento

Carrete tipo curricán en funcionamiento.

en forma de un botón especial giratorio.

Precisamente el freno de rozamiento es muy importante para el lanzamiento en los carretes de tambor fijo, pues en la fase inicial o de aceleración aparecen fuerzas muy altas. Cuando el arco está colocado el sedal se sootiene, contra la presión ejercida por el peso, con el índice hasta que se deja en libertad. Esto ya resulta de por sí desagradable y a veces incluso insoportable, pues si el freno no está firme y el sedal patina repentinamente en la fase de aceleración el dedo también sale perjudicado. El sedal corta entonces como un cuchillo afilando. Esta es la razón por la que muchos pescadores llevan un guante de cuero en la mano que sostiene el sedal durante el lanzamiento.

Tras el lanzado se coloca el freno. Con la mano se afloja el sedal del carrete para que no oponga tanta resistencia y pueda tirarse de él sin que se rompa. Para mayor seguridad, se deja a continuación un poco suelto. Esta forma de proceder es la misma tanto si el carrete es de tambor fijo o multiplicador.

Carretes para pescar desde embarcación

Los pescadores en las embarcaciones emplean principalmente carretes multiplicadores; también los multiplicadores "pequeños", que se emplean para pescar desde la playa, en la pesca ligera. Para piezas pesadas se hace uso de un carrete multiplicador grande, que recoge más sedal y cuya consistencia es más fuerte. Existen distintos tipos de fabricantes, como Penn, Garzia, Shakespeare y otros, que ponen a la venta este tipo de carretes. Los modelos más grandes son de sedales de hasta 1.000 m y tienen una capacidad de carga de 130 kilogramos. Tales multiplicadores llevan encima, en la caja del carrete, dos asas que sirven de ayuda al pescador en el momento en que pica el pez. A ellos se suma una especie de peto con dos mosquetones que pueden ajustarse a las asas cuando el pez es grande y gracias a los cuales el pescador queda bien unido a su presa en los casos de apuro. Ello, naturalmente, lleva unos riesgos consigo. Un pez verdaderamente grande puede arrastrar al pescador que se encuentra indisolublemente unido a él. Debemos pues proveernos de un cuchillo en nuestro cinturón que esté siempre al alcance de la mano y con el que, si es necesario, podamos cortar el sedal.

Sedales

Existen diferentes tipos de sedales.

El *sedal monohilo*, un hilo artificial, normalmente de nilón transparente y más o menos grueso, "monofilamento". Los sedales de nilón se fabrican constantemente. En los comercios se encuentran bobinas de diferentes longitudes con sedales de distintos grosores y resistencias.

He aquí los grosores de los sedales de nilón con la resistencia media:

0,30	5 kilogramos
0,40	8 kilogramos
0,50	13 kilogramos
0,60	18 kilogramos
0,70	22 kilogramos
0,80	27 kilogramos

Los grosores en el nilón monohilo deben entenderse siempre como fracción en milímetros. Según lo dicho, un sedal monohilo de 0,50 tiene medio milímetro de grosor. Esta es la norma general, pero también en este caso existen excepciones según el fabricante, la calidad y el precio. Antes de comprar una cantidad considerable de sedal, lo mejor es que el vendedor lo mida con un tornillo micrométrico. O que nos compremos un "sedal modelo" cuyo diámetro y carga de rotura hayan sido comprobados con precisión anteriormente por el fabricante.

El *sedal trenzado*, por lo general se fabrica de dacrón y consta de varios hilos finos trenzados. Este tipo de sedal tiene la ventaja, frente al monohilo, de presentar mucha mayor resistencia con el mismo diámetro. Los sedales monohilo cuyo grosor es superior al milímetro son rígidos y no se pueden anudar con facilidad. Los sedales trenzados del mismo grosor permiten hacer nudos sin dificultad. Por otra parte, los sedales de nilón lisos no soportan bien los rayos ultravioletas y los perjuicios ocasionados por la superficie. Se rompen rápidamente en las partes dañadas, sobre todo cuando están sometidos a una carga. Deben cambiarse con frecuencia para prevenir posibles roturas con su uso frecuente. El sedal de dacrón, por el contrario, es menos sensible a los rayos ultravioletas y se conserva más tiempo flexible. Por esta causa no es necesario cambiarlo tan repetidamente como el sedal de nilón. A su vez, el hilo de nilón liso no está sometido a tanto rozamiento como el trenzado. Para los carretes de tambor fijo entra en consideración, por lo general, el sedal de nilón, mientras que el trenzado es el más indicado para los carretes multiplicadores.

En la pesca con carrete multiplicador, el sedal trenzado resulta en realidad ideal, pues con el mismo diámetro ofrece una resistencia más alta y no entorpece el lanzamiento cuando se emplea para pescar sobre rompiente. Lamentablemente, también en este punto hay que tener en cuenta algunas contrariedades: el sedal trenzado no se dilata tanto como el monohilo. Los errores que se realizan en los lanzamientos con sedales trenzados y carretes multiplicadores se pagan pues con muchos más enredos. Otra desventaja es que el sedal trenzado cuesta más dinero que el monohilo; por esto la mayoría de los pescadores emplean con buen tino sedales monohilo incluso con carretes multiplicadores.

Un consejo importante para pescadores que emplean grandes carretes multiplicadores con un elevado volumen de sedal de nilón: cuando un pez grande pica, el sedal se desenrolla en estado dilatado por acción del tirón. Si ya habían muchos cientos de bobinados de sedal fuera, es decir, si el diámetro de la bobina ya era muy pequeño, aparecen cientos de bobinados de sedal muy dilatado sobre el eje hueco de la bobina. El sedal se contrae para contrarrestar la dilatación y, de esta forma, algunas bobinas del multiplicador acaban saltando.

Pero si empleamos un sedal monohilo en un carrete multiplicador con una capacidad mayor, la bobina estará "forrada" a ser posible con varias capas de sedal trenzado. Esto actúa como un cojín compensador y la bobina no saltará tan fácilmente.

Todavía una palabras respecto al grosor y resistencia de los sedales: a nivel internacional los sedales están clasificados según su carga de rotura. Esto es importante para los pescadores que quieran inscribir sus marcas en las dos organizaciones internacionales de pesca marítima, la IGFA (International Game Fish Association) y la EFSA (European Federation of Sea Anglers). En ellas sólo pueden obtenerse datos sobre la resistencia de los sedales empleados, pero no sobre su grosor.

La carga de rotura de los sedales se mide internacionalmente con *Pounds* (libras) ingleses, abreviatura "lib" (lb). Cada libra equivale a 435,59 gramos, es decir, no llega a la mitad del kilogramo. He aquí algunas clases de sedales correspondientes a los grosores corrientes. (En cifras redondas en la tabla.)

Clase lb	GFA kg	grosor del sedal mm
2	1	0,16
4	2	0,18
8	3,5	0,25
12	5,5	0,30
16	7	0,35
20	10	0,45
30	15	0,55
50	25	0,75
80	40	0,90
130	60	1,20

Para la pesca costera basta con sedales de grosores entre los 0,30 y los 0,45. Para pescar sobre fondos rocosos el sedal debe ser algo más grueso. Siempre debe intentarse, no obstante, llegar a un compromiso entre el grosor del cable y la amplitud del lanzamiento que se desee realizar (en pesca sobre rompiente y costera), ya que cuando más grueso sea el sedal, mayor será la resistencia al rozamiento y menor la amplitud del lanzamiento.

El bajo línea de choque

Para la aceleración en el lanzamiento sobre rompiente, el sedal no debe ser muy fino, pues se

Estos lanzamientos precisan de un bajo línea de choque.

rompería justo al comienzo. La montura completa, con peso, anzuelo y cebo, o bien cae sobre la playa detrás del lanzador, o bien se pierde de vista en el mar volando para nunca más recuperarse y alcanzar la marca mundial de varios cientos de metros. Para evitar que el sedal se rompa ya en el estadio inicial del lanzamiento y que, al mismo tiempo, éste no sea demasiado grueso, se recurre a un "bajo línea de choque". Se trata de un trozo de nilón más fuerte que se anuda entre el cuerpo del sedal y la montura. De este modo, el sistema soporta la aceleración inicial y también se aligeran las elevadas cargas que debe soportar el sedal en los primeros metros.

La longitud del bajo línea de choque debe calcularse de modo que el anzuelo y los accesorios cuelguen libres de la punta de la caña y el material más fuerte realice de 15 a 20 bobinados en el carrete. Por lo general, se añaden de 8 a 10 metros de bajo línea de choque, lo que, naturalmente, es válido principalmente para la pesca sobre rompiente, en la que son normales los lanzamientos con grandes aceleraciones.

Para el principiante que practica el lanzamiento los mejores son los sedales baratos. Quien corre el riesgo de que cada hora se le forme un enre-

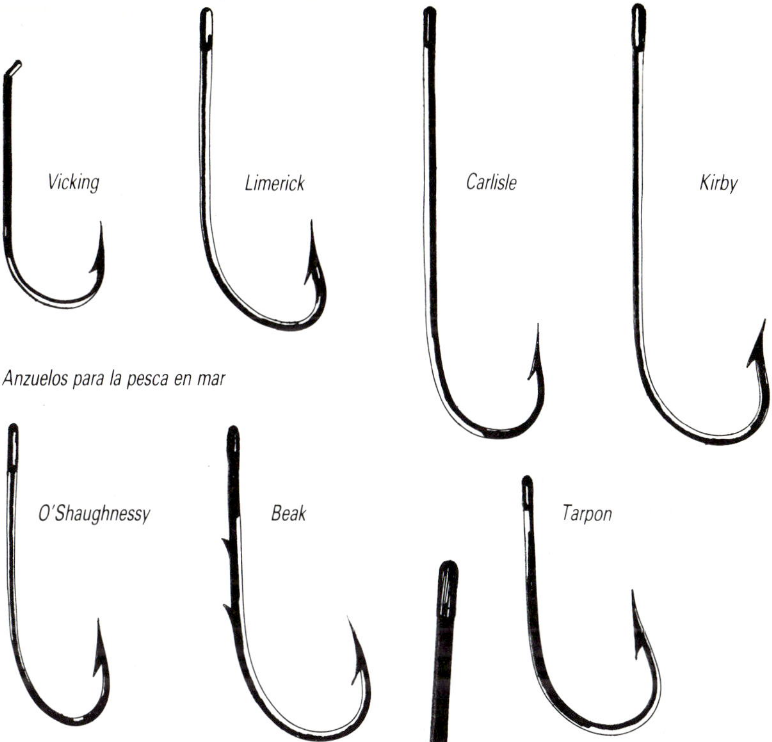

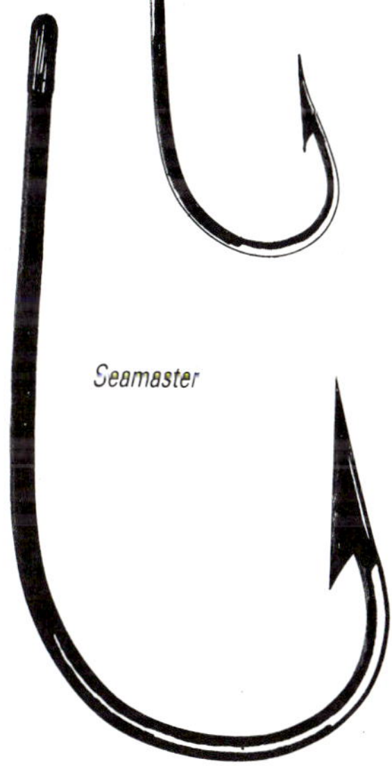

Anzuelos para la pesca en mar

do en el multiplicador no debe comprarse inmediatamente el sedal más caro.

En general, el nilón monohilo es el material empleado para la pesca desde la orilla o sobre el rompiente. Según la distancia que se desee conseguir con el lanzamiento, el carrete que se emplee en relación al grosor tendrá una capacidad de unos 200 metros. De este modo el pescador tendrá reservas suficientes para poder cortar varias veces los primeros 30 metros de sedal, que son los que están sometidos a un mayor esfuerzo, sin tener que comprarse uno nuevo.

Anzuelos

Los resultados del pescador dependen de que el anzuelo sea bueno o malo. La importancia de esta pieza no debe subestimarse y aunque ocupe un lugar mínimo en el equipo del pescador, de él depende todo. Los anzuelos deben estar fabricados de alambre de primera calidad y estar siempre listos para su empleo. Los utilizados para la captura de peces grandes a partir de 6/0 tienen que ser de acero fino forjado.

De vez en cuando deben reordenarse las existencias. Hay que afilar los anzuelos romos con la piedra de afilar y desprenderse de los inservibles. La ilustración muestra algunos tamaños y modelos corrientes de anzuelos para pescar en el mar. Para la pesca desde la costa y sobre rompiente bastan los anzuelos de alambre fuerte. Los forjados grandes se emplean principalmente para capturar peces grandes desde embarcación.

Los anzuelos para la pesca marítima no son baratos porque están sometidos a mayores exigencias. No es difícil que ocurra que un anzuelo del tamaño 15/0, como el que se emplea para la pesca del tiburón, cueste, uno solo, alrededor de las 1.500 ptas.

La firma Mustad es la compañía más grande del mundo en la fabricación de anzuelos. En ella se realizan más de 60.000 modelos diferentes para todos los objetivos posibles. El modelo "Aberdeen", por ejemplo, es un anzuelo "Allround" de alambre de buena calidad de muchas aplicaciones. Para peces mayores y más fuertes los más indicados son los modelos "Viking" y "O'Shaughnessy", pues tienen una fuerte caña y son más adecuados para la pesca de peces como el congrio, rayas y tiburones pequeños con mandíbulas fuertes. El más robusto de todos es el "Seamaster", de acero fino forjado para grandes peces. La caña mide hasta 25 centímetros.

Para la pesca marítima suelen emplearse anzuelos de ojete. Al comprar un anzuelo para pescar en el mar debe observarse que este ojete, es decir el asa, con la que el anzuelo se atará al sedal, esté cuidadosamente construido. Entre el ojete y la caña no debe abrirse ninguna grieta por la cual, con el peso, el sedal podría escurrirse. El ojete debe ser tan pequeño como lo permita el grosor del alambre del anzuelo.

Respecto al tamaño de los anzuelos cada uno debe hacerse su propio cuadro pues su especificación varía según los fabricantes. En Mustad, un anzuelo del tamaño 6/0 no tiene que ser igual de largo o grande que otro del fabricante inglés "Partridge", incluso si su clasificación por tamaño es la misma. Lo mejor es considerar los anzuelos a ojo antes de su compra.

Importante para la estimación de la calidad de los anzuelos es la distancia que existe entre la punta y la caña, es decir, su abertura. Los anzuelos para pescar en el mar no deben tener una abertura demasiado pequeña. Tienen que adecuarse al tamaño del cebo y, naturalmente, al del pez. Los anzuelos para pescar tiburones son forzosamente más grandes y tienen una abertura mayor que los empleados, por ejemplo, para pescar peces planos.

No existe ningua diferencia global entre la hechura de los anzuelos empleados para la pesca desde orilla o desde embarcación. Solamente los modelos para la pesca desde embarcación de peces grandes son mayores que los utilizados en la pesca sobre rompiente o desde la costa.

Pesos de fondo

El equipo de pesca precisa un peso para transportar lo suficientemente lejos de la costa el cebo y el anzuelo o para conseguir la profundidad de-

Plomo anular

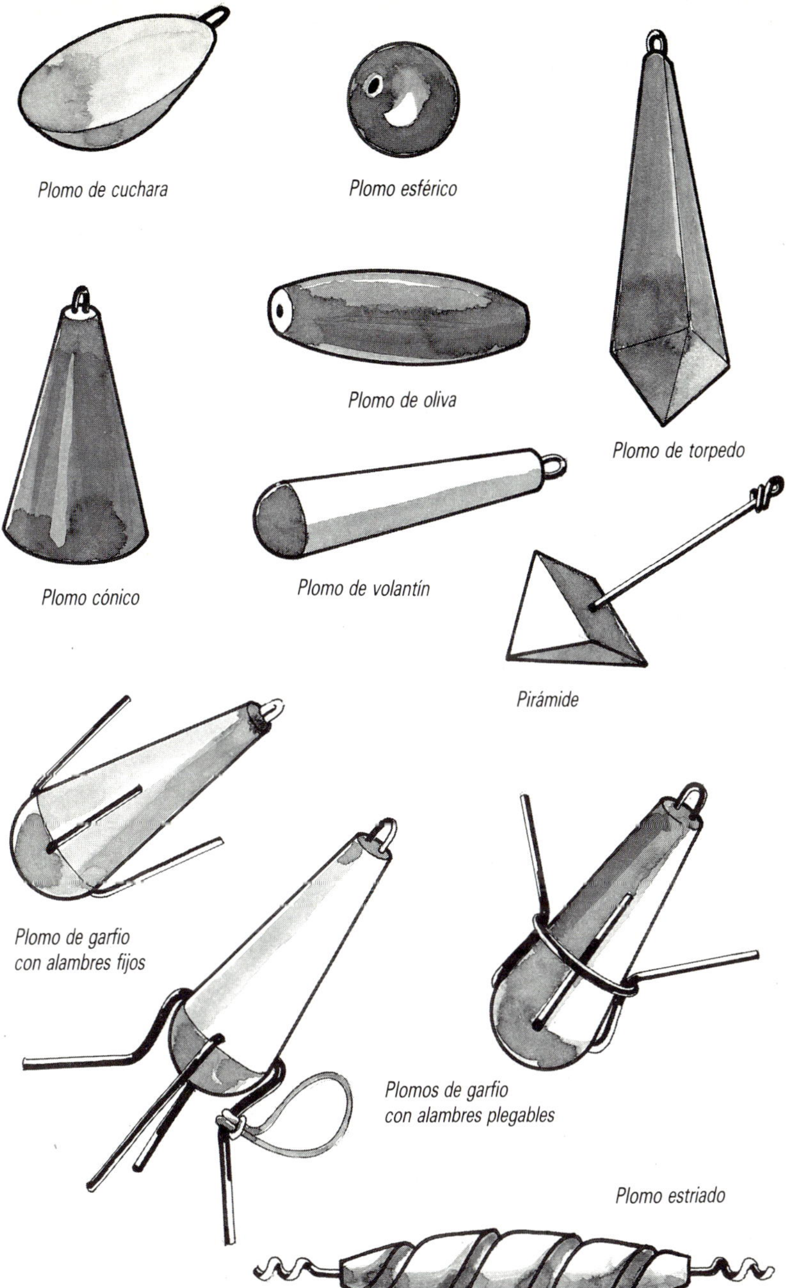

Formas de plomos

seada desde una embarcación. Algunos modelos tienen un ojete para atar el sedal, otros una perforación según las exigencias y empleo.

Un plomo de fondo para la pesca desde la orilla debe permitir un lanzamiento liso, un anclaje suficiente y el impulso suficiente para transportar les pesos pesados hará bien en comprobar con el anzuelo y el cebo. Las formas y el peso elevado, para resistir las corrientes de las mareas a menudo muy fuertes y formas, son condiciones previas que deben cumplir los pesos de fondo para la pesca desde embarcación. En parte suelen emplearse las mismas formas para la pesca desde embarcación y sobre rompiente, sólo los pesos varían. Por otra parte el pescador que opera desde una embarcación está forzado a sostener un peso tan reducido como sea posible, para poder reaccionar sensiblemente frente a la eventual mordedura del pez. Quien conozca los finos métodos de pesca de peces de fondo en aguas dulces estará en un principio asombrado ante las bombas de plomo que se utiliza en la pesca en el mar. Según el tiempo y la corriente marina, o la fuerza de las mareas en el lugar de pesca, los pescadores de costa lanzan sus cebos con pesos de hasta 200 gramos. Quien deba lanzar taanterioridad si la caña es adecuada para ello. Sobre la etiqueta que está en el mango de la caña suele encontrarse en general el peso máximo. Al pescar desde una embarcación se utilizan incluso pesos mucho más pesados, que pueden llegar incluso a superar el kilo. Deben conducir el cebo hasta el fondo y mantenerlo allí a pesar de las fuertes corrientes. También en este caso en la etiqueta de la caña se indica el peso máximo. En condiciones normales nos las podemos arreglar con pesos de alrededor de los 80 gramos, tanto para lanzar desde la costa como para echar y mantener abajo el cebo desde la embarcación. Los plomos de fondo más apropiados son de forma alargada para que puedan deslizarse por el aire y no se doblen durante el lanzamiento. Aun-

Caja de herramientas para pescar en el mar

que las bolas de plomo perforadas también cumplen estos requisitos, los mejores son los plomos alargados de oliva, torpedos y otros que disminuyen su tamaño por detrás. Existen en diferentes acabados.

El peso se mantiene mejor en el fondo cuando existen corrientes u oleaje, cuando los alambres de unión están lejos de su extremo anterior. Para fondos arenosos se emplean pesos con alambres fijos. Para suelos con obstáculos en los que de todos modos los plomos no tardan en fijarse, existen los pesos llamados "Breakaway", cuyos garfios se pliegan al recogerlos para que ofrezcan menos resistencia. Antes del próximo lanzamiento se devuelven a su posición normal y se aseguran con una cinta elástica.

En el equipo de un pescador de mar debe encontrarse siempre una colección de plomos de distintos tamaños y tipos para que pueda emplearse el adecuado en cada situación.

Otros aparejos y algunos detalles

Con la caña, el carrete, el sedal, el anzuelo y el peso ya podemos pescar sobre rompiente. Sin embargo, aparte de esto se necesitan otros utensilios no menos importantes para completar el equipo.

El soporte de caña. Quien pesque sobre rompiente pronto se dará cuenta de que el material es bastante pesado. Ningún pescador, por fuerte que sea está en situación de aguantar la caña en la mano más tiempo del que sea necesario para realizar el lanzamiento y recoger el sedal. El soporte de caña representa una herramienta indispensable para el pescador que opere desde la costa. Existen distintos modelos. Todos están construidos de modo que tras el lanzamiento la caña se coloque en posición vertical.

Quien pesque con frecuencia desde la costa es mejor que se consiga dos modelos diferentes: un soporte de una pata, puntiagudo por el extremo inferior para que pueda clavarse en el suelo blando, y un segundo modelo de tres patas que se afiance sobre un fondo rocoso o duro. El primer modelo descrito es fácil de conseguir y se encuentra en todos los comercios. El de trípode debe buscarse un poco más o incluso, en caso necesario, construírselo uno mismo.

Linternas para la pesca nocturna. Pescar en el mar durante la noche es un deporte excitante y con el que además se obtienen buenos resultados. En primer lugar se precisa una fuente luminosa eficaz y potente. Una lámpara de camping de petróleo, gasolina o gas es muy adecuada para ello. Las llamadas lámparas Coleman con manguito de incandescencia dan una luz buena, clara y regular. Según el volumen del depósito dan luz durante toda la noche. Hay que tener cuidado con el manejo de las lámparas de gasolina pues son fácilmente inflamables. (Igual de buenas y baratas son las lámparas que funcionan con gasolina sin plomo.)

Una o mejor aún dos linternas de bolsillo impermeables completan el equipo de iluminación. Cuando son varias las personas que pescan juntas lo mejor es que cada una lleve su propia linterna de bolsillo. Ya que en el mar el tiempo cambia aprisa y puede desencadenarse repentinamente una tormenta con noche cerrada, el regreso a casa en un lugar desconocido no sólo puede resultar difícil, sino también peligroso.

Las linternas de bolsillo facilitan la tarea del pescador aunque cuente con una fuente luminosa principal, ya que iluminan localmente en el momento de manejar piezas pequeñas y de poner los cebos sin que uno deba inclinarse hacia la luz principal. Especialmente indicadas para tales fines son las linternas que se colocan alrededor de la cabeza y que permiten trabajar con las manos libres.

Protección de los dedos. Como ya hemos mencionado la protección de los pulgares y de los dedos es muy importante al lanzar. Sobre todo en el lanzamiento con carretes de tambor fijo. En caso de necesidad puede servir un esparadrapo que envuelva el índice si es que se ha olvidado el guante en casa. Quien sea escéptico puede intentar lanzar un peso de 150 gramos sin protección. El dolor que produce en el índice el sedal que corre acelerado hace que lo soltemos rápidamente.

Cuchillo y tenazas. Sin ellos no hay quién se las arregle. Siempre se encuentra algo que cortar o que apretar. El contacto forzoso con el agua marina obliga que sean de la mejor calidad pues en caso contrario el cuchillo será inservible y las tenazas ya no se podrán ni abrir ni cerrar.

Torniquete

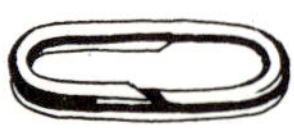

Mosquetón oval

Torniquete con imperdible

Imperdible sencillo

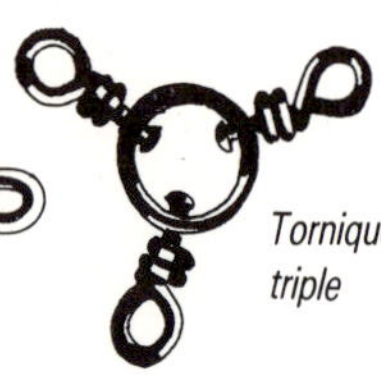

Torniquete triple

Mosquetones, sirven para unir distintas piezas del aparejo. Los mejores son los ovales, pues permiten que la parte central permanezca recta y que el sedal anudado no resbale con el peso. Naturalmente deben ser resistentes a la corrosión del agua marina.

Torniquetes, también se utilizan para unir las partes del aparejo, pero tienen la ventaja de que una de las piezas es giratoria, lo que evita que el sedal se tuerza. Se presentan en distintas formas: en cruz, imperdibles, mosquetón con imperdible, imperdible simple, de bolas de acero fino especial para pescar en mar.

Hilos de lana roja, también puede ser de otro color siempre que sea lo más intenso posible. De este modo se puede marcar óptimamente el sedal en un lugar determinado con un nudo. Señalando el sedal cada 50 metros se sabrá a qué distancia se encuentra el cebo.

Desenganchador, lo mejor es una pinza arterial. Se encuentra en los comercios especializados. Es la mejor manera de desprender los anzuelos.

Salabardo, para que también puedan atraparse peces grandes. Debe tener un mango largo para que la presa pueda recogerse bien en lugares inaccesibles.

Piedra de afilar el anzuelo, importante porque los peces de mar tienen cavidades bucales duras y los anzuelos no pueden penetrar con tanta facilidad. El filo de los anzuelos debe examinarse, por esta razón, antes de cada pesca y en caso dado afilarse. Lo mejor es examinar el filo de los anzuelos con la "prueba de la uña": la punta del anzuelo se presiona ligeramente contra la uña del pulgar, si "se pega" en la uña está lo suficientemente afilada.

Mordaza, según el ejemplar que se haya pescado se precisa una fuerte mordaza para que el anzuelo pueda desprenderse sin que las manos corran peligro alguno. En muchos lugares de Europa se encuentran especies de tiburones más pequeñas o grandes, no importa el tamaño del animal, los dedos deben estar fuera del alcance y la mordaza ofrece una garantía adicional.

Esparadrapo y desinfectantes, para poder curar pequeños arañazos y heridas sobre el terreno.

Cubos de plástico, se emplean para muchos fines, incluso para la captura.

Distintas cestas y cajas, para que las piezas únicas y pequeñas puedan guardarse por separado.

Caja de herramientas —o para el pescador sobre rompiente aun mejor una mochila vieja— para llevar la mayor parte del equipo. La mochila es más práctica para pescar desde la costa porque a menudo deben recorrerse largos trayectos. En este caso la caja molestaría. Una pequeña silla plegable puede caber en la mochila por si no se encuentra un lugar adecuado en donde sentarse.

Equipo de lluvia, impermeable, botas de goma y ropa de abrigo son imprescindibles. Incluso en verano se recomienda llevar siempre consigo un jersei grueso de reserva, sobre todo si la pesca es nocturna.

Otros accesorios para pescar desde embarcación

Los peces de mar están provistos normalmente de dientes afilados contra los cuales los sedales normales no tienen ninguna oportunidad de resistir. Esto sirve especialmente para los peces voraces, como el congrio, el tiburón, el atún y otros. Para prevenir pérdidas se emplea un *porta-anzuelos de acero*. Existen porta-anzuelos ya montados y sedales con dispositivos fijadores adhesivos para montarlos uno mismo. Quien quiera pescar peces voraces necesita alambres, mordaza y tenazas para montar a presión las canillas. En cualquier caso el equipo del pescador de embarcación apenas se diferencia de aquel que pesca desde la playa, aunque los anzuelos puedan ser más grandes esto depende de los peces que se vayan a pescar. Naturalmente el pescador que se encuentra en la embarcación no precisa de utensilios como el soporte de caña que son imprescindibles para pescar desde la orilla.

Ropa resistente a las inclemencias del tiempo, impermeable y botas de goma. *Los chalecos salvavidas* son evidentemente necesarios para pescar en pequeñas embarcaciones. Las de alquiler suelen estar provistas de sus propios chalecos salvavidas, pero depende siempre de cuántas personas se encuentren a bordo.

Provisiones, las pastillas contra el mareo (que hay que tomar antes de iniciar la excursión) son un complemento importante en el equipo del pescador. Muchos cometen la equivocación de empezar un viaje en barco con el estómago vacío. Tan pronto uno se dé cuenta de que algo "no funciona" tiene que hacer trabajar el estómago. Es lo que va mejor. Algunos toman licor, pero hay que tener cuidado porque los pescadores ebrios son los que antes caen al agua.

Los pescadores que zarpen con su propia embarcación precisan un equipo adecuado para su seguridad y supervivencia en caso de apuros, *compás* (brújula) de navegación, no un compás de mano, *carta marina* de la región de pesca y de las costas vecinas, *radio* con la frecuencia ajustada para conocer los informes del tiempo, *remos* por si el motor se avería, en caso de embarcaciones más grandes un *motor de reserva*, *cohetes de señalización*, para poder emitir señales en caso de urgencia, *sirena de niebla*, *ancla*, *boya para anclas*, *extintor*, *cubo*, y muchas cosas más.

Monturas de los cebos

El paternoster

El paternoster es un sistema mundialmente extendido con el cual pueden salvarse la mayoría de las situaciones al pescar tanto desde la costa como desde la embarcación. Este sistema sencillo, pero efectivo, se trata de un método en el que varios porta-anzuelos laterales salen del cuerpo del sedal. O bien el peso cuelga del sedal principal o bien de uno de los secundarios.

Para construir un paternoster con un porta-anzuelos lateral se precisan las siguientes piezas:

—un mosquetón con 10 milímetros de longitud axial;

—imperdibles con torniquetes de 15 milímetros de largo o más grandes;

—1,20 metros aproximadamente de sedal de nilón fuerte, entre 0,45 y 0,55, este material para porta-anzuelos forma parte, al menos en dos gruesos, de todo equipo estándar de pesca en el mar;

—un tubito de plástico de al menos 10 centímetros de longitud;

—un peso de fondo con garfios u otro peso de fondo adecuado entre 80 y 150 gramos según lo exijan las circunstancias;

—uno o más anzuelos, según el tamaño de la montura.

El paternoster para caballas llega a tener hasta nueve sedales laterales con sus anzuelos. Tal "paternoster gigante" sólo puede manejarse desde la embarcación debido a su longitud.

Primero se coloca el imperdible en un extremo del trozo de sedal. El mosquetón oval se sitúa en el otro extremo. El lado con el mosquetón se cuelga en el imperdible final del cuerpo del sedal. De este modo, si es necesario, todo el sistema puede cambiarse con una maniobra. A partir del final del imperdible, es decir, el extremo que más tarde se recoge el peso, subimos unos 50 centímetros en dirección al cuerpo del sedal y hacemos una gran lazada tal como se muestra en la ilustración de nudos para unir porta-anzuelos. La misma lazada, que se deja ver a los lados tras hacer el nudo, debe ser algo más larga que el tubito de plástico para el remache. El nudo debe apretarse enérgicamente para que la lazada salga de forma horizontal del sedal lateral. A continuación el tubito de plástico, que debe ser rojo o amarillo brillante para llamar más la atención del pez, se ajusta a la lazada. Si su longitud ha sido medida con precisión sobresaldrá un trocito por los extremos del tubo de plástico. El mismo anzuelo se atará a un trozo de sedal separado de unos 20 o 30 cm. Al final de este porta-anzuelos se hace de nuevo otra pequeña lazada. Tal como muestra la ilustración, el porta-anzuelos se fijará al trozo final de la larga lazada que sobresale del tubito de plástico.

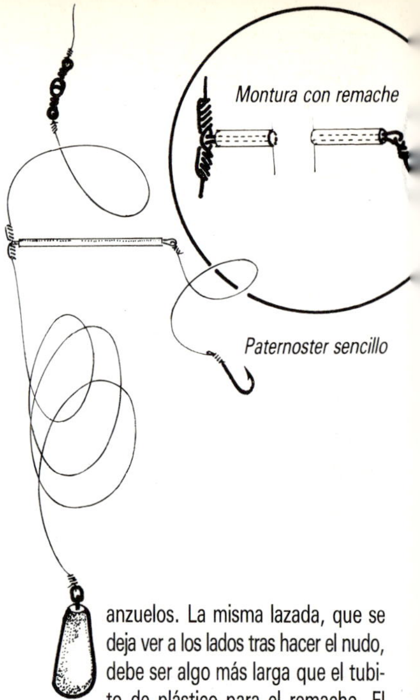

Variantes de una montura

Un paternoster como el que acabamos de describir, con un anzuelo es la montura más útil y polifacética para pescar desde la playa. Ya que con este sistema el peso avanza por delante durante el lanzamiento se comporta de forma neutra y no se dobla ni enreda. El sistema puede "ampliarse" mediante el empleo de porta-

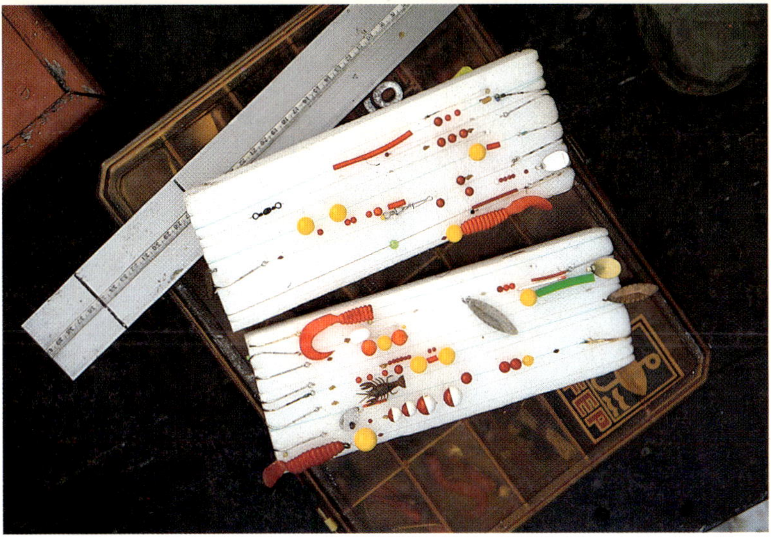

Monturas prefabricadas

anzuelos laterales. Con este fin se hacen simplemente varias lazadas a las distancias correspondientes en el porta-anzuelos y se revisten con tubitos y se añaden los anzuelos. Por otra parte, cada porta-anzuelos lateral debe prolongarse unos 50 centímetros para que quede suficiente espacio. Al añadir varios anzuelos al paternoster la longitud de los porta-anzuelos laterales debe ser adecuada para que no se toquen entre sí. Si son demasiado largos se pueden enredar e inutilizar la montura. En lugar de atar el peso al extremo del cuerpo del sedal, puede hacerse en uno de los laterales que se deslice por un imperdible por el sedal principal. Otro imperdible une el cuerpo del sedal con el porta-anzuelos. En este caso se precisa por encima del imperdible, a través del cual se unen el cuerpo del sedal y el porta-anzuelos, una cuenta de boza para que no se enganchen los anillos de retención. Esta montura está pensada sobre todo para aguas calmas y peces más sensibles que no opongan mucha resistencia con el aro de seguridad abierto. Otra montura práctica es la del paternoster con plomo deslizante y un porta-anzuelos de acero trenzado, un anzuelo de acero fino mayor "seamaster" y boquillas de sujeción, puesto que el porta-anzuelos de acero no se puede anudar. Con este sistema se capturan con éxito, en Inglaterra e Irlanda por ejemplo, tiburones y congrios.

También el pescador que pesca desde la embarcación emplea preferentemente el paternoster. Todas las monturas que anteriormente se han citado para pesca desde la playa puede utilizarlas con éxito también en el mar.

Sin embargo existen diferencias importantes entre las piezas de construcción de una montura cuando se trata de pescar desde una embarcación. El pescador de la playa, forzado a lanzar para llegar hasta el pez, siempre debe construir su montura de modo que con el lanzado no se enrede.

Esto tiene como consecuencias que, por ejemplo, los porta-anzuelos no sean demasiado largos, como ya hemos mencionado. Una desventaja, pues el pez debe acercarse mucho a los demás "cachivaches" que cuelgan en el agua y no muerde tan "imparcialmente" como si sólo tuviera un cebo a la vista.

En este punto el pescador que se encuentra en

Paternoster con un porta-anzuelos

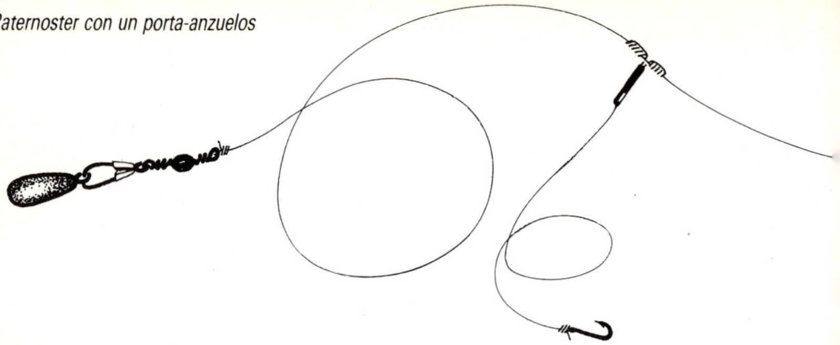

Paternoster de plomo deslizante

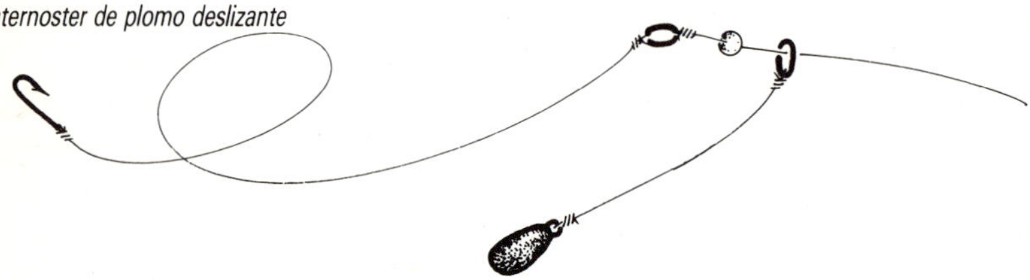

Paternoster de plomo deslizante con un porta-anzuelos de acero y torniquete con plomo

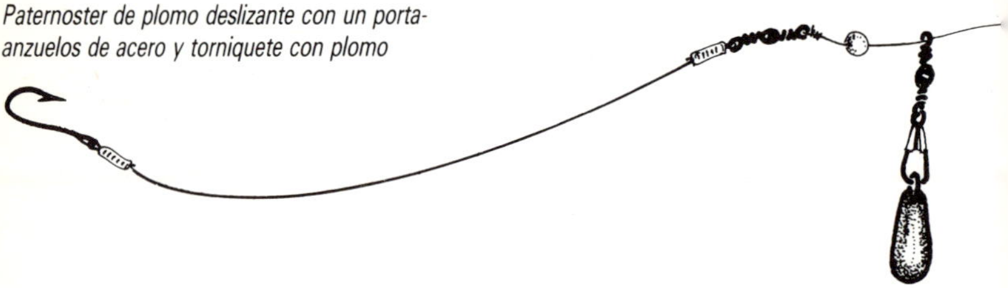

Paternoster de plomo deslizante con plomo de garfios

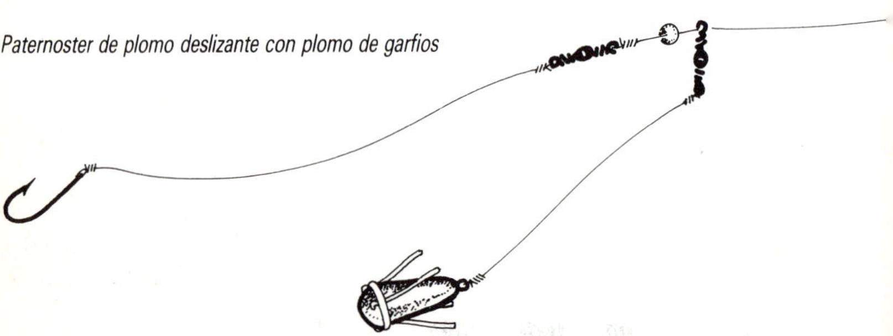

la embarcación está en ventaja. Puesto que puede dejar caer el sedal sin torceduras está en situación de presentar sus cebos más largos y alejados del resto del sistema y por esta razón suelen obtener mejores resultados. No es extraño pescar desde una embarcación con más de un porta-anzuelos de varios metros de largo. Una pieza importante del montaje general de ta-

Otras monturas de fondo

Pesca de toque en aguas calmas y para pescar con corriente

Montura de fondo con plomo deslizante *y torniquete triple*

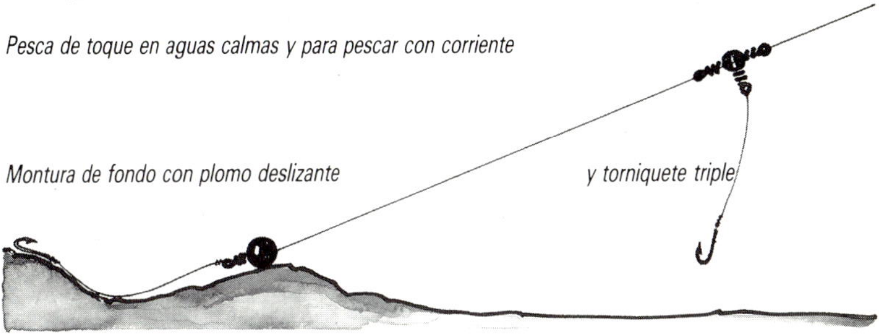

Bola de tendido para evitar que los cangrejos muerdan

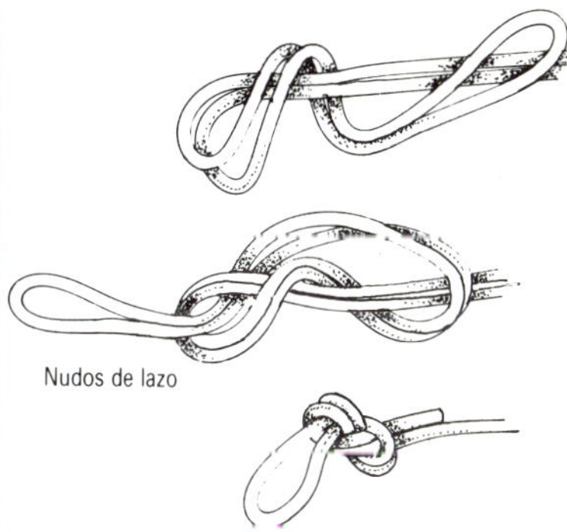

Nudos de lazo

TABLA DE NUDOS

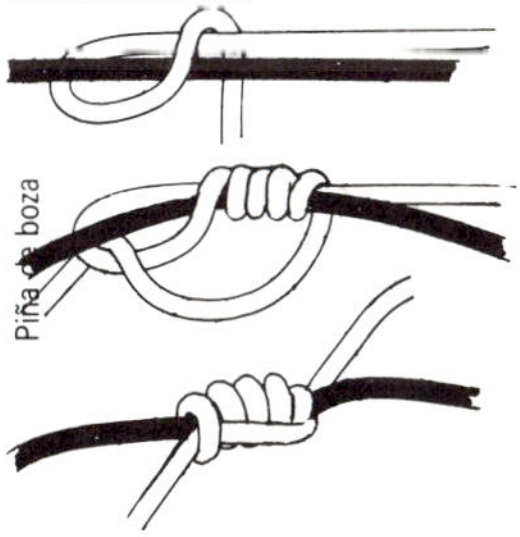

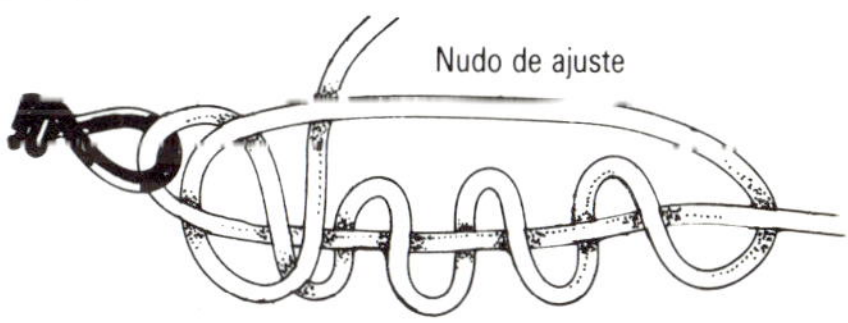

Nudo de ajuste

Nudo de ajuste doble

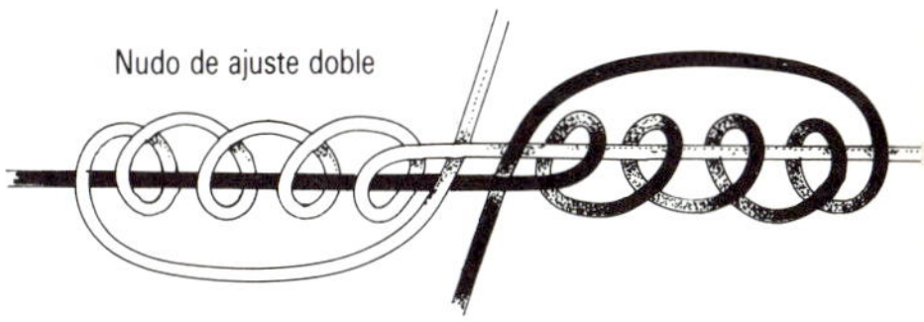

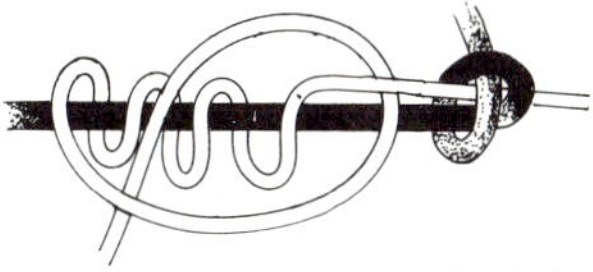

Nudo para unir el porta-anzuelos de choque

Nudo de lazo para unir porta-anzuelos

les sistemas son las "perchas" o "booms", varillas de alambre que van unidas al cuerpo del sedal y mantienen los porta-anzuelos distanciados del mismo. Es decir, variantes del tubito de plástico antes aludido. El aspecto de las perchas puede verse en las ilustraciones.
Perchas de casi todas las formas pueden adquirirse en comercios especializados, incluso ya montadas con los porta-anzuelos, aunque éstos suelen ser demasiado cortos para su empleo y están más indicados para la pesca sobre rompiente. Es mejor comprar la perchas sueltas y construirse uno mismo su propio sistema.
Las perchas adquiridas suelen presentar la desventaja de que los alambres son demasiado finos y se curvan fácilmente. Por esto muchos pescadores suelen construirse ellos mismos sus perchas. Para ello sólo se precisa un alambre de acero de 1 a 2 milímetros de grosor y unas tenazas de doblar con puntas finas.
Los modelos algo más raros de perchas, como el "Flying Collar", una pieza muy estimada entre los pescadores y cuyo brazo puede tener hasta 30 centímetros de longitud, no suelen encontrarse en los comercios. Debe fabricársela uno mismo.

Monturas de fondo

Precisan de un peso deslizante que corra por el cuerpo del sedal por encima del imperdible final. Este sistema garantiza que el cebo llegue hasta el fondo y permite que el pez tire del sedal sin sentir ningún obstáculo. Está indicado para congrios, marucas y todo tipo de rayas.
Por regla general con una montura de fondo se pesca con un anzuelo único unido a un porta-anzuelos de nilón de 45 a 60 cm de largo. Para el rodaballo existe, no obstante, una variante especial. El porta-anzuelos en este caso es muy largo (de 1,50 a 2,00 metros) y tiene dos anzuelos. Uno se encuentra en el extremo y el segundo a unos 30-50 centímetros de distancia. El cebo que se utiliza en los dos anzuelos para atraer al rodaballo consiste en largas tiras del flanco de una caballa. Si verdaderamente estamos esperando estos ejemplares grandes, el porta-anzuelos se fabrica del nilón más fuerte que sea posible o, mejor aún, con un alambre de acero fino para que no pueda pasar nada con el tirón.

El flotador

Con los flotadores suelen pescarse con éxito, desde una embarcación, agujas, caballas, marrajos y otros peces cerca de la superficie o a una profundidad media. Tampoco en este caso es necesario lanzar el anzuelo, el arrastre de la embarcación por el viento y las olas, y las corrientes se ocupan de llevar el anzuelo con su flotador lejos de la embarcación.
Lo mejor es construir el anzuelo con un flotador deslizante para que el cebo pueda ofrecerse a diferentes alturas sin necesidad de cambiar el sistema y sólo desplazar las piñas de boza. La ilustración muestra un sistema de este tipo.

Cebos para la pesca en el mar

Que nadie se deje engañar con la historia de que puede utilizarse el mismo gusano que tan bien funciona para pescar en aguas dulces como cebo para los peces de mar. Los peces no pican. Quien pretenda pescar peces de mar debe ofrecerles el alimento que les corresponde. Existen dos grandes grupos de cebos que se emplean para pescar en el mar;

cebos naturales y
cebos artificiales.

Como cebos naturales puede emplearse todo aquello que suele comer el pez de mar, gusanos, carne de pescado, mejillones, etc.
Los cebos artificiales imitan animales de presa que huyen o están heridos y se colocan en el anzuelo de modo que el pez, atraído por ellos, pica. Existen un número casi infinito de cebos artificiales distintos, como los plugs, jigs, cebos de plástico y otros en distintos tamaños y formas. En este capítulo nos ocuparemos de los cebos naturales.

Monturas para emplear desde embarcación
Perchas
Clements-Boom
Flying Collar
Montura de tres anzuelos para el rodaballo

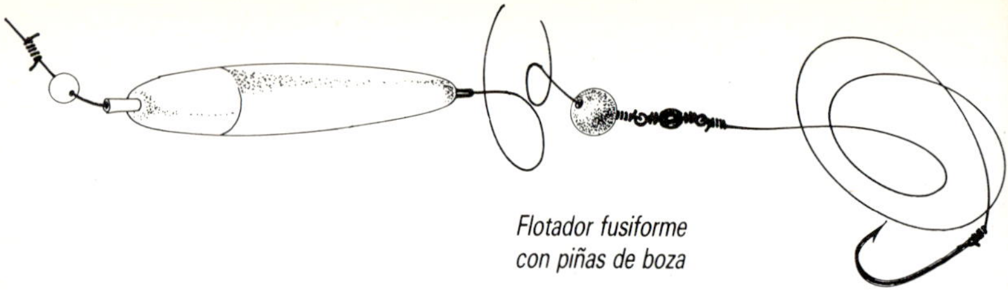

Flotador fusiforme
con piñas de boza

La arenicola marina

Muy estimada entre los pescadores de mar, resulta de gran utilidad. La arenícola se encuentra en todas las costas arenosas de Europa. Es un buen cebo para casi todos los peces marinos que se pueden capturar con el anzuelo.

Es el cebo que sale más barato, puesto que durante el reflujo se puede desenterrar con el rastrillo. Quien quiera ahorrarse el trabajo de cavar, puede comprar este tipo de gusano en casi todos los comercios especializados de las costas, tanto en el país como en el extranjero, pero entonces resultan verdaderamente caros.

Existen en Europa dos especies interesantes para los pescadores: la arenícola roja y la negra. La roja tiene un color rojo fuerte, es relativamente pequeña y desgraciadamente frágil, lo que dificulta su enganche en el anzuelo, donde no tarda en morir. La negra es esencialmente más resistente y se conserva mejor, pero se esconde en la arena a mayor profundidad y no aparece con tanta frecuencia como la roja. Vive en excavaciones en forma de U cuya salida está caracterizada por un montón de arena (como spaghetti). Gracias a esta seña de identificación puede reconocerse dónde hay que cavar con el reflujo y el agua baja.

Flotadores

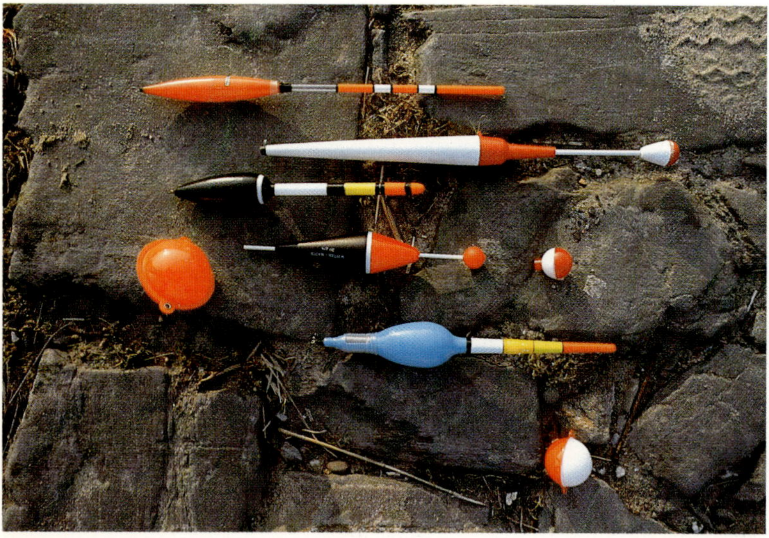

Gusanos segmentados (similares a los "coreanos")

Este tipo de gusanos, los anélidos, se encuentran bajo las piedras de las orillas y pueden llegar a medir hasta 50 centímetros de longitud. Las especies grandes aparecen sólo a mayores profundidades y por ello no son accesibles a los pescadores, pero los pequeños gusanos segmentados representan un interesante cebo. Por su aspecto semejan a los milpiés.

Bolos

Estos pequeños y delgados peces constituyen uno de los mejores cebos que puede emplear el pescador. Puesto que no es fácil recogerlos, lo mejor es comprarlos conservados en tarros o pedirlos por la mañana temprano en el mercado del pescado. Los pescadores lo traen como "pesca adicional".

Los bolos suelen atraer a los bacalaos, pues estos pequeños peces son uno de sus alimentos favoritos.

Caballas

Este pez voraz de aguas libres no sólo es muy apreciado como presa, sino también puede emplearse de muchas formas como cebo.

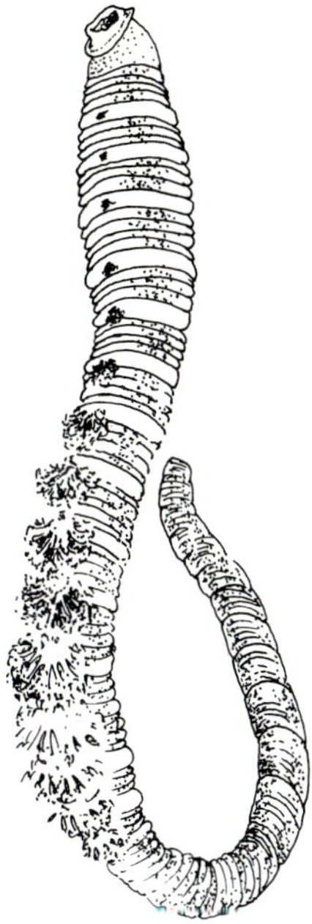

Arenícola

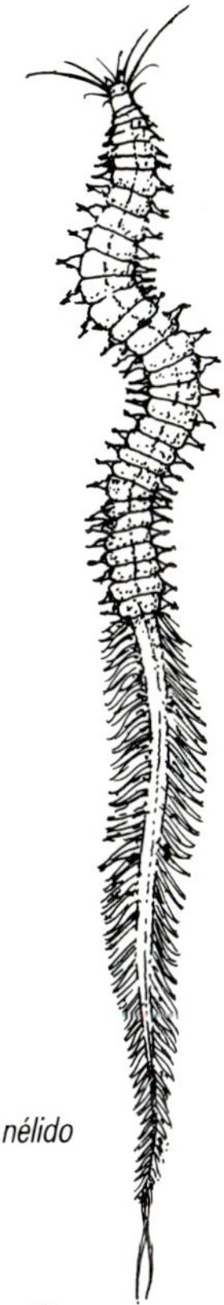

Anélido

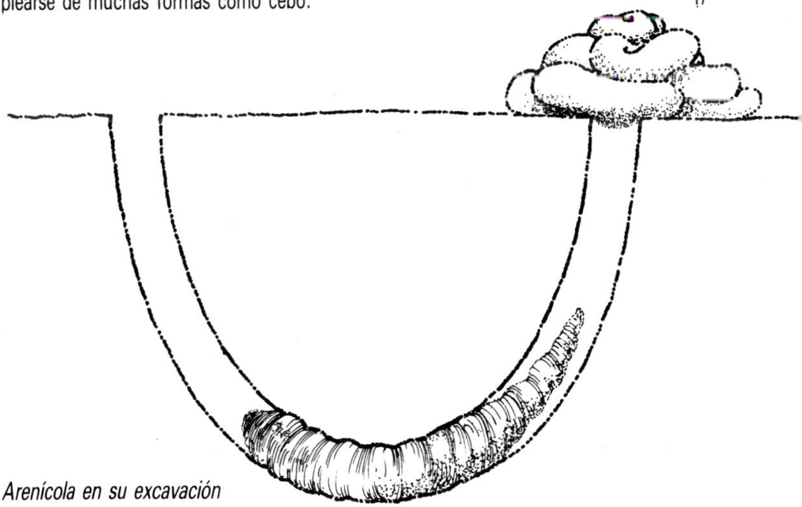

Arenícola en su excavación

Se emplea entero para los grandes peces voraces o como cebo cortado en filetes y del tamaño correspondiente al de los anzuelos. La combinación de una carne aceitosa que deja tras de sí una huella de perfume y la parte de la piel brillante con su efecto "óptico" es para muchos peces irresistible.

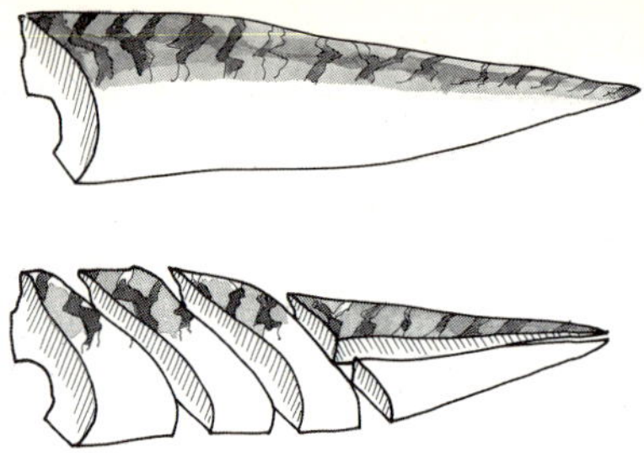

Cebos de caballa

Arenque, sardina y espadín

Se trocean al igual que las caballas. Tienen la carne muy tierna, por lo que hay que colocarlas en el anzuelo con cuidado. Lo mejor es fijarlas además con una cinta elástica o un hilo.

Calamares

Son cebos muy eficaces. Se mantienen bien en el anzuelo y su resistente carne blanca atrae a muchos peces. Los calamares están especialmente indicados para la pesca del bacalao.
Puesto que uno mismo no puede cogerlos, lo mejor es comprarlos frescos en el mercado del pescado o directamente a las balandras en los puertos. Los calamares conservados en tarros, tal como se ofrecen a la venta en los comercios de pesca especializados, no son tan aconsejables.

Quisquillas y cangrejos

Estos crustáceos son muy adecuados para hacer de cebo. No es simple azar que se presenten quisquillas, por ejemplo, como cebos artificiales en todos los colores y tamaños.
Los pequeños cangrejos se enganchan completos en el anzuelo. De los ejemplares grandes se toma sólo el interior blando. Especialmente eficaces son los cangrejos de caparazón todavía algo blando. La blanca y quebradiza carne de las quisquillas y de los cangrejos debe asegurarse al anzuelo con un hilo delgado o una goma elástica. Pese a ello, el lanzamiento no debe ser demasiado enérgico para que el cebo no se desprenda y por esta razón la carne de la quisquilla y del cangrejo está más indicada para la pesca de embarcación.

Mejillones

También de la carne de los mejillones se obtienen buenos cebos, existe sin embargo una desventaja importante: todavía es más blanda y quebradiza que la carne de los cangrejos. La carne del mejillón debe siempre asegurarse con hilo o cinta elástica al anzuelo. Aun así se desprende con frecuencia. Por esta razón y mientras se tengan a disposición otros cebos, es mejor recurrir a ellos para otros lanzamientos. Sólo se recomienda la carne de mejillón para la pesca de fondo desde la embarcación, el muelle o el acantilado, en donde sólo es necesario dejar caer el anzuelo.

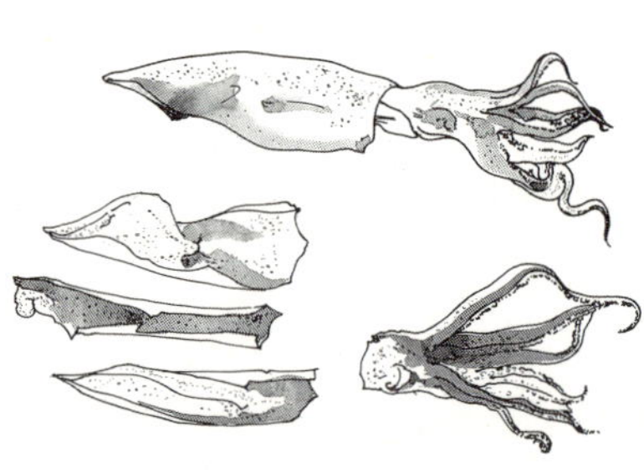

Calamares preparados como cebo

He aquí un consejo para preparar la carne del mejillón de modo que se mantenga más tiempo en el anzuelo: existen redes de pelo, que llevan algunas señoras para sujetarse el cabello, finas y de malla espesa. Se llenan estas redes con la carne de varios mejillones. La parte que se necesita para que no se suelte el mejillón se ata. De este modo se corta este pequeño hatillo y se engancha en el anzuelo. (Se asegura además con una goma elástica.) Desgraciadamente esta construcción tampoco es satisfactoria para los lanzados a grandes distancias.

Pequeño cangrejo preparado como cebo

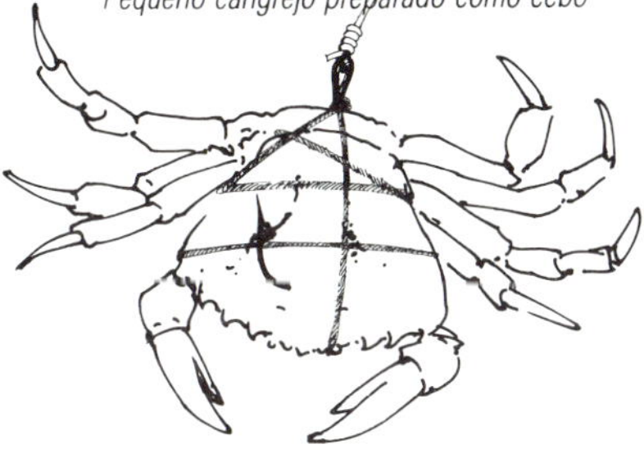

Técnica y táctica para pescar desde la costa

Quien quiera pescar debe saber en qué lugares y en qué momento debe hacerlo. El lugar y el tiempo dependen de las estaciones el año y de las migraciones de cada especie.

Los peces nunca se distribuyen homogéneamente. En cierto modo, sólo se puede predecir la presencia de algunas especies a lo largo de las épocas del año. Quien no realice una práctica continuada de la pesca en las costas europeas y no conozca las condiciones de las diferentes regiones a lo largo del año debe estudiar previamente la situación antes de planear una excursión o unas vacaciones para pescar.

Una vez se ha escogido el lugar, debe considerarse qué nivel de la marea ofrece las mejores posibilidades de pesca. Una regla empírica demuestra que las perspectivas son mejores con la marea entrante. En estas cuestiones lo mejor es pedir consejo a los colegas que estén en el lugar. También deben precisarse los horarios de las mareas. La información puede obtenerse en los diarios, preguntando a las autoridades del puerto y en los partes meteorológicos marinos. Si vamos a permanecer más de un día en el lugar, los paseos por la playa a diferentes horas nos brindan la posibilidad de hacer las observaciones necesarias. Las subidas de las mareas suelen cambiar según la situación geográfica del lugar de un día a otro alrededor de 15 a 45 minutos.

Otras condiciones, como el viento, influyen en las posibilidades de éxito del pescador de costa. Quien se encuentre por primera vez en un lugar desconocido y quiera saber cuáles son las mejores horas para pescar debe proceder de la siguiente manera: se pesca durante las tres últimas horas en que el agua sube y hasta que alcanza su punto más alto. También durante las dos primeras horas en que el agua baja. En este

Bacalao y perro del Norte (Islandia)

Cebos para meces de mar

Epecies	Cebos para la pesca desde embarcación	Cebos para pescar desde la costa
Lubina	bolo vivo o congelado, areníscola marina, crustáceos, calamar, trozos de caballa, quisquilla	igual que para pesca desde embarcación
Espáridos	areníscola marina, calamar, caballa, arenque, sardina, navaja	areníscola marina, crustáceos, trozos de caballa, trozos de calamar
Carbonero	bolo, anélidos, filetes de caballa, tiras de calamares	bolo, anélidos, trozos de caballa, tira de calamar
Bacalao	areníscola marina, anélidos, anguila, caballa, calamar, otros peces cebo	areníscola marina, anélidos, crustáceos de caparazón blando, calamares, peces cebo, pequeños bacalaos
Congrio	caballa, arenque, sardina, lábridos jóvenes, espáridos jóvenes	el congrio se pesca poco desde la playa
Limanda	pequeños crustáceos de caparazón blando, anélidos y areníscolas marinas, trozos muy pequeños de caballa o de arenque, trocitos de calamar	cebos como para la pesca desde embarcación. Preferencia por los «cocktails de cebo» con trocitos de diferentes cebos, por ejemplo, caballas, trocitos de calamar y gusano si se tienen a mano
Tiburones de fondo (especies pequeñas)	caballa, tiras de calamar, la mayoría pican también gusanos cebo	si se pescan cerca de la playa son atraídos por cualquier cebo
Platija	anélidos y areníscolas marinas, crustáceos de caparazón blando, carne de mejillón, navajas, pequeños trocitos de peces cebo	igual que para la pesca desde embarcación, pero la selección varía de un lugar a otro (uno mismo tiene que buscar)
Maruca	caballa, arenque, sardina, calamar	igual que para la pesca desde embarcación, pero no suelen pescarse desde la costa
Caballa	trozos de caballa, sardina, arenque, tiras de calamar, pequeños bolos o tiras de bolos grandes, cebos artificiales como plumas, anguilas de goma, etc.	igual que en la pesca desde embarcación más señuelo

Corcón	trocitos muy pequeños de anélidos en anzuelos muy pequeños, pan	como para la pesca desde embaracación
Solla	tiras de caballa y de calamar, anélidos y areníscolas marinas, navajas y pequeños crustáceos de caparazón blanco	como en la pesca desde embarcación; los cebos que van mejor varían también en el caso de la solla según el lugar
Abadejo	bolos vivos, tiras de pescado y de calamar, anélidos, cebos artificiales como anguilas de goma y otros	como para pesca desde embarcación
Rayas (distintas especies)	bolos vivos, crustáceos de caparazón blando, quisquillas, tiras de caballa, arenque, tiras de sardina	como para pesca desde embarcación. Los mejores cebos varían según el lugar
Tiburón	caballas enteras, sardinas, arenque	también peces cebo, pero se capturan raramente desde la playa
Noriega	caballas enteras, arenque	por regla general sólo se capturan desde embaracaciones
Lenguado	anélidos y areníscolas marinas, pequeños crustáceos de caparazón blando	anélidos y areníscolas marinas, crustáceos de caparazón blando, hatillos de trocitos de gusano y de crustáceos junto con trocitos de pescados y/o calamares
Musola	filetes de caballa frescos (!), calamar, especies de peces muy pequeñas como limanandas espáridos, merlanes, solla y otros	como en la pesca desde embarcación
Rodaballo (= Rombo)	bolos vivos, filetes de caballa y de arenque, espadines	también peces cebo. Ocasionalmente crustáceos y areníscolas marinas
Merlán	trozos de caballa, sardina, arenque, espadín y calamar, anélidos y areníscolas marinas, carne de mejillón, navajas	anélidos y areníscolas marinas, mejillones, navajas, crustáceos pequeños, tiras de caballa, arenque, sardina y calamar
Lábridos	pequeños crustáceos duros y de caparazón blando, anélidos y areníscolas marinas, algunas veces también filetes de bolos y de pescado	crustáceos duros y blandos, anélidos y areníscolas marinas, «cocktail» de trocitos de crustáceo, areníscola marina y lapa

espacio de tiempo es bastante seguro que los peces piquen.

El mejor lugar donde pescar

Para encontrar los mejores lugares de la costa se necesita experiencia propia. Hará bien, también en este caso, el que se informe durante un paseo de las condiciones de una playa hasta el momento desconocida y observe que pueden encontrarse los peces. Más información se obtiene durante el reflujo, cuando puede estudiarse con detalle la formación del suelo.

Orificios, canales y otras depresiones en el suelo indican buenas zonas de pesca, porque aquí el flujo ha traído alimento. También los arrecifes, escollos, pendientes escarpadas y otras formaciones costeras accidentadas se consideran buenos lugares para pescar, pues ofrecen a los peces "pacíficos" protección y son lugares donde acechan los peces voraces. Los pescadores de fondo deben elaborarse su propio cuaderno metódico en las zonas que han quedado secas al bajar la marea: con estos mapas confeccionados por uno mismo se vuelven a encontrar posteriormente los lugares más prometedores. En el mar Báltico, en donde no existe una influencia de las mareas sensible, sólo puede ayudarnos la experiencia propia.

La gran plaga de todos los pescadores sobre rompiente son los cangrejos. Aprecian los cebos naturales que se ofrecen y con mucha frecuencia los roban de los anzuelos. Algunos pescadores intentan mediante corchos o similares, colocados justo por encima del anzuelo, alejar el cebo lo suficiente del fondo como para que no esté al alcance de los cangrejos. En caso de que éstos tengan un hambre enorme el pescador deberá controlar cada poco tiempo si el cebo todavía sigue intacto y después volver a lanzarlo

Qué plomo es el adecuado para cada caso

Existen diferentes plomos para distintos fines. La elección de un modelo u otro depende de las condiciones del momento. Una corriente fuerte, un tiempo riguroso, el viento en contra, el fondo rocoso, arenoso o fangoso, accidentado, todo ello determina la elección del plomo.

También el tipo de lienza desempeña una función. El aparejo con un plomo deslizable por ejemplo, en el que el peso (lo mejor es un plomo esférico perforado o una oliva con asas) se desplaza por el sedal principal, es adecuado cuando hay condiciones tranquilas o hay corrientes. En aquellas monturas en las que el plomo cuelga del extremo del cuerpo del sedal y un sedal lateral se encuentra por encima de él con los porta-anzuelos se puede elegir entre un plomo con ganchos o un peso liso. En los fondos arenosos son preferibles los plomos con ganchos para que conserven mejor su posición, mientras que en los fondos rocosos son mejores las formas lisas para que no se queden encallados. Cuando hace buen tiempo y no hay corrientes el peso puede ser más ligero (de 50 a 80 gramos). Si por el contrario el tiempo es severo y hay corrientes, debe aumentarse el peso para que el cebo se mantenga en el lugar. En el norte de Escocia, donde las mareas provocan corrientes entre tierra firme y las islas Orcadas, se pesca hasta con pesos de 1.000 gramos. Por otra parte, estos pesos tan elevados sólo pueden emplearse para pescar desde una embarcación o desde una costa escarpada, el lanzamiento es imposible.

Reconocer un toque

Se podría pensar que percatarse de que el pez ha picado por el movimiento de la caña no es ningún arte. Esto es cierto cuando el tiempo es bueno. La caña se coloca en el soporte y se observa la punta. Si ésta se mueve o incluso se inclina con fuerza, ahí pasa algo. Otra cosa es cuando las condiciones son severas. Las cañas para pescar sobre rompiente son largas, hasta 4,50 metros. Si toda su longitud está sometida al viento o la corriente tira del sedal es casi imposible distinguir que el pez ha picado, pues la punta de la caña se encuentra en continuo mo-

Pesca en una playa de arena plana del Mar Báltico

vimiento. Tampoco se puede tener la caña continuamente en la mano para sentir la mordedura del pez, el utensilio es simplemente demasiado pesado.

La solución es fácil: no se coloca la caña recta hacia arriba como es habitual, sino que se pone el extremo del asidero simplemente en el suelo y la parte superior sobre el soporte. Depende de las circunstancias cuánto debe sobresalir la punta del soporte de la caña. En cualquier caso, la caña no oscila continuamente, los movimientos se limitan a la punta y, de este modo, y tras algo de práctica, se podrá reconcer más fácilmente el toque de un pez.

Sin embargo debe ponerse atención en que la punta de la caña sobresalga suficientemente sobre las olas para que el agua no tome demasiado sedal. Todo el sistema del anzuelo con el cebo sería llevado de un lado a otro y al final habría un enredo irreparable y ¡ningún pez!

Cuando el pez ya ha picado

Cuando la punta de la caña se inclina de forma irregular, se tuerce y se vuelve a enderezar es que un pez ha picado. Es notable que los peces de mar muerden con mayor ímpetu que los de aguas dulces. Esto quiere decir que, cuando el sedal tira, en la mayoría de los casos ya hay un pez que ha mordido el anzuelo. Pero no tan fuerte que no pueda volver a soltarse.

Por esta razón hay que tomar rápidamente la caña, si es necesario aguantar con fuerza y despacio el sedal, para establecer contacto con la presa y, después, tirar hacia atrás y hacia arriba para que el anzuelo se introduzca definitivamente en el pez. Sólo entonces se empieza a recoger el sedal con el carrete. Cuanto más sedal esté fuera, con más fuerza debe realizarse la recogida, ya que sólo con una distancia de 80 metros el sedal tiene bastante capacidad de dilatación y debe tratarse con firmeza que el ascenso se realice con el pez.

Para conducir la presa a tierra la caña se levanta

en sentido oblicuo, en dirección contraria a la trayectoria del pez, pero sin dar vueltas al carrete precipitadamente, pues un pez grande podría desprenderse con facilidad del anzuelo. Hay que actuar con un movimiento de bombeo. Es decir, la caña se pone en posición vertical lentamente, sin recoger el sedal. Sólo cuando ésta ya está casi recta, se empezará a enrollar el sedal. Es importante en esta operación, sobre todo cuando se trata de peces grandes, que con nuestro comportamiento inquieto no les asustemos, todavía más, innecesariamente. En este momento el sedal es muy corto y no puede dilatarse tanto con los repentinos movimientos de huida del pez como cuando estaba lejos del pescador. Algunos peces que ya están a la vista consiguen escaparse a causa de la excitación del pescador. Los ejemplares pequeños se depositan en la playa y los más grandes se recogen con el salabardo.

La pesca en lugares expuestos (Portugal)

Pescar desde lugares especiales

Malecones

Sobre todo para principiantes que todavía no pueden realizar lanzamientos amplios, los malecones que se internan en el mar constituyen un buen lugar donde practicar la pesca. Simplemente con un lanzamiento de pocos metros se alcanzan aguas profundas. Los malecones suelen adelantarse tanto que su punta se encuentra considerablemente por detrás de la línea de rompiente. Con ello se multiplican las posibilidades de hacer buenas presas.

Se pesca esencialmente sobre fondo con el páternoster o con flotador. También los destellos de los cebos artificiales pueden tener buenos resultados. En la pesca de fondo el pescador debe situarse prudentemente justo al lado de la pared pues los malecones suelen estar construidos de grandes moldes de roca. ¡Una trampa frecuente para los plomos de fondo! En aquellas regiones sometidas al efecto de las mareas, el reflujo permite estudiar los alrededores del malecón. Se sabe entonces dónde pescar mejor cuando la marea es alta. Cuidado con el mal tiempo: a menudo la parte del malecón que lo une con la tierra está inundada durante las tormentas, mientras que la punta del malecón continúa seca, queda así cortado el camino de regreso para el pescador.

Acantilados

Pescar desde los acantilados es muy gratificante. Muchos peces y crustáceos encuentran refugio bajo la protección de las rocas mientras que los peces voraces se sienten atraídos por ellos. La pesca desde los acantilados tiene sin embargo sus desventajas, sobre todo cuando el mar está inquieto y por la noche. Los acantilados suelen internarse extensamente en el mar y, si no se pone atención, las olas, que pueden alcanzar hasta alturas de más de 30 metros, los inundan. Los lugares rocosos para pescar suelen tener el inconveniente de que su suelo es muy áspero. A lo largo de una jornada de pesca permanecen en el suelo todo tipo de plomos y demás que el mar ha vuelto a traer. O bien se pesca con un

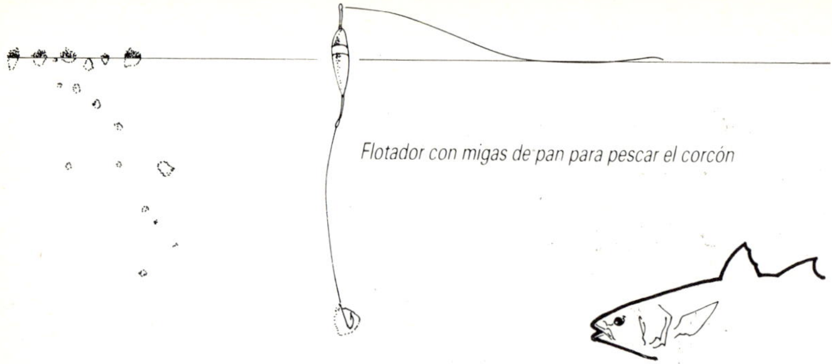

Flotador con migas de pan para pescar el corcón

flotador deslizante algo por encima del fondo o se emplean de peso de fondo piezas de chatarra, grandes tuercas y demás. Cuando se rompen las pérdidas no son tan grandes.

El grosor del sedal empleado debe adecuarse necesariamente a las severas condiciones de tales lugares de pesca. Los sedales finos se rompen pronto. En este caso el pescador precisa de un sedal con una carga de rotura de al menos 15 kilogramos. Con grosores de este tipo puede desprenderse con suerte y mediante un tirón fuerte la montura encallada. Por lo demás, se recomienda atar el peso "de chatarra" al sistema completo con un porta-anzuelos más delgado. Con esta zona de rotura controlada, sólo quedará el peso en el fondo si el anzuelo no se puede desprender.

Puertos

Al igual que en los malecones, en los puertos se pesca desde los muelles. También aquí se llega a aguas profundas sin tener que lanzar lejos.

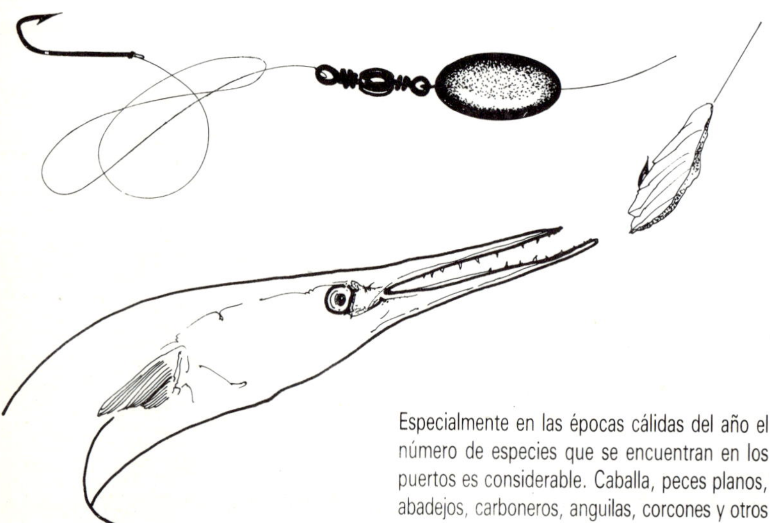

Montura para la pesca de la aguja

Especialmente en las épocas cálidas del año el número de especies que se encuentran en los puertos es considerable. Caballa, peces planos, abadejos, carboneros, anguilas, corcones y otros ejemplares se internan en los puertos buscando alimento.

Advertencia: no en todos los puertos está permitido pescar. Sobre todo los puertos de transbordadores tienen normas especiales. Desde que en una ocasión un transbordador en el puerto de Puttgarden/Fehman fue paralizado al enredarse un sedal en la hélice, ya no se permite pescar en las dársenas. ¡Y no es el único lugar! Las infracciones, incluso por ignorancia, se pagan caras.

Playas de arena

Son como el estadio del lanzador de distancia. Quien quiera pescar en una playa arenosa deberá lanzar en la mayoría de los casos a una distancia de 100 metros o más (por encima de la línea de rompiente) para dar con el lugar donde haya peces.
En las orillas de la playa suele pescarse con el páternoster, porque con el sistema de flotadores no se puede lanzar suficientemente lejos y el flotador es difícil de distinguir a grandes distancias. Por regla general el nivel más alto de la marea ofrece las mejores oportunidades en estos lugares.

Estuarios

Los estuarios, aquellas desembocaduras de los ríos que están sometidas a la influencia de las mareas, suelen formar una buena orilla de pesca porque permanecen allí muchos peces en todas las épocas. Los sistemas de pesca de mejores resultados son el páternoster sobre fondo y el flotador, el último sobre todo para corcones. A causa de las fuertes corrientes que aparecen con el reflujo y el flujo, deben emplearse pesos pesados en los anzuelos de fondo para que el cebo permanezca en su lugar. Otra alternativa es pescar con flotador con cebo de trozos (lo mejor es el flanco plateado de la caballa) para pescar peces como agujas, espáridos, perciformes, caballas y otros.

Lanzado spinning con cebos artificiales

Se trata de un tipo de pesca también practicado en aguas dulces. El cebo artificial es lanzado y con los movimientos más vivos y entrecortados que sea posible se vuelve a recuperar. La misma técnica también tiene buenos resultados en el mar. Se trata de un deporte para las estaciones cálidas del año. Entonces pueden capturarse con unos resultados sorprendentemente buenos caballas, abadejos, agujas, carboneros y, en las regiones meridionales, sobre todo lubinas.
Los siguientes métodos son efectivos en lanzado spinning. Por encima del cebo artificial se hace un nudo en el sedal. A él se ata uno de los cebos de plástico que se presentan en muchas variedades, una quisquilla u otro. En lugar del cebo de plástico también puede atarse un corto porta-anzuelos con una tira de pescado como cebo. A menudo el "cebo adicional" trae mejores resultados que el blinker o la cucharilla.

Cebos artificiales de plástico blando

Especie	Distribución	Procedimientos de cebado del anzuelo
Abadejo y carbonero	En aguas claras y frecuentemente en fondos rocosos, aunque ocasionalmente se encuentra también sobre fondos arenosos. Aparece por todo el canal de la Mancha, en las aguas de Irlanda, alrededor de Gran Bretaña y delante de la costa noruega. En determinadas circunstancias a grandes profundidades también en costas escarpadas y arrecifes.	Señuelos con cucharas o cucharillas brillantes. Cebo de trozos de pez o de gusanos en una montura de un anzuelo sencillo o en paternoster con dos o tres anzuelos
Merlán	En fondos de todo tipo, desde regiones litorales rocosas hasta en la arena fina, pero no en las desembocaduras de aguas salobres. El merlán prefiere las regiones de aguas frías y a menudo es capturado durante la pesca de la caballa o como presa adicional en las aguas alrededor de Gran Bretaña e Irlanda, así como delante de las costas de Francia.	En donde es necesario un lanzado amplio: montura de un anzuelo. En los lugares donde el merlán se acerca a la orilla debe emplearse un páternoster de anzuelo obel con anzuelos del tamaño 2 o 4. Los mejores cebos son: trozos del flanco de la caballa o areníscolas. También el porta-anzuelos con caballa y plumas
Lábridos	Prefiere el agua clara y templada y aparece sólo en costas rocosas. Los lábridos de distintas especies pueden pescarse en verano por las costas de Inglaterra e Irlanda, en el canal delante de la costa de Francia, Portugal y España. También están muy extendidos en el Mediterráneo	La más aconsejable es la montura de un solo anzuelo que se puede dejar caer en un orificio de los cantos rocosos donde el lábrido acecha a su presa. Los cebos preferidos: areníscolas, carne de mejillón; los crustáceos están especialmente indicados
Rayas (de distintas especies)	En los fondos de todo tipo, desde fondos arenosos hasta rocas. Prefiere el agua clara y aparece en todos los mares de Europa.	Monturas de un solo anzuelo con plomo deslizante. Prefiere los crustáceos blandos, quisquillas, también los cebos de caballa y arenque
Lubina	La lubina prefiere el agua templada; por lo que no es habitual en el Norte. En caso contrario se encuentra en todos los mares europeos, salvo en el mar del Norte y en el Báltico y en las aguas alrededor de Escandinavia, donde aparece muy raramente o está ausente.	Anzuelos grandes con cebos grandes, por ejemplo *Lancoidae* en proceso de mudar la piel o grandes areníscolas. No es necesario hacer lanzamientos amplios, pues este pez se acerca a la orilla para buscar alimento. Preferentemente: sistemas con un solo anzuelo

Bacalao	En todos los fondos, desde los arenosos hasta las regiones rocosas litorales, malecones y brazos de mar. Aparece en toda Eorupa, aunque menos en el sur, delante de las costas de Potugal y de España No se encuentra en el Mediterráneo.	En donde son precisos los lanzamientos amplios se emplean monturas de un solo anzuelo; naturalmente también puede emplearse un sistema de páternoster con dos o tres anzuelos. La areníscola es el cebo predilecto. También pequeños bacalaos como «presa adicional» es estimada por los compañeros de especie
Solla	Fondos de arena fina, fangosos o de guijarros finos, en ningún caso sobre fondos rocosos. Aparece en todos los lugares donde lo permite el fondo.	Dos o más anzuelos en un páternoster cuando aparecen peces en grandes cantidades. Los anzuelos pequeños, del tamaño 2 o 4, son los más indicados para sus pequeñas fauces. La areníscola es el mejor cebo para pescar estos peces
Cazón	Aguas claras y templadas; pez que se pesca en los meses de verano; aparece en todas las aguas europeas salvo en el mar Báltico. Tanto en fondos de arena como rocosos.	Sistemas de un solo anzuelo con cebos de trozos de caballa o de arenque, también crustáceos. Porta-anzuelos de acero
Platija	Sólo se encuentra donde el fondo no es rocoso. Gustan también de los fondos fangosos y del agua salobre de las desembocaduras de los ríos.	El mismo procedimiento que para las sollas. En algunas circunstancias puede aumentar considerablemente las posibilidades el añadir una cuenta de vidrio o una pequeña «cuchara» justo por encima del anzuelo. Los pequeños crustáceos blandos son el cebo favorito, si no, areníscolas
Caballa	Aparece en épocas determinadas en todos los mares de Europa. Su afluencia masiva se realiza, sin embargo, en pleno verano y a principios de otoño en los lugares de aguas claras y cálidas	Para la pesca deportiva un pequeño señuelo en una caña ligera promete buenos resultados. Las caballas se sienten también atraídas por los cebos de trozos de pescado que se les ofrece bajo un flotador. El sistema más conocido para pescar la caballa es la montura múltiple, con hasta nueve anzuelos, que llama la atención con plumas o similares y está provista de cebos artificiales y no precisan ningún vivo. (Sólo se puede emplear desde la embarcación)
Corcón	Normalmente en los meses de verano en aguas someras y calientes de los puertos, desembocaduras de los ríos y bahías.	El mejor cebo es el pan

Técnica y táctica en la pesca desde embarcación

El pescador que se encuentra en su embarcación cuenta con más posibilidades de perseguir a su presa que el que está en la orilla: puede moverse con total independencia. Mientras que el último debe pescar en el fondo esencialmente, el primero también tiene a su disposición las aguas medias y la superficie como región de captura. Gracias a su movilidad puede pescar en todos los lugares que prometen buenos resultados.

Aunque la táctica que ha de seguir el pescador que dispone de su propia embarcación se ve influida por el efecto de las mareas, el viento y el tiempo, le resulta más sencillo ajustarse a las circunstancias del momento.

Por ejemplo, si una corriente sube el plomo del fondo porque es ligero, el pescador puede aumentar el peso sin problemas –hasta 1 kilogramo y más–, mientras que el que pesca desde la orilla está más limitado. No importa de qué ejemplar se trate, congrio, maruca, tiburón, atún u otro, la pesca desde embarcación siempre está en ventaja.

Alquiler de embarcaciones

La mayoría de los pescadores disponen de la posibilidad de pescar desde una embarcación siempre que tengan sitio en un bote alquilado, pues son muy pocos los que poseen una embarcación propia. A lo largo de las costas europeas existen muchos puertos en los que embarcaciones de alquiler y las balandras están al servicio de los aficionados a la pesca deportiva. Las primeras suelen tener tarifas diarias.

De todos modos, y antes de reservar sitio, uno debe informarse con exactitud de cuál es la meta de la excursión, ya que hay embarcaciones de alquiler que permanecen en el puerto y otras navegan durante horas antes de llegar a un buen fondo de pesca suficientemente alejado. Con las primeras los resultados obtenidos generalmente son medios, quizás un par de caballas, peces planos y agujas.

Antes de salir de excursión en una embarcación de alquiler hay que saber con qué medidas de seguridad cuenta. Al menos los flotadores y el chaleco salvavidas, para utilizar en caso de urgencia, forman parte del equipo básico obligatorio. Quien quiera ir totalmente seguro tiene que llevarse su propio chaleco salvavidas hinchable dentro del equipaje o ponérselo durante toda la excursión si el tiempo es severo.

El lugar óptimo

En un barco que ofrece espacio a varios pescadores se puede conseguir un lugar más o menos bueno. Los mejores son los situados en la proa y en la popa. Entre ellos, el de popa todavía es mejor. Los pescadores que operan desde esta posición tienen la mayor libertad de movimientos, mientras que los lugares en la línea lateral del barco brindan menos posibilidades de ampliar el radio hacia la izquierda o la derecha, ya que suelen estar cerca compañeros que a su vez exigen sitio. Por esta razón muchos intentan en lo posible conseguir un sitio en la proa o la popa.

Pescar contra corriente

Las corrientes marinas que no son demasiado fuertes pueden aprovecharse hábilmente cuando, con la embarcación anclada, se pesca contra corriente. Se trata de una táctica prometedora que desmiente en realidad lo que se ha dicho hasta ahora. Pero, toda regla tiene su excepción, pues el pescar "contra corriente" es la única táctica con la cual se lanza desde la embarcación. Si se puede o no pescar con este método, depende naturalmente de cuántos pescadores hay en la embarcación.

Una caña para lanzar señuelos pesados (Pilkrute) de unos metros de largo se maneja bien porque con ella pueden realizarse los lanzamientos necesarios. El páternoster con un plomo terminal, un sedal lateral y un porta-anzuelos no demasiado largo es el más adecuado para practicar este tipo de pesca. Si se pesca contra

Pesca desde embarcación delante de Irlanda

corriente el porta-anzuelos deberá estar provisto de bolas porosas de estireno de tal modo que el cebo pueda oscilar sobre el fondo.

Por otra parte, sólo puede pescarse contra corriente cuando el fondo es bastante liso. Los fondos rocosos con piedras y muchos obstáculos originan enganches frecuentes.

La táctica consiste en lanzar el anzuelo lo más lejos que sea posible contra la corriente, de modo que el empuje de ésta devuelva lentamente el cebo en dirección a la embarcación. De esta forma puede en cada lanzamiento recorrerse un buen trozo de fondo con el sedal avanzando aunque la barca no haya cambiado de sitio. Cuanto más fuerte sea la corriente, mayor deberá ser el peso del plomo para que el cebo no retorne demasiado deprisa.

Pesca de deriva

La pesca con la embarcación a la deriva, es decir en movimiento, pero no por acción de la propulsión, promete buenos resultados durante el período de resaca. Es en este momento cuando la fuerte corriente de la marea invita a los peces a salvajes comilonas. Entonces tampoco hacen grandes diferencias entre los cebos artificiales y los naturales, no tienen simplemente tiempo para seleccionar y muerden.

La corriente de las mareas arrastra la embarcación a la deriva, en este caso es mejor que se encuentren pocos pescadores a bordo, porque al moverse en una dirección determinada los pescadores deben lanzar sus anzuelos sólo por la borda que es desviada por la dirección de la deriva. Los sedales se arrastran así por detrás de la embarcación, con lo que un buen capitán sabe siempre calcular que la embarcación se mueve perpendicular a la dirección de deriva, es decir de la corriente.

Durante la estación invernal se pesca en las aguas de Devon y Cornualles con fuertes páternosters de nilón unidos al sistema con dos o tres anguilas artificiales. Para pescar de este modo se necesita un sedal de al menos 25 kilogramos de carga de rotura, pues pueden picar varios pe-

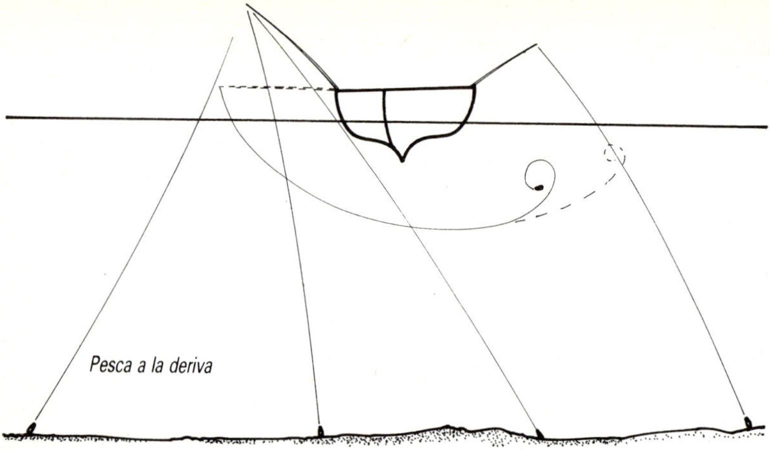

Los pescadores en la zona de sotavento (mirando en dirección a la corriente) tienen las mejores posibilidades

ces al mismo tiempo cuyo peso dificulte la recogida del sedal.

Otro método consiste en pescar con un solo cebo en un porta-anzuelos largo y sólo una percha de alambre. Se emplea para ellos el "Flying Collar", una varilla de alambre situada especialmente lejos. Evita que el largo porta-anzuelos que se emplea se enganche con el cuerpo del sedal durante el viaje. Cuando el plomo ha llegado al suelo se bobina lentamente y con continuidad, sin dar tirones.

Suele pescarse a la deriva sobre fondos muy accidentados, en los que hay arrecifes o barcos hundidos. Allí suelen encontrarse peces más grandes. El peligro de enganche, sin embargo, es considerable. En cuanto el plomo ha llegado al suelo es indespensable que se desprenda del suelo mediante varios giros de la manivela, para que no se enganche en seguida la montura en los accidentes del terreno y se rompa. Desgraciadamente la altura a la que debe colocarse la montura sobre el fondo sólo puede saberse tras varios intentos, que a veces producen muchas pérdidas.

Curricán

En todos los mares de Europa vale la pena dejar arrastrar los anzuelos desde el bote que navega lentamente. Incluso en el mar del Norte o en el Báltico da buenos resultados practicarlo en el viaje de ida o de vuelta desde el lugar elegido de pesca. Con el curricán se capturan bonitas truchas mariscas, agujas o caballas. El curricán se practica desde embarcaciones especialmente equipadas para ello, con brazos que normalmente pueden exponer de cuatro a cinco sedales, o desde la propia embarcación. Además, este tipo de pesca es *el* método que se utiliza con éxito para la captura de peces grandes. La pieza más importante es el plomo de arrastre o "surfing paravan" que a una determinada velocidad mantiene la montura a la profundidad previamente calculada.

El sistema se construye de modo que el plomo cuelgue en el extremo del cuerpo del sedal con un fuerte imperdible. En el mismo imperdible se coloca el porta-anzuelos, que al menos debe medir de 6 a 10 metros de largo para que el pez que se sienta atraído por el cebo se encuentre lo suficientemente lejos del resto del sistema. El peso del plomo de arrastre empleado depende de la velocidad de la embarcación. El mismo cebo debe remolcarse al menos a 20-30 metros de la embarcación para que se encuentre fuera de la zona de perturbación de la hélice. Cuando un pez ha picado se para inmediatamente la embarcación y se recogen todos los sedales restantes que eventualmente cuelguen, para que quede garantizada la libertad de movimientos al recoger el pez.

Pesca con señuelo pesado

Pescar con señuelos da buenos resultados en cualquier estación del año. En las aguas del mar del Norte y del mar Báltico el bacalao se pesca con este método. El señuelo, un cebo artificial pesado, que se presenta en los comercios en multitud de formas y de colores y con pesos diferentes se deja caer desde la embarcación. (También la pesca con señuelos desde lugares adecuados de la playa puede ser gratificante.) Con el señuelo se pueden pescar bacalaos, abadejos, carboneros y también marucas. La efectividad de estos anzuelos artificiales, que pueden llegar a pesar hasta 750 gramos puede todavía aumentarse considerablemente con la adición de tiras de plástico coloreadas y de cebos naturales, por ejemplo tiras de caballa, que se cuelguen en su extremo. En cualquier caso, debe observarse que en el extremo del señuelo cuelgue al menos un fleco rojo que, con su color y vibraciones, todavía atraerá más la atención.
El señuelo se lanza y se agita tirando y aflojando del sedal para darle viveza. Puede dar muy buenos resultados si por encima del señuelo se coloca un porta-anzuelos en el sedal y allí un pequeño cebo artificial de plástico blando, colorado y móvil, o un cebo de tiras de caballa en un corto porta-anzuelos. A menudo los peces se precipitan en la presa supuestamente "más pequeña" y pican el anzuelo.

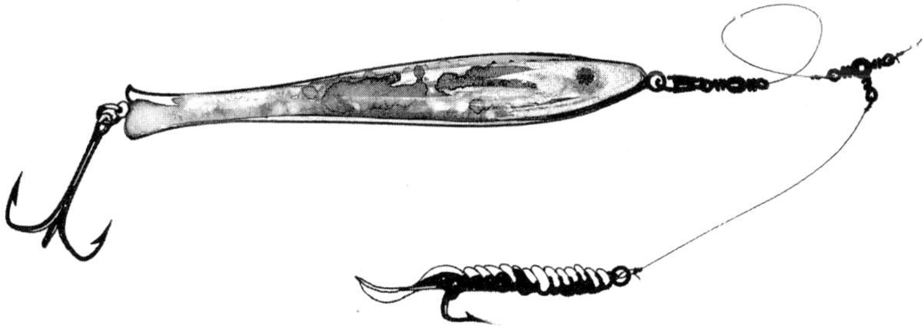

Paleta con porta-anzuelos de plástico blando

Aparejos y monturas para pescar desde la embarcación

Especie	Cañas	Carretes	Sedal	Tamaño del anzuelo	Método de cebado
Puertos y desembocaduras de ríos					
(Pesca de fondo)					
Limanda, solla, platija, bacalao, eglefino	Caña con señuelo pesado de 2,70 a 3,0 m; fibra de vidrio hueco o de carbono mezclado (según lo que se quiera gastar)	carrete multiplicador pequeño o de tambor fijo grande	Nilón 10-15 lb (0,25-0,35)	4, 2, 1, 1/0	Montura de un solo anzuelo (paternoster)
Pesca con flotador					
Aguja, caballa, corcón	Caña con señuelo pesado de 2,50 m	carrete multiplicador pequeño o de tambor fijo grande	Nilón 4-6 lb (0,20-0,25)	4, 2, 1, (para el corcón más pequeños)	Flotador de dirección o fijo; trozos de pescado, gusanos o pan.
Pesca tipo spinning					
Platija, limanda, solla, lubina, caballa	Caña para pesca tipo spinning de 3,00 a 3,50 m	carrete multiplicador pequeño o de tambor fijo grande	Nilón 10-12 lb (0,25)	Drilling* de tamaño mediano	Cucharas y paletas de distinto tamaño; los colores varían según el caso. ¡Probar!
Congrio a menudo vive en puertos y desembocaduras sometidos a los cambios de las mareas	Caña para embarcación de 1,90 a 2,20 m	carrete multiplicador 4/0	Nilón 30-40 lb (0,55-0,65)	8/0-10/0	Porta-anzuelos de acero o porta-anzuelos doble de nilón 30-40 lb; con un solo hilo de nilón todavía más grueso. Tamaño Heinz-Blinker o Jigs con plomo
Pesca cerca de la orilla	No sirven los carretes de tambor fijo cuando se pesca con el sedal arrastrándose en las corrientes fuertes producidas por las mareas				
(Pesca de fondo)					
Solla, limanda, platija	Caña con señuelo pesado de 2,70 a 3,30 m; caña para embarcación 12-15 lb	carrete multiplicador pequeño o mediano	10-15 lb (0,25-0,35)	2-4	Paternoster de un anzuelo

Lubina, espáridos, cazón, bacalao, eglefino, merlán	Caña con señuelo pesado de 2,70 a 3,30 m; caña para embarcación 12-15 lb	carrete multiplicador pequeño o mediano	12-18 lb (0,30-0,40)	2-4	Paternoster de un anzuelo
Rodaballo, rayas	Caña con señuelo pesado de 2,70 a 3,30 m; caña para embarcación 12-15 lb	carrete multiplicador pequeño o mediano	18-24 lb (0,40-0,50)	1/0-2/0	Paternoster de un anzuelo
Peces gregarios como el eglefino, el merlán y la caballa	Caña con señuelo pesado de 2,70 a 3,30 m; caña para embarcación 12-15 lb	carrete multiplicador pequeño o mediano	20 lb (0,45)	2-4	Paternoster de un anzuelo
Congrio	Caña para pescar desde embarcación 30 lb	carrete multiplicador 4/0	30-40 lb (0,55-0,70)	Porta-anzuelo de acero o «monohilo» del grosor correspondiente (V. arriba)	
Pesca en aguas profundas-pesca de arrastre		En este tipo de pesca debe calcularse con peces mucho más grandes —sin importar la especie. Como consecuencia de ello el equipo debe ser forzosamente más pesado. Carrete multiplicador mediano (Ambassadeur 7.000-10.000 u otras marcas —Penn— 4/0-6/0)			
Todas las especies mayores, inclusive el carbonero y el abadejo, rayas, rodaballo, halibut, perro del Norte, tiburón, maruca o congrio	Una caña para pesca tipo spinning fuerte de 3,00 m o una caña para embarcación de 30 lb		15-30 lb (0,45-0,55)	1/0, 2/0	«Flying Collar» (el brazo de alambre colocado lejos con un porta-anzuelos largo) con montura simple de anzuelo. Para el rodaballo existen también monturas especiales con 2-3 anzuelos
Pesca con el Flying Collar			18-24 lb (0,40-0,50)	3/0-6/0	Porta-anzuelos 15-18 lb; paternoster de un anzuelo o con varios anzuelos

Abadejo, carbonero, espáridos, merlán, cazón, eglefino, maruca, bacalao, rodaballo	Una caña para pesca tipo spinning fuerte de 3,00 m o una caña para embarcación de 30 lb	carrete multiplicador mediano (Ambassadeur) 7.000-10.000 (0,45-0,55) u otras marcas (4/0)	20-30 lb (0,45-0,55)	3/0-6/0	Flying Collar
Musola	Caña para embarcación 12, 15, 20 lb	carrete multiplicador 4/0	20-36 lb (0,45-0,60)	3/0-6/0	Montura de un anzuelo con porta-anzuelos de acero
Congrio	Caña para embarcación 30 lb	carrete multiplicador 3/0	30-60 lb (0,55-0,70)	8/0-10/0	Montura de un anzuelo con porta-anzuelos de acero
Noriega	Caña para embarcación 50 lb	carrete multiplicador 6/0	50-60 lb (0,75-0,85)	12/0	Montura de un anzuelo con porta-anzuelos de acero
Halibut				10/0-12/0	Jigs grande, pez cebo
Pesca en buques naufragados Los ejemplares grandes de todas las especies, *P. erythrinus,* abadejo, carbonero, maruca, congrio	Caña para embarcación 20-30 lb	carrete multiplicador 4/0-6/0	30-40 lb (0,55-0,70)	2/0-4/0	Paternoster de plomo deslizante con trozos de pescado y cebos artificiales
Tiburón, tintorera	Caña para embarcación 20-30 lb	carrete multiplicador 4/0	20-40 lb (0,45-0,70)	10/0-12/0	Porta-anzuelos de acero con una longitud mínima de 4,0 m
Marrajo de Cornualles, pez zorro	Caña para embarcación 30-50 lb	carrete multiplicador 6/0		12/0	Cebo de caballa o de otros peces del tamaño correspondiente. Con el olor (Rubby dubby); porta-anzuelos de acero, 4,00-6,00 m
Marrajo (Big-Game)	Caña para embarcación 50-80 lb	carrete multiplicador 9/0	80 lb (0,90)	12/0	Porta-anzuelos de acero; longitud mínima de 6,00 m.

II Mares amenazados

El mar dispone por naturaleza de una gran actividad biológica. Diariamente, cantidades casi inconcebibles de materias orgánicas, como excrementos de animales, animales muertos y plantas o parte de ellas, caen al mar. Los microorganismos se encargan de degradarlas en compuestos cada vez más simples, al final, en dióxido de carbono y sales minerales. Estos forman a su vez la base de producción de las plantas, en el mar, sobre todo del fitoplancton. Aquí se originan también las cadenas alimentarias de los animales marinos.
El ciclo biológico de materias de los mares desintegraba, todavía hasta principios de nuestro siglo, los residuos producidos por los hombres y que llegan al mar a través de los ríos y por el aire. El mar podía incluso con grandes cantidades de petróleo que emanan de muchas fuentes naturales del suelo marino. Desde hace algunos decenios, sin embargo, la contaminación de los mares a causa de la creciente industrialización y de la explosión demográfica adquiere las dimensiones de un problema cada vez más inminente. Las aguas de los mares que están delante de costas industrializadas y muy pobladas y los mares marginales, como el mar del Norte, el mar Báltico o el Mediterráneo, son los más afectados. Precisamente estos mares poco profundos de la plataforma ofrecen condiciones excelentes para las poblaciones marinas. Se trata de las aguas más ricas en peces y más productivas económicamente para el ser humano.
El mar del Norte nos brinda un buen ejemplo de ello. Anualmente se extraen de él unos 3 millones de toneladas de peces. Esto corresponde en cifras redondas a 50/kg/ha; la media mundial se encuentra en los 2 kg/ha. Como mar marginal del Atlántico septentrional, el mar del Norte está sometido a la influencia de las mareas e intercambia sus aguas con las del océano. También en lo que respecta a las migraciones periódicas de los animales marinos, todas las regiones del mar del Norte están en una estrecha relación y dependencia recíproca.
Los ríos transportan paulatinamente las tierras y piedras afectadas por la erosión, sobre todo de las montañas. El agua que corre por la superficie reduce los materiales a gravilla, arena y fango. Según una tosca estimación, un tren de mercancías cargado con los materiales combustibles que anualmente van a parar al mar del Norte mediría 65.000 km de largo.
El acarreo natural de los ríos, como agua, arena y barro, abunda actualmente en materias dañinas que sólo son en parte degradables naturalmente. Los vertidos y residuos de la industria química, fangos de clarificación de los municipios, material excavado y demás inmundicias se transportan con barcos al mar del Norte. Anualmente caen más de 100 millones de toneladas de este tipo de materias de desecho que debe albergar el mar del Norte.
Con ello aparecen, también en elementos principales como el cieno, los fangos de clarificación fermentados y las sales solubles, mediante su impurificación con metales tóxicos o materias dañinas orgánicas, enturbamientos del agua excesivos, un consumo más elevado de oxígeno para desintegrar compuestos orgánicos y problemas de intoxicación.
Un papel importante es el que todavía desempeña el vertido de materias de desecho de la industria química, como el que aparece en la producción de dióxido de titanio. Se vierten desechos, como ácido sulfúrico aclarado y sulfato de hierro, impurificados por diferentes sales metálicas. Desde 1969 se transportan, a 25 km al noroeste de Helgoland, entre 500.000 y 750.000 toneladas de este tipo de desechos. Se ha comprobado que los organismos del mar se ven perjudicados aun en una disolución con 50.000 partes de agua marina. Una norma sobre el titanio de la CE ha prescrito en lo que va de tiempo la reducción gradual de tales aportaciones. También el vertido de fangos de clarificación aumenta el problema si éstos presentan un

contenido demasiado alto de materias perjudiciales. La ciudad de Hamburgo vierte desde hace 20 años sus fangos en el mar, anualmente unas 300.000 toneladas. Gran Bretaña echa varios millones de toneladas al año en el mar del Norte. Cantidades enormes de metales pesados y de metales-traza, así como materias orgánicas perjudiciales, llegan por los ríos al mar del Norte. Unas 750.000 toneladas de compuestos de nitrato, que anualmente se descargan de esta forma en el mar del Norte, conducen a la hipertrofia y al déficit de oxígeno a causa de la elevada actividad de las bacterias.

A través de la atmósfera llegan al mar del Norte en forma de precipitaciones gases de escape y materias producidas por la civilización, como hidrosulfuro, compuestos fosfóricos y de nitrógeno, en la cantidad de varios cientos de miles de toneladas. Se calcula que sólo 1.800 teneladas de hidrocarburos clorurados de procesos de combustión inacabados y del empleo de pesticidas en la agricultura son llevados al mar del Norte por la atmósfera.

Anualmente unas 70.000 toneladas de materias de desecho orgánicas (entre las que se encuentran muchas sustancias cloruradas) se queman en barcos especiales en alta mar. El vertido de residuos radiactivos en el mar se ha prohibido en lo que va de tiempo. El problema principal continúa siendo en este caso las fugas en las estaciones de preparación junto al mar de Irlanda y en Normandía.

Una gran cantidad de desecho incontrolable se transporta mediante barcos que navegan por alta mar. Vidrio, plástico, residuos orgánicos y aguas residuales todavía sobrecargan la actividad marina. Los grandes basureros de los barcos no impiden que las basuras se echen simplemente por la borda. Un problema importante es la contaminación del agua con residuos de petróleo. Los espectaculares accidentes de los petroleros no son poco culpables de ello y también desempeñan una función de peso los barcos que ilegalmente lanzan al agua los residuos de petróleo y materias lubrificantes. Más de la mitad de los restos de petróleo y de hidrocarburos que llegan al mar es transportada desde tierra por los ríos, las conducciones y por la atmósfera. Se calcula que sólo en el mar del Norte se vierten anualmente 500.000 toneladas de materias tóxicas.

Las aves marinas, especialmente, caen víctimas de la peste del petróleo. Las focas y algunas especies de peces sufren daños continuos y su existencia está amenazada. Si el mar se cubre excesivamente de petróleo a causa de un accidente, esto repercutiría de forma catastrófica en el ecosistema. Las regiones marinas extensamente contaminadas con materias tóxicas prácticamente no se pueden sanear.

Al igual que la extinción de los bosques se fue desarrollando de una forma imperceptible para el común de las gentes, por muchas causas diferentes se teme una "pérdida del equilibrio" de los mares marginales, de los que la civilización, sobre todo, ha exigido demasiado. Las consecuencias a largo plazo son imposibles de prever.

En todos los espacios vitales del mar los parásitos desempeñan una importante función ecológica. Se alimentan de animales hospedantes de los que son inquilinos, los perjudican y debilitan, pero por regla general no provocan su muerte. Los endoparásitos (parásitos internos) viven largo tiempo en el interior de otros organismos, los ectoparásitos (parásitos externos) se sujetan al exterior de otros animales. Los peces de mar y de aguas dulces son atacados tanto por parásitos permanentes, con órganos de movimiento normalmente atrofiados, como por parásitos temporales, que seleccionan un hospedante solamente para ingerir sus provisiones de alimentos en espacios normalmente grandes. Forman parte de este grupo las cochinillas de la familia Aegidae, que viven en el mar. La ilustración muestra dos animales de tamaño muy diferente en la cabeza de un lábrido. Su cuerpo aplanado como el de un pez y puntiagudo hacen de ellas buenas nadadoras. Sus tres pares de patas torácicas anteriores terminan en un gancho afilado como una aguja. Perforan la piel del pez con sus herramientas bucales punzantes y absorben el líquido orgánico en su intestino, que se dilata considerablemente. Pertenecen a la clase de los crustáceos.

Pescador en un arrecife (Madeira)

Bibliografía

El gran libro de la pesca.
Plaza y Janés editores,
Barcelona, 1981 (2 Vols.).
B.J. Muus y P. Dahlström;
Guía de los peces de mar del Atlántico y del Mediterráneo,
Ediciones Omega, Barcelona, 1981 (3.ª)
A.C. Campbell;
Guía de la flora y fauna de las costas de España y de Europa,
Ediciones Omega, Barcelona, 1979.
F. Lozano Cabo:
Oceanografía, biología marina y pesca,
Paraninfo, Madrid, 1970.
El mar. Gran enciclopedia Salvat,
Salvat editores, Pamplona, 1975 (10 Vols.).

Indice

Guías de Naturaleza Blume

Títulos publicados

Aves terrestres*
Minerales*
Mamíferos*
Aves Acuáticas
Plantas medicinales, bayas
  verduras silvestres
Arbustos
Mariposas
Insectos
Setas
Arboles
Estrellas
Fósiles

*Ediciones en castellano y catalán

Dr. Fritz Terofal nació en 1932, estudió Ciencias Naturales en la universidad de Munich, centrado la zoología. Desde 1960 trabaja en la colección zoológica del estado de Munich, donde colaboró esenci mente en la reconstrucción de la colección de peces destruida durante la segunda guerra Mundial; des 1980 es conservador jefe y director del departamento de vertebrados. Ha publicado numerosos escri científicos y se ha hecho famoso en especial por sus obras divulgativas y por la adaptación al alemán obras procedentes de otras áreas lingüísticas.

Claus Militz nació en 1941 en Kolberg, Pomerania. Ha recorrido Europa y Norteamérica en calidad fotógrafo y periodista. Es pescador apasionado y ha escrito dos libros sobre la pesca con caña.

Fritz Wendler nació en 1941, siguió su formación como grabador con Von Wackenbarth, Munich, profesor Bajardi, Milán. Trabajó primero como cartógrafo, pero llamó pronto la atención por sus dib de animales y plantas, de minuciosa elaboración. Su capacidad de ver y representar las caracterís específicas en la relación viva con la imagen total de un ser vivo lo destacan a nivel europeo.

Dominique Rebourgeon nació en 1946 en Champforgeuil, Francia. Estudió en Mâcon y en la Folkw schule de Essen. Acorde con su formación bilingüe como grafista y músico ha trabajado como escen fo, organista, compositor, profesor de arte y dibujante.